남도의

시인과 시학

저자 소개 (가나다 순)

- 김동근 (전남대학교 국어국문학과 교수)
- 김미미 (전남대학교 국어국문학과 강사)
- 김민지 (전남대학교 국어국문학과 박사수료)
- 김청우 (전남대학교 인문학연구원 HK연구교수)
- 김혜미 (전남대학교 국어국문학과 박사수료)
- 정다운 (전남대학교 국어국문학과 박사수료)
- 정민구 (전남대학교 국어국문학과 BK학술연구교수)
- 정병필 (전남대학교 국어국문학과 박사수료)
- 최혜경 (전남대학교 호남학연구원 HK연구교수)
- 최호진 (전남대학교 국어국문학과 박사수료)

남도의
시인과 시학

2019년 1월 25일 인쇄
2019년 1월 31일 발행

지은이 | 김동근 외
펴낸이 | 정병석

펴낸곳 | 전남대학교출판문화원
주소 | 61186 광주광역시 북구 용봉로 77
전화 | (062) 530-0571~3 팩스 | (062) 530-0579
등록 | 1981. 5. 21. 제53호
홈페이지 | http://www.cnup.co.kr
이메일 | cnup0571@hanmail.net

값 18,000 원

ISBN 978-89-6849-595-3 (93810)

남도의 시인과 시학

김동근 외

전남대학교출판문화원

❑ 머리말

‘남도’라는 명칭의 함의는 단순히 지역적 경계만을 나타내는 것이 아니다. 남도는 문화·예술적 특질이자 가치로서 ‘예향’의 의미를 함께 떠올리게 한다. 남도를 예향이라고 일컫는 것은 예로부터 문학을 필두로 한 예술의 전통이 살아 숨 쉬며 오늘에까지 면면히 계승되고 있기 때문일 것이다. 온후한 자연경관, 산자수명(山紫水明)한 지세의 실체들과 함께 어우러져 이 지역의 문학적 정서와 사상을 집약한 운문적 형상은 남도 시문학의 웅숭깊은 전통을 보여준다. 남도는 누정 가단을 형성하고 우리의 시문학 정신을 발현시켜 온 산실이었을 뿐 아니라, 시대와 사회의 변화에 따라 한국 시문학의 양식적 변화를 추동해온 강력한 진원지로서의 역할을 해왔다.

이 책은 남도 지역에서 발아한 시문학 정신의 통시적 흐름을 추적하는 동시에, 한국 근·현대 문학사에 큰 획을 그은 시기마다 공시적 주체로서 남도의 시문학이 수행해온 시대적 소통의 양상을 탐색한 일련의 과정을 담고 있다. 이 과정은 근·현대 남도 시인의 삶과 시를 지금 이 곳의 위치에서 호명하거나 재발견함으로써 남도 시인들의 한국 시문학사적 위상을 확고히 다지기 위한, 나아가 당대 시대정신으로서 그들의 담론을 현재에도 의미 있게 만들기 위한 시도이다. 시 텍스트를 매개로 시대와 관점을 교차하며 나누는 이 책의 소통과정은 궁극적으로 오늘날 우리에게 필요한 서정과 의식의 폭과 깊이를 더하며 남도 시문학의 현재적 의미를 제시하게 될 것이다.

이 책의 구성은 총론을 포함하여 총 4부로 나뉘는데, 총론에서는 고전 시문학으로부터 오늘에 이르기까지 남도 시문학사를 통시적으로 기술한다. 2부에서는 조운, 박흡, 최하림, 임학수의 시를 중심으로 이들의 경험적 시세계와 내재화의 원리를 살핀다. 3부에서는 여상현, 목일신, 이수복의 시를 중심으로 남도의 서정적 기의가 시적 발화를 통해 구현되는 기표의 각 양상들을 분석한다. 마지막으로 4부에서는 일종의 행위로서 남도의 서정적 발화가 지니는 작용과 구성의 힘을 범대순, 문병란, 고정희의 시적 실천을 통해 고찰한다.

전남대학교 현대시연구회에서는 수년에 걸친 연구 모임을 통해, 미 발굴되었거나 재조명이 필요한 남도 시인들의 기초자료를 수집하고, 여러 연구 방법론과 작품 분석의 과정을 집적·심화하여 남도 시학의 현재적 지형도를 세련해왔다. 그 중 앞으로 학술적 관심이 더 필요하다고 생각된 시인들에 대한 논문을 재구성하여 이 책에 수록하게 되었다. 연구자 모두에게 감사드리며, 이 책이 남도 시문학의 정신사적 의의를 보편과 특수의 측면에서 온전히 조명하는데 조금이나마 보탬이 될 수 있기를 기대한다.

2019년 1월

저자대표 김동근

❑ 목 차

제3부 남도 시인의 시니피앙

제4부 서정의 힘, 의미 작용의 미래

제1부

총 론

남도 시문학의 어제와 오늘 • 김동근

남도 시문학의 어제와 오늘

김 동 근

남도와 예향,
그리고 남도 시문학의 뿌리

흔히 광주와 전남을 '남도'라는 이름으로 부른다. 그런데 그 명칭이 함의하고 있는 의미는 단순히 지역적 경계만을 나타내고 있는 것이 아니다. 대개의 경우, 남도라는 이름이 문화예술적인 특질을 함께 내포하고 있는 것으로 받아들인다. 남도에 부여된 그 문화와 예술적 특질 또는 가치가 바로 '예향'이다. 광주와 전남이 1987년을 기점으로 행정적으로 분리되었다 하더라도, 남도는 그 행정적 경계를 넘어 오랫동안 하나의 뿌리에서 싹튼 문화적 특질과 가치를 공유하고 있는 것이다.

남도를 '예향'이라고 일컫는 것은 예로부터 문학을 필두로 예술의 전통이 살아 숨 쉬며 오늘에까지 면면히 계승되고 있기 때문일 것이다. 온후한 자연경관과 더불어 살아온 삶의 성향이 남도를 특히 운문적 형상을 즐기는 시문학의 모태이자 산실이 되게 하였다. 우선 남도의 지세만 보더라도 산자수명한 자연풍광의 모든 실체들이 문학적 요소로 어우러지기에 부족함이 없다. 예부터 산문은 북이요, 운문은 남이라 일컬었던 점 역시 이를 말하고 있거니와, 역사적으로도 학문적 지향이 농후했던 경상도에 비해 전라도에는 시가의 문학적 요소가 뿌리 깊게 산재되어 있었다는 점도 이를 반증한다.

남도창을 위시한 서편제, 남종화 등 이 지역에서 꽃피운 예술적 실체가 한국 예술사에서 차지하는 비중은 매우 높다. 그 중에서도 남도를 예향으로 자리매김하는 데 가장 중요한 역할을 한 것은 담양을 중심으로 누정 가단을 형성하고 이를 기반으로 문학적 흥취를 발현시켜 온 가사문학이라 할 수 있다. 가사문학으로 대표되는 남도의 시가문학은 이러한 예술 영역 중에서도 특히 오래된 전통을 지니고 있을 뿐만 아니라, 이 지역의 정서와 사상을 집약적으로 담고 있다는 점에서 예향 남도의 가치를 가장 확실하게 담지하고 있다고 할 수 있다.

남도를 한국 시문학의 산실이라고 말하는 이유는 바로 이런 전통으로부터 기인한다. 고려시대 해동 제일의 문장가이자 시인이었던 김황원이 이 지역에서 났으며 조선시대 시가문학의 본류인 시조와 가사의 완성과 융성이 면앙정, 식영정 등 남도의 가단과 시인들에 의해 주도되었음은 주지의 사실이다. 영남권에서 서원을 중심으로 한 성리학이 흥성하였다면, 호남권에서는 가단을 형성하여 시가문학을 미학적으로 완성시켜 왔던 것이다. 송순, 임억령, 정철, 임제, 김인후, 백광훈, 윤선도 등 수많은 시인들에 의해 창작된 남도의 시가문학은 시어 구사, 표현 기교, 구성의 정교함,

섬세한 정조 등에서 타 지역 시가문학과는 비교할 수 없는 탁월한 예술성을 갖추고 있다. 이들이 남도문학뿐만 아니라 조선의 시가문학을 대표한다는 점에서 남도 시문학의 뿌리가 곧 한국 시문학의 원천이라해도 무방할 것이다.

한국 시문학사에서 남도 시문학이 갖는 위치는 이러한 전통으로서의 의미에만 그치지 않는다. 이 지역에서 발아한 이러한 시문학 정신이 통시적으로 면면히 계승되어 왔음은 물론이려니와, 시대와 사회의 변화에 따라 한국 시문학의 양식적 변화를 추동해 온 강력한 진원지 역시 남도라 할 수 있다. 즉 우리 근·현대 문학사에 큰 획을 그은 시기마다 남도 시문학은 중요한 역할을 담당해왔었고, 독보적인 시인들이 등장하여 그에 상응하는 공시적 실체로서의 작품들을 발표하였다.

남도에서 구한말이나 개화기의 시문학을 찾아보기는 쉽지 않다. 이런 점 때문에 초창기의 한국 근대시를 논하는 자리에서 광주·전남이 배제되어 온 것도 사실이다. 그 이유는 우선 우리의 근대화 통로가 서울과 평양, 부산이었다는 점에서 찾아진다. 이는 근대화 과정에서의 문단 형성이 중앙 중심으로 이루어질 수밖에 없었던 까닭이기도 하다. 광주·전남은 개화의 중심지인 서울에서 멀리 떨어져 있었고, 정치·문화적으로 지역적 한계를 갖고 있었던 만큼 서구 문화의 충격도 비교적 늦게 받을 수밖에 없었다. 이는 근대문학의 초기 형성과정에서 이 지역의 문인을 찾아보기 어렵게 한 요인으로 작용하였다.

지역적 특성으로 인해 남도에서는 오히려 판소리나 가사, 한시 등 전통문학의 자산들이 계승될 수 있었고, 무조건적이고 서구 편향적인 오류를 줄일 수 있었다고 보인다. 이러한 경향이 1930

년대까지도 이어졌다고 할 수 있는데, 광산 출신 명창 임방울과 1932년 '목포시사(木浦詩社)'라는 정자를 지어놓고 봄과 가을에 두 차례씩 전국 규모의 한시 백일장을 열었던 무정(茂亭) 정만조 등의 활동이 이를 반증한다. 이런 점에 비추어볼 때 상대적으로 근대화 과정이 지연되었던 광주·전남의 경우, 비록 개화기의 시적 성과를 뚜렷하게 보여주지는 못했지만 오히려 우리 문학의 전통성을 더 오랫동안 보존할 수 있었던 것이다.

이 시기 한국의 시가문학은 개화가사와 창가, 신체시 등이 주류를 이루고 있었다. 그리고 이들은 우리 시가문학이 역사적으로 면면히 이어온 문학적 발화의 내재적 전통을 무시하고 서구의 시문학을 흉내 내기에 급급하였다. 특히 최남선과 이광수의 신체시는 서구화의 모델이었던 일본 근대시에 대한 모방의 결과물이었다. 이에 반해, 구한말에서 개화기에 이르는 근대 전환기에 남도 시문학의 실체는 전통양식으로서의 한시에서 발견되고 있는데, 그 대표적 시인이 광양 출신의 매천(梅泉) 황현(黃玹)이다.

1855년 음력 12월 11일 광양군 봉강면 서석촌에서 태어난 황현은 당대의 대문장가인 이건창(李建昌)과 정만조(鄭萬朝)에게 극찬을 받을 정도로 어려서부터 시문에 재능을 보였다. 그는 1864년 흥선대원군의 집정부터 1910년 한일합방에 이르기까지 구한말의 역사를 기록한 『매천야록(梅泉野錄)』을 집필한 역사가이자 문장가이지만, 1910년 한일합방의 치욕을 당하자 칠언절구의 절명시(絕命詩) 4편을 남기고 56세를 일기로 자결한 애국지사이자 시인이기도 했다. 남도의 시문학사에서 매천 황현이 갖는 의의는 결코 작지 않다. 그것은 조선시대 시조·가사문학 이후 근대시로 전환되는 과정에서 공백기로 남을 뻔했던 광주·전남의 시문학사를 이어주는 지렛대로 작용하였기 때문이다. 그의 시문학이 비록 근대적 양식이 아닌 한시 양식을 취했다 할지라도 아래 작품처럼 당대의 창가류 시가에서는 보기 어려운 민족 주체로서의 근대의식을 담고 있다는 점에서도 그러하다.

鳥獸哀鳴海岳嚬	조수도 슬피 울고 강산도 찡그리네.
槿花世界已沈淪	무궁화 세상이 이젠 잠기고 말았네.
秋燈掩卷懷千古	가을 등불에 책 덮고 옛 세월 생각하니
難作人間識字人	사람 세상에 지식인 노릇 어렵구나.

– 황현, 「絕命詩」 제3수

曾無支廈半椽功	나라 떠받친 서까래 같은 작은 공로도 없으니
只是成仁不是忠	다만 仁을 이뤘을 뿐 忠을 이루지 못했구나.
止竟僅能追尹穀	겨우 尹穀을 뒤 따라 목숨 끊는 것으로 그칠 뿐
當時愧不躡陳東	그때의 陳東처럼 직언하지 못한 것이 부끄럽구나.

– 황현, 「絕命詩」 제4수

위의 시 제3수는 한일합방으로 인해 무궁화강산이 짓밟혀버린 데 대한 회한을 노래하고 있으며, 제4수는 중국 송나라 때 몽고의 침략을 받자 자결을 선택했던 윤곡(尹穀)과 황제에게 직언을 하다 죽임을 당했던 진동(陳東)이라는 두 충신에 관한 고사를 인용하여, 자결을 실행할 수밖에 없는 자신의 심정을 자책의 방식으로 피력하고 있는 내용이다. 여기서 주목할 점은 황현의 충(忠)사상이 임금을 향하고 있는 것이 아니라 나라와 민족에 대한 것이라는 점이다. 이는 한시 양식을 빌어 쓰였다할지라도 기존의 한시들이 보여주었던 봉건적 충의 의미와는 분명히 다른 것이다. 황현의 충은 개인과 민족과 국가라는 근대적 삶의 체계에 대한 인식이 그 바탕을 이루고 있다는 점에서, 전통과 서구가 동시에 길항하고 있던 근대 전환기 우리 시문학의 한 양상을 보여주고 있는 것이라 할 수 있다.

남도 시단의 형성, 근대시의 발아와 생장

남도의 근대 시문학은 근대세계를 추구하면서도 동시에 거부하거나 비판하였으며 과거 유산에서 전통을 추출해 내기도 하였다. 즉 광주·전남의 근대 문단은 시대적으로 전통의 단절과 계승이라는 모순되고 서로 위반되는 요소를 동시에 내재하면서 형성되었다고 할 수 있다. 전통은 근대적인 정신에서 보자면 극복의 대상이지만, 식민지 현실이라는 민족이 처한 상황에서 보면 계승되어야 하는 것이었다. 이러한 양면성을 고스란히 보여주면서 남도의 근대시를 발아시킨 두 시인이 목포의 김우진(金祐鎭)과 영광의 조운(曺雲)이다.

김우진의 시가 당시 동인지나 잡지에 일체 투고되지 않았던 관계로, 그동안 김우진에 관한 연구는 주로 연극운동의 측면에 집중되어 있었다. 그러나 최근 들어 그의 시 작품들이 『김우진전집』을 통해 알려지게 되면서 시인으로서의 김우진에 대해서도 새롭게 평가되고 있다. 1982년에 '전예원'에서 발간하고 2000년에 '연극과인간'에서 증보한 『김우진전집』에는 한시 5편과 더불어 자유시 48편이 수록되어 있다. 자유시 48편은 일본 유학시절인 1921년부터 자살 직전인 1926년 사이에 쓰인 것이다. 여기에 일기 형식으로 쓰인 시까지 포함한다면 60여 편에 이르게 된다. 이처럼 김우진이 당시로서는 다작이라 할 수 있는 자유시 작품을 창작했다는 것은 그가 일기에서 "속류(俗流)는 시를 치(嗤)한다 하여도 나는 시인이 될 것을 바란다."고 쓰고 있는 것처럼 그의 시적 지향성을 보여주고 있는 것이다.

> 엇지면 그갓히도 따뜻하게
> 나의 몸을 검처 안으면서도,
> 엇지면 그리도
> 내의 가는 燈불에 바람질 하십닛가.
> 징상시럽게도 흰 이를
> 악물며
> 엇지나 畏怖의 춤을
> 그갓히 팟혀 쥬십닛가.
>
> – 김우진, 「아버지께」 일부

위의 시는 아버지를 모티브로 하여 1919년에 쓴 첫 작품이다. 이 시에는 반봉건적이며 반식민주의적인 김우진의 의식세계가 적나라하게 드러나 있다. 앞에서 논했듯이 김우진의 창작 활동은 관료형 지주였던 부친 김성규의 한시에 대한 차운시 형태로 출발하였다. 그리고 그의 부친의 한시가 봉건적 세계관에 입각해 시대에 대한 즉자적 입장을 취하고 있었다면, 김우진의 한시는 시대를 대자적으로 꿰뚫고자 했었다. 아버지와의 이러한 갈등이 위의 시 「아버지께」를 통해 자유시 형태로 표출되면서 김우진이 시적 전환을 이루고 있다는 점은 매우 의미심장한 일이다. 이는 단순히 세대 간의 갈등을 노출하는 데 그치지 않고 시대 또는 현실과의 불화를 형상화하고 있을 뿐만 아니라, 시 형식이나 어법에 있어서도 초기 자유시로서의 성과를 분명하게 담보하고 있기 때문이다.

이 시는 한국 시문학사에서 최초의 근대 자유시로 알려진 김억의 「봄은 간다」, 주요한의 「불노리」와 같은 해에 쓰였다. 그럼에도 불구하고 당시에 매체를 통해 발표되지 않았던 관계로 「봄은 간다」나 「불노리」에 비해 주목의 대상이 되지 못했던 것이다. 이 시 「아버지께」를 다른 두 작품에 비교할 때 언어의 선택과 묘사에 있어서는 비록 거친 면이 있다고는 하겠으나, 근대적 자의식에 의해 현실을 직시하고 이를 시의식에 의해 형상화한 측면에서는 오히려 두 작품보다 앞서 있다는 점에서 앞으로 한국 근대시문학사를 검토하는 자리에서 재론되어야 할 가치가 있다고 하겠다.

天井, 鐵扉, 창 유리의 冷潮.
혼자 봄빛에 잠자는 外景,
온갖 중력으로 누르는 外圍,
그리고 기대어 앉은 신경을
마비시키는 피로.

육체는 잠자고
영은 방황할 때
겹겹의 벽으로 둘러싸는 外圍!
小宇宙의 이 안
내 존재까지 부정하려는 피로!
다만 뒤돌아보며
급히 부르는 書架!

나는 걷고자 한다.
月夜도사의 고난으로,

그런 무겁고 큰 外圍여!

– 김우진, 「피로」 전문

위의 시에서도 알 수 있듯이 한시에서 자유시로 전환한 김우진의 시가 아직 시적 형상화에 미숙성을 드러내고 있음은 물론이다. 또한 "낭만적 주정성과 상징주의적 요소에 폴 베를렌의 퇴폐주의적 경향"을 띠고 있다거나, "시적 사유가 초월적·초역사적인 지점에서 이루어져 전통적인 사유보다는 서구적인 사유에 이어져" 있어 허무주의적이고 염세적이며 사변적이라는 평가를 받기도 한다. 그러나 이러한 점은 당대의 대표적 시인이자 한국 근대시의 선구자로 인정되는 김억이나 주요한의 시, 나아가 1920년대 <백조파> 시에서도 동일하게 발견되는 한계점이라 할 수 있다. 따라서 이러한 한계에도 불구하고 그의 시가 근대적 현실에 대한 인식의 깊이를 확보하고 있다는 점에서 한국 근대시에 나타난 초기적 모습의 진전된 양태라 할 수 있는 것이며, 한국 근대시의 실체이자 남도 시문학의 자산이라 할 수 있을 것이다. 또 그가 남긴 이러한 자산이 1930년대 들어 목포를 중심으로 그의 동생 김철진이 주도한 『호남평론』의 문학 운동으로 연결되었다는 점에서 그 의미가 작지 않다고 하겠다.

한편, 남도의 근대 문단은 1922년 창립된 영광중학원에 작문교사로 부임한 조운(曺雲)에 의해 형성되기 시작한다. 조운은 『조선문단』 2호에 「초승달이 재를 넘을 때」라는 시조 작품을 발표하면서 중앙 문단에 얼굴을 내밀기 시작했다. 그의 시조 작품으로는 『조운시조집』에 73편과 「법성포 12경」(『조선문단』 8, 1925), 「완산칠영(完山七詠)」(『조광』 2, 1935), 「영호청조(暎湖淸調)」(『조선문단』 12, 1925) 등의 서경시조가 전한다. 조운은 또한 <자유예원(自由藝園)>이라는 문학 서클을 만들어 매주 월요일과 금요일에 행사를 갖고 장원한 작품을 '개벽사'에서 발행하는 여성 잡지 『부인』에 실릴 수 있도록 해주었다. 1922년 교원으로 부임한 목포 출신 박화성이 여기에서 세 번 장원하자 조운은 박화성의 소설가적 소질을 발견하고 소설 쓰기를 권하였다. 박화성이 단편 「팔삭동(八朔童)」과 「추석전야(秋夕前夜)」를 써 오자 이 중 「추석전야」를 춘원 이광수에게 보였으며, 춘원은 이를 1925년 『조선문단』 1월호에 추천 발표케 하였다. 이로써 박화성이 소설 부문에서는 최초로 중앙문단에 진출한 것이다. 이는 <자유예원>이 광주·전남 최초의 근대 문단으로 자리했음을 보여주는 것으로, 박화성 역시 "내 문학의 온상이 영광"에 있다고 밝힌 바 있다.

조운이 비록 시조시인이었다고는 하나 전통시조의 고답적인 양식성에 머무르지 않고 파격적인 자유시형을 모색했다는 점에서 근대 시인으로서의 면모를 보여준다. 육당 최남선이나 가람 이병기의 신시조와도 확연히 다른 언어의식과 구조적 파격성을 보이고 있어 가히 전통과 혁신을 아우른 대표적인 시인이었다고 할 수 있다. 조운은 나아가 남도의 시문학사에서 근대 문단의 터를 닦은 선구자로서의 큰 의의를 갖는다고 하겠다.

현대시의 이정표, 〈시문학파〉와 『호남평론』의 시인들

목포의 김우진과 영광의 <자유예원>에서 태동한 남도의 근대

시문학은 1929년 무렵 김태호가 광주에서는 첫 시집인 『초혼』을 발간하였고, 정소파는 1930년 『개벽』에 시 「별곤건」을 발표하여 등단함으로써 지역 문단에 활력을 주었다. 특히 1930년대에 들면서 김영랑, 박용철, 김현구 등 <시문학파>의 등장은 이 지역의 시사뿐만 아니라 한국 현대시사에 새로운 이정표를 마련하였다. 광산의 용아 박용철은 『시문학』(1930.3), 『문예월간』(1931.11), 『문학』(1934.1) 등의 문예지를 사재로 발간하면서 순수문학 운동을 전개하였고, 여기에 김영랑, 김현구 등이 참가하면서 한국 서정시의 발전에 한 획을 그었다. <시문학파>에는 이들 외에도 정지용, 신석정 등이 참여하였지만, 순수시를 주창하였던 <시문학파>의 지향성은 남도 출신인 이들에 의해 기획되었던 것이다. 그리고 그 지향성은 곧바로 한국 현대시의 방향성으로 노정되었다. 전 시기까지 우리 시문학이 걷어내지 못했던 근대적 속성들, 즉 <국민문학파>의 식민적 민족주의와 <카프파>의 프롤레타리아 이데올로기에 정면으로 맞서며 시에 예술의 혼을 불어넣고자 했던 이들의 시론과 시 작품은 우리 시단에서 처음 가지게 된 현대성의 자양분이었던 것이다.

<시문학파> 시인들이 주로 중앙 문단에서 활동했다 하더라도 이 지역의 시문학에 끼친 영향은 지대했다. 특히 김영랑의 순수서정시는 남도뿐만 아니라 전국적으로 범문단적인 영향을 미쳤으며, 오늘날 한국 서정시의 한 전통을 형성하기에 이르렀다. 김영랑은 일제의 문화적 탄압이 극도로 심해지고 있을 무렵 서구시의 서투른 모방보다 한국어의 재래적인 가치를 보존하고 그것을 예술적으로 다듬는 것이 시인의 중요한 임무라고 생각한 시인이었다. 북에 소월이 있다면 남에는 영랑이 있다고 말해질 만큼, 김영

랑은 사라져가는 한국적인 것의 아름다움이나 삶과 죽음의 무연함을 노래하였다. 그는 남도의 사투리를 이 지역의 정조와 결합시킴으로써 독창적인 서정의 세계를 펼쳐 보였고, 시어의 확장과 세심한 조탁에 의해 현대시로서의 예술성을 구현하였다. 이런 점에서 김영랑은 윤선도의 뒤를 이어 남도의 서정적 자연 묘사를 예술적으로 성공시킨 민족 시인이라고 할 수 있다.

<시문학파>의 시적 방향성에 이론적 토대를 제공한 시인은 광주출신 용아 박용철이다. 박용철은 「시적 변용에 대하여」를 비롯한 여러 편의 시론을 통해 시 창작 과정에 대한 매우 정치한 이론화를 시도하였고, 이러한 시론들의 핵심이 존재의 시론, 변용의 시론, 창작과정의 시론에 있다고 평가받는다. 박용철은 시가 단순한 목적이나 기교로만 이루어지는 것이 아니라, 세계에 대한 온갖 체험들을 시인이 자신의 피 속에 용해시키는 과정을 통해서 이루어진다고 보았다. 그러나 그의 시론에서 말하는 '시적 변용'은 자신의 시에서보다도 김영랑과 정지용의 시에서 더 올곧게 성취되었다는 평가를 받기도 한다.

김영랑, 박용철, 김현구 등이 중앙 문단을 중심으로 활동하고 있을 무렵, 이 지역에서는 비교적 일찍 개화가 진행되고 있던 항구도시 목포에서 『호남평론』을 중심으로 시문학의 기반을 닦았다. 『호남평론』은 김우진의 동생인 김철진이 사장이고, 배치문이 주간이었으며, 여기에 참가한 동인은 오덕, 정철, 나천수, 박동화, 김일로, 이영해, 심인섭, 그리고 「목포의 눈물」을 작사했던 문일석 등이었다. 『호남평론』의 편집실은 목포문단의 사랑방이었고, 박화성의 단편소설 「궁굿날」도 1938년 여기에 실리게 되었다. 그러나 『호남평론』의 동인들은 뚜렷한 문학적 성과를 보이지 못하

고 해방을 맞게 되었다. 그밖에 해방 전에 문단에 등단한 시인들은 임학수, 김현승, 정소파, 이동주와 시조시인 조종현, 고정흠, 조남령 등이 있다.

해방과 전쟁체험, 지역 문예지의 부흥과 새로운 시인들

1945년의 해방과 1950년의 6·25전쟁은 우리의 정치·사회사뿐만 아니라 문학계 내부에도 대전환의 계기가 되었다. 해방과 더불어 일제 잔재를 청산하고 민족문학을 건설하고자한 염원이 불길처럼 피어올랐지만 그 노선의 차이로 인해 좌·우 이데올로기논쟁으로 휩쓸리고 말았으며, 6·25전쟁으로 인해 문단 재편성이 불가피했던 시기가 바로 이 때이다. 한국문학이 맞닥뜨렸던 이러한 현실 상황은 우선 문학에 대한 열정을 자극하였고, 문학 활동의 외연을 확장시켰다. 따라서 이 시기의 한국문학은 질적인 성취보다도 양적인 팽창이 두드러졌고, 남·북 문단의 재편성 과정과 맞물려 전쟁체험 시, 전통서정시, 실존적 서정시, 모더니즘 시 등 그 방향성이 다양화되고 집단화되는 경향을 보이게 되었다. 남도의 시문학 역시 큰 틀에서는 이러한 흐름으로부터 예외일 수 없었다. 당시 중앙 문단에서 활동했던 김영랑과 이은상(당시 호남일보 사장)과 더불어, 지역을 기반으로 한 남도 시인들의 활동이 이때부터 본격화했다고 말할 수 있겠다.

어느 지역을 막론하고 지역 문단이 본격적으로 성립된 것은 해방 이후의 일이다. 광주·전남에서도 1946년에 목포에서 창간된 예술종합지 『예술문화』가 이 지역의 문학적 기반을 다지는 초석이 되었다. 여기에 참여한 동인으로는 이동주, 이화삼, 엄심호, 정철, 오덕, 심인섭, 장병준, 박기동, 강지순, 김석주, 이해동, 조희관 등이었다. 이 『예술문화』는 1947년 2월 12일 한국문화단체총연합회의 발족에 맞춰 그해 봄에 이동주가 발행처를 광주로 옮겼으며, 제2권 5호까지 발행해 광주·전남에서는 가장 오래되고 처음인 문예지가 되었다. 1948년에는 호남신문사에서 근무하고 있던 임병주가 편집 겸 발행인이 되어 5월 1일자로 『호남문화』 창간호를 냈으나 이것이 처음이자 마지막 호가 되었다.

해방공간에서 특기할 사항은 1946년 조선대학교 제1기 국문과 졸업생을 주축으로 한 동호지 성격의 시집 『청춘수첩』의 발간이다. 이것은 이태호, 황도훈, 정철인, 주기운, 정태문, 김석태, 윤순성, 문순탁, 한춘홍 등의 시를 이해동이 편집하여 간행한 시집이다. 또 광주신보의 전신인 조선중보에서 1946년 9월 창간 1주년 기념사업으로 문예작품 현상 모집이 있었는데 여기에 이해동, 김성오, 정소파 등이 당선되었으며, 1950년 초에 종합 문화월간지 『젊은이』가 백완기에 의해 발간되다가 6·25를 맞게 되었다.

남도의 시문학이 본격화되기 시작한 것은 1951년 광주에서의 『신문학』과 목포에서의 『갈매기』가 창간되어 나오면서부터이다. 『신문학』은 고 박용철 시인의 부인 임정희 여사의 재정적 후원으로 이루어졌는데, 광주문화사 백완기 발행으로 김현승이 편집을 맡았고, 여기에 참여한 시인으로는 김현승, 박흡·이석봉 부부, 이동주, 이수복 등이었다. 특히 김현승과 박흡은 후학들을 가르치면서 광주문단을 이끌어 이 지역 문단에 큰 기여를 하였다. 이 『신문학』은 지령 4호로 그쳤지만, 6·25 이후 한국 최초의 순문예지였기 때문에 범 문단적 성격을 띠었으며, 여기에 황순원의 단편 「소나기」와 이은상, 조연현, 이진모 등의 글이 실리게 되었다. 이 무렵 38세의 나이로 조선대 교수가 된 김현승 시인과 김현승에 의해 동 대학의 강단에 서게 된 서정주 시인의 역할은 매우 큰 의미를 갖는다. 이들에 의해서 전후 한국 현대시의 서정성이 회복되었고, 특히 김현승은 훗날 한국 시단을 이끌어 갈 이 지역 출신의 젊은 시인들을 배출하는 데 심혈을 기울였기 때문이다.

또 『갈매기』는 해군 목포 경비부 정훈실 조병기 실장의 주선으로 4집까지 발간되었는데, 주간은 조희관, 편집위원은 이가형, 백상건, 이진모, 장병준, 장덕, 차재석 등이었으며, 여기에 참여한 시인은 김현승, 조희관, 이수복, 박흡, 이석봉, 박순자, 임성순, 장병준, 이동주, 정소파, 조영암, 조병화, 허연, 김평옥 등이었다. 『갈매기』 역시 『신문학』과 마찬가지로 범 문단적인 작품 발표의 성격을 띠고 있었으며, 당시 『갈매기』 동인과 『신문학』 동인의 활동과 교유는 뒷날 광주·전남 문단을 이룩하는 데 밑바탕이 되었다.

1952년 9월 5일 목포 항도출판사에서 차재석이 편집을 맡아 시전문지인 『시정신(詩精神)』을 창간하였는데, 창간의 취지와 목적을 "온갖 유파의 혼란, 기교의 지단말류(支端末流)의 혼류 속에서 시의 바른 길을 찾아 이끌어 나가는 것"으로 삼고 시의 정도(正道)를 세우고자 하였다. 창간호부터 이병기, 신석정, 서정주, 김현승, 박흡, 이동주 등 무게 있는 중견시인들의 작품이 발표되고 고 박용철의 시가 재수록되면서 문단의 관심을 모았다. 『시정신』은 비록 5집까지밖에 나오지 못했으나 서정주의 「학(鶴)」, 김현승의 「눈물」 등 대표작들이 발표됨으로써 한국시사에 큰 족적을 남기게 되었다. "여기 우리가 우선 호남을 토대로 해서 모이게 된 것은 우연일 따름이요, 우리는 다만 이것이 질로나 양으로나 자꾸 불고 늘면서 계속되어 나가는 동안 이 나라의 시의 정도를 위해 추호라도 기여하는 것이 있기를 바라는 밖에 아무 딴 마음도 가지지는 않았다."라고 술회하고 있듯이 그들의 시의식이 단지 지역에만 머물지 않고 전후 한국 시단의 혼란을 초극하는 데 있었음을 알 수 있다. 500부 한정판으로 출발한 『시정신』은 그 후 1954년 6월 15일에 2집, 1955년 5월 1일에 3집, 1956년 9월 19일에 4집이 발간되고, 이후 10년 뒤인 1966년 2월 10일에 5집 발간을 끝으로 중단되었다.

1955년부터는 광주·전남에서도 동인지를 중심으로 본격적인 동인 활동이 시작되었다. 1955년부터 동인지 『영도(零度)』가 박성룡, 정현웅, 박봉우, 장백일, 윤삼하, 주명영, 이일, 박이문, 강태열, 김정옥 등에 의해 창간되고, 이후 이성부, 손광은, 임보 등의 동인이 보강되어 4집까지 나오면서 젊은 문인들의 문학적 정열을 응집시켰는데, 이들은 1950년대 광주·전남 문단의 기린아들이라고 할 수 있다. 이 외에도 1954년에 결성된 <조대문학동인회>, 1957년 들어 이태호 발행 한춘홍 편집으로 발간된 『동인문학』, 같은 해에 광주에서 정소파, 황양수, 김현승 등이 발기인으로 참여한 <백오문학회>에서 창간한 『문학지』, 또한 김평옥, 이경인, 김악, 임학송, 박석창, 이해동, 고재철 등으로 구성된 <초점시동인회> 등의 결성으로 광주·전남의 시문학은 질적·양적 측면에서 본격 궤도에 오르고 있었다. 특히 1950년대 후반에는 김현승을 중심으로 한 『신문학』과 서정주를 중심으로 한 『시정신』, 박성룡을 중심으로 한 『영도』 동인들의 치열한 시작 활동, 그리고 이 지역 신문들의 문예면의 확대 등으로 시 분야에서 활기를 띠게 되었다.

혁명과 좌절,
시대체험과 향토체험의 동인지 시단

한국 현대시문학사에서 1960년대는 순수와 참여의 양극화시대로 평가된다. 해방 이후의 시대적 굴곡, 즉 6·25동란과 1960년의 4·19혁명, 이듬해의 5·16으로 인한 군사정권의 등장은 정치 사회적 문제에 대한 시인들의 관심과 반응을 촉발시켰다. 이러한 현실인식은 남도 시인들의 작품 속에서도 적극적인 시대체험으로 나타나거나 내성적인 향토체험으로 형상화되었다. 또한 그 체험 양상이 공유될 때, 그것은 다수의 동인지 형태로 출현하게 된다. 4·19혁명을 정점으로 기성시인들은 새로운 의욕을 품었고, 특히 신인들은 문학도로서 혁명의 실존적 주제를 표현하고자 한 경향을 보였다. 이러한 시대체험과 더불어 중앙 문단으로 진출할 수 있는 신춘문예나 추천제의 시행은 남도 시단의 저변을 확대하였고 다양한 동인지의 출현을 예고하였다.

1960년 목포에서 차재석이 편집과 발행을 겸한 『목포문학』의 창간을 시발로 하여 광주·전남에 수많은 동인회와 문학단체가 결성되기 시작한다. 『목포문학』은 4·19와 5·16의 소용돌이 속에서 제2집이 3년만인 1963년에 발행되었는데, 편집위원은 차재석, 김현, 최하림이 맡고 참여 시인들은 윤삼하, 권일송, 정규남, 범대순, 김재희, 김정숙, 정일진, 윤종석, 최규철, 김송희, 김상길, 위증, 조정자, 김석태, 김지하, 김일로 등이었다. 1961년은 남도의 시문학이 발전의 전기를 마련한 중요한 시기이다. 이 해에 『전남일보』 김남중 사장이 주선하여 4·19기념행사 차원의 <전남문학

의 밤>을 개최하였는데, 그 일환으로 문학 강연과 시낭송회 및 시화전이 열리게 되었고, 여기에 김현승, 허연, 이수복, 김악, 정소파, 이해동, 이효례, 이영권, 최승호 등의 작품이 전시되었다. 이는 이 지역에서 열린 최초의 단체 시화전이고, 이들이 주축이 되어 앞으로 광주·전남의 문단을 이끌어갈 <전남예총>과 <전남문협>을 창립하였다. <전남예총> 초대회장에 김남중, <전남문협> 초대회장에 백완기가 선임되었으며, 이영권이 문협 간사를 맡았다.

1960년대에 결성된 문학동인회를 살펴보면, 우선 광주지역을 중심으로 해서 1964년에 정소파, 황양수, 허연, 김해성, 범대순, 윤삼하, 안도섭, 박홍원, 이경인, 김현석 등이 <시예술동인회>를 만들어 동인지 『시예술』을 내고, 권일송, 박춘상, 오승재, 김중배 등은 <월요문학동인회>를 결성하였으며, 이성부, 문삼석, 김수봉, 전양웅, 양동원, 구재필, 김태중, 장명숙 등은 <순문학동인회>를 결성하였다. 1965년 7월에는 <시향동인회>가 결성되었는데, 창간호에 금동식, 권원식, 김만옥, 김용길, 정정, 노완홍, 손명희, 유상덕, 이무일, 차명홍, 최승학, 한옥근, 주이향, 김영재, 정중수 등이 참여하였고, 그 해 10월에 간행된 제2호에는 최승학, 김영수, 남궁성, 임병호, 차평자, 이준행, 표성흠, 윤채환, 조야백, 조남철, 정옥경 등이 추가로 참여하였다.

1967년에는 권일송, 정현웅, 윤삼하, 범대순, 박홍원, 문병란, 손광은, 박희연, 송선영, 황길현, 김현곤, 송기숙, 안영, 구창환 등이 <원탁문학회>를 결성함으로써 이 지역 문학운동의 구심점 역할을 담당했다. <원탁문학회>는 처음에는 문예지로서 『원탁문학』을 발간하였으나 1970년 제11집부터는 원탁시문학회로 거듭나 『원탁시』로 개제하여 현재까지 지속적으로 발간하고 있으며, 역량 있는 시인들을 꾸준하게 보강하여 '비(非) 에콜의 에콜'을 모토로 하면서도 "예술의 초월적 지도성의 복고(復古)"를 실현시키기 위해 헌신의 노력을 아끼지 않고 있다.

목포지역에서는 1960년 『목포문학』이 창간된 후 1966년에는 시 전문 동인지 『흑조(黑潮)』가 나오게 되고, 연달아 1967년에는 『보름문학』, 『해안선』, 『목요회』, 『목문학』 등의 동인지가 선을 보였다. 이 무렵 여수지역에서는 박보운, 한장춘, 서정선 등이 <한파문학>과 <역우문학> 동인으로 활동하다 이를 <시작동인회>로 통합 개칭하고 1962년에 동인지 『시작』 제1집을 처음이자 마지막으로 발간하였다. 또한 <해암동인회>, <짚신>, <낙서족>, <석초>, <가로수> 등의 동인회도 있었으나 이어지지는 못하였다. 전남에서는 이밖에도 『문학자』(1961), 『꽃동산』(1964), 『영산강』(1969) 등 많은 동인지들이 출현하여 동인지 문단시대를 형성하기에 이르렀다.

유신에서 광주까지, 현실과 서정 사이의 시적 길항

1970년대의 한국 시가 보여주는 일반적 경향은 1960년대의 특성이 어떻게 발전되며 어떻게 변증법적으로 종합·지양되는가라는 측면에서 이해된다. 즉 1960년대 순수와 참여의 대립이 1970년대 들어 전통적 감수성과 민중적 감수성으로 노정되고, 거기에 도시적 감수성의 시가 또 다른 축을 이루게 된다. 이와 더불어 중앙 문단의 팽창과 지역 문단의 결속이 강화되면서 복합적인 길항

관계가 형성된다. 특히 광주·전남의 경우, 유신체제와 산업화 과정이라는 시대적 상황 속에서 정치적으로 소외되고 경제적으로 낙후되었던 만큼, 시문학에 있어서도 이러한 현상이 다른 지역에 비해 두드러졌다고 할 수 있다. 즉 한 편에는 남도의 서정적 감수성을 아름답게 표상했던 시인들이 있었고, 또 다른 한 편에는 김지하, 조태일, 문병란, 양성우, 김남주처럼 당대 현실의 문제를 민중적 감수성으로 토해내던 시인들이 있었던 것이다.

또한 1970년대는 정부의 산업화정책이 본격화되면서 중앙과 지방의 경계가 뚜렷해지게 되었다. 이는 시인들의 서울 진출로 인한 중앙 문단의 팽창을 가져왔고, 반면에 지방의 지역문단에서는 독자적인 활로를 모색하며 결속을 강화하였다. 1961년 창립된 <전남문협>이 1970년대 들어 제2대 회장 허연에게 이어지면서 1973년 6월 연간집 『전남문단』을 창간하고, 각 장르별로 문학적 성과를 결산한 것이 좋은 예이다. 『전남문단』은 1986년 14집까지 발간되었으나 1987년부터 행정구역 개편으로 광주광역시가 분리됨에 따라 『전남문단』을 『전남문학』으로 개칭하고 <광주문협>에서는 별도로 『광주문학』을 창간하였다.

1970년대는 1960년대에 결성된 동인들의 활동이 계속되었으며, 이어서 『모란촌』(1974), 『청호문학』(1976), 『민족시』(1977), 『목요시』(1979) 등의 동인지들이 창간되었다. 강진의 <모란촌문학동인회>는 차부진을 초대 회장으로 하여 정문석, 박양배, 이형희, 김영렬 등 41인의 회원이 참여하였다. 목포의 <청호문학회>는 <목문학>과 <보름문학>을 통합하여 결성하였으며, 창립 당시 회원은 박순범, 김학래, 최일환, 최재환, 김재희, 김신철, 양동은, 이태웅 등이다. 광주의 <목요시동인회>는 고정희, 강인한, 국효문,

김종, 허형만, 김준태, 송수권, 장효문 등이 참여하였으며, 시문학과 사회·역사의식을 접맥하려는 노력을 보여주었다.

한편 이 시기에는 광주의 대학가에서도 문학을 향한 대학생들의 열정을 담아 동인회가 결성되었는데, 조선대학교의 <나락문학회>와 <석혈동인회>, 전남대학교의 <용봉문학회>가 그것이다. 1971년에 결성된 <나락문학회>는 <향토문학동인>의 후신으로 회원 중에서 김준태, 이한성, 이계양, 차창룡 등의 시인을 배출하였으며 동인지도 8집까지 발간하였다. 같은 해에 발족한 <석혈동인>은 김광석 외 68명의 회원으로 출발하였다. 그들은 문학의 밤, 시화전, 지역 백일장, 창작 수련회 등 활발한 활동과 지역봉사를 통하여 문학사상을 심어주었으며, 동인지도 꾸준하게 발간하여 왔다. <용봉문학회>는 1976년 3월에 김상표, 곽재구, 박몽구, 나해철, 임낙평 등을 중심으로 발족하고 그해 6월에 제1회 시화전을 가졌으며, 첫 동인지 『용봉문학』을 등사판으로 출판한 후 현재에 이르고 있다.

1980년 5·18광주민중항쟁을 겪으면서 남도의 시문학은 많은 변화를 보였다. 그리고 그러한 변화는 광주에서만 그친 것이 아니라 한국 문단 전체의 변화를 추동하였다. 1980년대의 어떤 시인들도 광주체험으로부터 자유로울 수 없었던 바, '광주'는 시 쓰기의 출발점이었으며 동시에 종착점이었다. 단지 광주체험의 시 쓰기를 응전의 전략으로 택할 것인가, 내화의 방식으로 택할 것인가의 차이만 있었을 뿐이다. 따라서 1980년대 남도 시문학의 지향과 흐름에는 현실정신의 핍박함을 돌파하려는 추진력이 실려 있었다. 그것들이 민중의 정서를 시적 언어로 대변하기 위한 여러 갈래의 고뇌로 나타나고 있었던 것이다.

김준태, 송수권, 장효문을 주축으로 한 <오월시> 동인들은 5·18 광주민중항쟁의 체험을 시화하려는 노력을 보여주었다. <목요시> 동인들은 1981년 『이 땅에 태어나서』를 통해 첫 모습을 보이면서 시가 과연 역사와 희망과 구원이 될 수 있는가를 모색하였다. 현실에 대한 이들의 시적 응전은 동족상잔의 뼈저린 추억, 시대적 모순의 연속으로부터의 방향성 획득, 제3세계 문학으로의 접근, 자유를 획득하기 위한 내부의 대결성에 대한 관심으로 집중되었으며, 처절하리만큼 쓰라린 역사적 체험을 소시민의 삶 속에 투영시켜 노래하였다. 특히 박주관, 나종영, 나해철, 박몽구, 곽재구, 이영진, 최두석, 김희수 등의 시는 범 문단적인 관심을 불러 일으켰다.

특기할 일은 문학의 수평화에 동의하고 문학의 시간적 공간적 수용성을 확대시키기 위한 새로운 서정의 몸부림을 보인 이용범, 박상석, 유강희, 정양주, 최승권, 이재창, 이진영 등 <5세대> 시동인들의 출현과, 전남대학교의 <비나리패> 글마당 『당신은 오월 바람 그대로』, <용봉문학회>의 『꺼지지 않는 통일의 함성으로』 등 대학생 시동인지의 목소리이다. 이들은 광주의 아픔을 딛고 일어서서 새로운 국면 전환을 시도하고 있다. 이들의 시는 보수성, 감상주의, 낭만적 서정주의의 극복이 선결 과제라고 제시할 만큼, 변화 많은 목소리에 황토 흙바람 같은 전면적이고 직접적인 호소를 담아내고 있다. 이들이 표방한 달구질의 문학정신은 이 지역 시문학에 새로운 감수성과 거리감을 일깨웠다. 특히 1982년에 결성된 전남대 국문과의 <비나리> 동인들은 1984년 여름에 발간한 첫 동인지 『가자 피묻은 새때들이여』에서 "예술은 현실의 경험 속에서 긴장된 대립과 갈등으로부터 탄생되고 궁극에는 이 한계성을 극복하고 역사적 순간에서 올바른 세계관을 창조한다."고 선언하면서 윤정현, 김난영, 김경윤, 류진주, 송하경, 임동확, 박철흥, 이종주, 송광룡, 이형권 등의 시와 선배 작품으로 손광은의 「보리타작」, 양성우의 「말」을 수록하였다.

이 무렵 『민의』라는 무크지가 출현하여 이승철, 박영희, 김하늬 등을 배출하였으며, 박선욱, 김남주, 김하늬, 최승권, 임동확 등은 민족문학작가회의를 조직하였다. 또 1987년에는 여류문학 동인지 『시누대』가 발간되어 이 지역 여성작가들의 활동이 본격화하였다. 『시누대』 동인은 국효문, 이향아, 최봉희, 백추자, 윤미순, 이미란, 김지수, 김옥애 등이다. 그리고 목포권 중심의 『詩流』(1981), 『목포시』(1983), 『시울문학』(1983), 진도의 『섬문학』(1980), 해남의 『남촌문학』(1984)과 『해남문학』(1987), 순천의 『순천문학』(1984), 무안의 『무안문학』(1984), 장흥의 『별곡문학』(1985), 여수의 『갈무리문학』(1986), 『노을문학』(1988), 『기독교문학』(1989), 영광의 『칠산문학』(1988), 화순의 『화순문학』(1988), 구례의 『구례문학』(1989), 강진의 『온누리문학』(1989) 등이 지역별로 조직되어 남도 시문학의 토양을 기름지게 하였다.

한편 1986년 11월 1일자로 행정구역 재편에 의해 광주직할시(이후 광역시로 변경)와 전라남도로 분리됨에 따라 1987년부터는 전남문인협회 역시 <광주문협>과 <전남문협>으로 나뉘게 되고 초대 회장을 광주 손광은, 전남 최일환이 각각 맡았다. 기관지는 광주에서 『광주문학』을 새로 창간하고 기존 『전남문단』은 『전남문학』으로 개칭하여 제15집부터 이어 받아 새롭게 광주·전남 문학 활동의 견인차 역할을 담당하였다.

로컬을 넘어서, 문학의 위기와 새로운 모색

1990년대에 문민정부가 들어서면서 전 시대를 주도했던 정치적 상상력의 시들은 상대적으로 약화되었다. 이런 정세는 시인들을 개인의 실존적·문화적 경험 안으로 깊숙이 들어서게 하였고, 시는 스스로의 미학적 정체성을 다시 탐문하지 않으면 안 되게 되었다. 한편 대중소비사회로 진입하면서 문화산업의 팽창은 이미지의 시각적 쾌락을 선사하는 매체들을 부상시키게 되고 문학을 문화적인 주변부로 밀어내는 상황을 초래했다. 문학의 위기라 불리는 이 문화적 주변성의 자리에서 시는 새로운 모색을 시작해야 했다. 결국 1990년대 시의 공간에는 '문화적 삶'의 문제와 관련된 시적 주제들이 떠올랐다. 죽음과 소멸의 미학, 도시적 일상성의 탐구, 대중문화와의 접속, 몸의 시학, 여성주의와 섹슈얼리티, 생태학적 상상력, 정신주의 세계 등 다채로운 테마들은 전 시대에 볼 수 없었던 인식의 다원화를 가져왔다.

1990년대의 이러한 맥락은 중앙과 지방에 모두 해당된 것이었다. 정보화시대의 특성은 중앙과 지방의 경계를 허물고 동등한 지역으로서의 문화적 동시성을 갖게 했기 때문이다. 또한 1990년대가 시작되면서 이 땅에 풀뿌리 지방화 시대가 열린 것도 한 이유였다. 이에 따라 문학에도 많은 변화가 있었다. 새로운 동인지가 우후죽순처럼 확산됨으로써 작품 발표 기회가 많아졌음은 물론, 많은 문예지가 출간되어 신인들의 등단 기회가 활짝 열리게 되었다. 문학의 창작과 수용에 대한 독자들의 요구가 확산되어

갔으며, 신인상 제도의 변화로 단 1회의 당선만으로도 등단 길이 쉽게 열리면서 시인이 양산되었다. 문인들에게는 기회가 많아졌지만, 습작기에 머물고 있는 작품이나 미숙한 작품이 입선되는 사례가 생겨 양적 팽창에 질적 저하라는 우려의 소리가 높아지기도 하였다.

1992년 6월에는 광주에 종합문예지인 계간 『문학춘추』가 처음으로 탄생하여 이 지역의 문예 중흥을 위해 많은 지면을 할애하였음은 물론, 신인상 제도를 두어 시인 지망생들에게 등단의 길을 열어주었다. 이어서 1996년 5월에는 계간 『시와사람』이 간행됨으로써 남도의 시인들에게 작품 발표의 기회를 부여하고 신인 발굴의 장을 마련하여 주었다. 1999년에 격월간으로 창간된 『현대문예』와 2005년 창간된 계간 『문학들』까지, 이들은 지역에서 발간하는 문예지임에도 편집과 작품 수준에 있어 중앙 문예지와 어깨를 나란히 하며 경쟁하고 있을 뿐만 아니라, 유능한 신인들을 발굴 등단시켜 남도 문학의 거멀못 역할을 하고 있다. 이제 21세기의 우리 사회는 소위 지구촌시대로 불릴 만큼 로컬의 경계를 넘어서고 있다. 정보화, 다문화, 다원주의 등 소위 새로운 밀레니엄의 키워드들은 남도 시문학으로 하여금 새로운 도전과 시적 모색을 요구하고 있는 것이다.

제2부

남도 서정의 시니피에

조운 시조의 현실 의식

최 호 진

소외받은 시인의 시적 지평

조운은 그 작품에 비추어 지나치게 소외를 받은 시인에 속한다. 이는 시조라는 장르의 쇄락과 그의 월북이 가져온 결과이다. 조운이 왕성하게 활동했던 1920-1930년은 시조가 그 생명력을 유지하면서 우리의 대표적 문학 정전으로 자리 잡던 시기였다. 그가 고시조와 현대시조를 잇는 가교로서 한 역할은 뚜렷하다. 당시 활동했던 대표적 시조시인들이 전통적 형식과 내용에서 벗어나지 못할 때 그는 시조의 형식에 잘 써진 '시'를 접목함으로써 형식과 내용상의 지평을 확장했기 때문이다. 조운의 이러한 성과는 그가 지역문예운동을 이끌고 있었기 때문에 가능했다.[1)]

1) 그는 일제의 감시 속에서도 독서회 <갑술구락부> 회장을 맡았으며, 영광중학교 설립운동에 앞장섰고, 영광체육단사건으로 투옥되는 등 문화적·

그러나 그가 월북함으로써 그의 삶과 문학은 제대로 평가받지 못했다. 해금 후에도 영광 6·25대학살과 그의 월북이 복합 작용함으로써 그의 시조를 조명하는 데 걸림돌이 되었다. 조운은 국민문학의 민족주의 문학운동에 적극적이었으나 그의 삶과 작품은 복합적이었다. 월북 문인은 정치나 사상에 의한 판단보다 문학사적 위치에서 보아야 한다[2]면 지금까지 조운 시조 연구는 국민문학/카프문학, 시조/계급시, 시조시인/서정시인이라는 암묵적인 이분구도[3]가 작용함으로써 그의 역사적 신념과 서민적 서정이나 해학이 상호보완적이라는 게 간과되었다. 그 결과 식민지시대 그의 민족의식이나 민중적 역사관이 다양하게 규명되지 못했고, 월북과 역학관계를 들여다볼 수 있는 해방공간에서의 시적 변화를 규명하고자 하는 시도는 미흡했다. 조운 시조의 탁월한 서정성은 여러 연구에서 이미 입증된 바 있다. 그러나 민중적 정서와 서정성은 이분법일 수 없으며 하나의 밑그림으로 시인의 총체성을 이룬다. 이에 본 연구에서는 조운의 지역문예운동가로서의 민중적 삶을 살피고 월북 전까지의 역사의식과 시대의식이 선명한 작품을 고찰해 해방공간에서의 조운 시의 현실의식과 시적변화를 살피는 것을 목적으로 한다.

계몽적 조직을 꾸리고 실천하는 향토문화운동에 앞장섰다. 특히 향토문화지 『자유예원』 발간과 시조동호회 <추인회> 활동은 『조선문단』에 장형의 연시조와 연작시를 발표할 수 있는 원동력이 되었다.

2) 강영미, 「배제의 논리로 구축된 '시조부흥론'」, 『한국시학연구』 제39호, 한국시학회, 2014, 61쪽.

3) 권영민, 『월북문인연구』, 문학사상사, 1989, 24쪽.

민중적 정서와 지역문예운동

조운[4]은 전라남도 영광에서 기생출신의 소실인 어머니에게서 태어나 따가운 시선과 가난, 병으로 불행하게 살았다. 그는 '구름다리 달맞이방'[5]이라는 서정적 주소지에서 살았는데 이 이름을 통해 그가 생활은 곤궁하고 피폐했어도 정서적으로 섬세한 감성을 유지했음을 알 수 있다. 그는 1924년『조선문단』제2호(1924.11)에 최초로「초승달이 재 넘을 때」등 3편의 자유시를 발표하며 문명을 얻고, 1925년 영광학원이 폐교되자 달맞이방에서 투병한다. 그 해 최서해가 그의 누이 조분려와 결혼하고 둘 사이의 교분은 더욱 두터워진다.[6]

조운 시조의 특징은 민중[7]적 일상생활을 생생하게 표현한다는

4) (1900-?) 본명은 주현(株絃), 자는 중빈(重彬)인데 1940년대 필명이었던 운을 본명으로 개명한다. 김공주와 결혼하고 3·1운동에 가담했다가 일제의 추적을 피해 만주로 망명, 은신하며 방랑생활을 한다. 이 때 최서해를 만나는데 그는 조운에게 인간적, 문학적으로 지대한 영향을 받으며 훗날 매부 사이가 된다.

5)『조선문단』1925년 10월호 '글 쓰는 이들의 주소'에는 조운의 거처가 '전남 영광읍내 구름다리'라 기록돼 있다.

6) 해방 후 조운은 정주연학회를 조직하고 회장으로서 기금 마련에 노력한다. 한편, 여운형 주도의 영광건국준비위원회 부위원장에 선출되었으나 한민당과의 불편한 관계로 운신이 어려웠던 그는 1947년 서울로 이주한다. 그 해 동국대에서 시조론과 시조사를 강의하고『조운시조집』을 출간하며, 조선문학가동맹의 중앙집행위원이 된 조운은 1948년 가족과 월북한다. 조운은 북한에서 프롤레타리아시인으로 평가받았으며 1960년대 후반까지는 생존했다는 것을 알 수 있다. 조운은 6·25때 서울에 다녀갔다는 증언이 있다. 한춘섭,「찾아낸 조운 시인의 면모」,『시조문학』봄호, 1990, 167쪽.

7) 한국의 경우 '기미독립선언문'의 "2천만 민중의 성충을 합하야"라는 표현에서 보듯이, 매우 일찍부터 민중이라는 말이 확인된다. 이후 '민중'은

것이다. 이는 삶에 대한 그의 진솔한 태도에서 우러나온다. 조운은 자신의 태생을 감추지 않고 스스로를 백정(白丁)이라 했으며 평생 가난과 병에 쫓기면서 자연과 생활을 관조의 대상이 아니라 극복의 대상으로 삼았다. 이러한 그의 삶은 일상적 정감이 생생한 조운 시조의 바탕이 된다. 또한 조운에게 경향파 문학의 대표적인 작가였던 최서해와의 관계는 매우 중요하다. 그는 조운을 중앙문단으로 이끌었으며, 매부가 돼 친동기간처럼 지낸다. 조운은 최서해가 일찍 세상을 떠났을 때, 여동생의 죽음과 바꾸고 싶다고 할 만큼 그를 잃은 각별한 슬픔을 표현한다.[8)] 조운이 사회운동으로 투옥된 것이나, 여운형이 이끌던 영광건국준비위원회 부위원장으로 지목된 것, 조선문학가동맹 중앙집행위원으로 추대된 것과 자진 월북은 그가 비록 뚜렷한 계급의식을 드러내는 시조를 창작하지는 않았지만 당시 최서해와 같은 민중지향의식을 지녔던 것으로 추정할 수 있다.[9)] 조운이 그의 시조를 민중의 현

일련의 역사적 사회변화들을 겪으며 활성화된 사회운동의 이데올로기적 원천으로서 기능했다. 이러한 기능은 민중이 단순히 일상적 담론에 머무르지 않고 일종의 지적·문화적 변화를 야기하는 혁신의 힘으로 작용한다는 것을 보여준다. 이는 민중문학·민중사회학·민중신학·민중불교·민중미술·민중가요 등 여러 부문에서 확인되며, 학문적으로도 새로운 관점과 시각의 원천이 되었다.

8) 부디나/누이와 바꾸어 죽어다오/가다오.//누이가 죽어지고/曙海 네가 살았으면//주검은 설어워도/삶은 쉷지 안하려든//이 설움 또 저 설움에/어쩔 줄을 몰랐어. 조운, 「曙海야 芬麗야」 일부.

9) 한 발만 땅에 놔도 '쿵'하고 울리거니/이 몸을 팡가칠 제 그 소리야 오작하리/열 몸이 합할 적이면 더 큰 소리 날려라-1930년 조운은 권구현이 쓴 「暴風雨의 마음」(1927.5)에 대해 "社會主義者가 이런 글을 보면 또 프로레타리아 時調라고 하지 안을는지?"라고 한 바 있다. 조운은 현대 생활의식과 물질고를 표현한 시조를 프로레타리아 시조라고 언급해 현장비평의 감각으로 새로운 경향을 예리하게 포착했다. 강영미, 앞의 책, 83쪽.

실과 역사 속에 뿌리박고 서정성이 어우러진 민중의 정서로 표현했던 것은 이러한 총체적 영향 때문이다.

한편, 조운이 영광의 문예운동에 끼친 영향은 크다.[10] 영광의 후학들을 양성했던 민족주의 지도자 위계후[11]는 조운의 매형이었다. 이들은 상호보완하며 영광의 민족운동과 문예운동을 선도했다. 조운이 만든 문학서클 『자유예원』은 전남지역 최초의 문학동인회였으며, 그가 발표한 「초승달이 재넘을 때」는 이 지역 최초의 근대시에 해당한다. 같은 학교 교사로 『자유예원』 회원이었던 박화성은 조운의 문학지도로 중앙문단에 등단하는데 김우진과 더불어 이들은 전남지역 근대문학을 태동시킨 인물이다.

조운은 시조 동호회인 <추인회>를 창립해 문예창작지도를 하면서 본격적인 문단활동을 시작한다. <추인회>는 시조 창작 활동과 문맹퇴치, 물산장려, 왜화배척 등 계몽운동에 참여해 각종 강연회를 주최했으며 신재효의 판소리 여섯 마당의 발굴복원, 소인극회 활동, 에스페란토 보급 등에 앞장선다. 이러한 <추인회>는 『자유예원』과 함께 우리나라의 대표적인 지방문예운동이었다. 1925년경부터 그는 프로문학에 대항해 가람 등과 국민문학파를 형성하고 민족문학을 주장한다. 1927년에는 조운이 주축인 단체들이 가람을 초청, 영광의 문학도와 청년, 부녀를 대상으로 5일간

10) 조운의 문학운동 정신에서 태동한 영광의 현대문학은 『영광문학』, 『칠산문학』, 『영광향맥』, 『옥당골 영광문화』 등 향토문학지와 모임들로 이어져 그 맥을 잇고 있다. 조병무, 앞의 책, 10-28쪽.

11) 영광보통학교 교사로 재직하면서 청소년들에게 민족주의 교육을 실시하였고 1919년 3월 서울 탑골공원의 독립만세시위에 참여하였다가 영광의 독립만세시위운동의 배후인물로 지목되어 해직되는 등 항일운동을 지속적으로 전개했다.

읍내와 불갑사 등을 답사하며 한글강습회와 시조강좌를 개최한다.[12] 뿐만 아니라 조운은 1930년대에 시조창작과 항일 민족운동에 적극 참여해 군민들에게 민족혼을 불어넣는 데 앞장선다. 영광청년회 회장으로 취임해 1934년에 일제가 강제 해산할 때까지 활동한다. 1934년 2월에는 항일 민족자각운동의 일환으로 독서회 <갑술구락부>를 결성하고 고서화전람회, 문학강연회, 무용의 밤, 고전음악의 밤, 소인극회 등 각종 문화운동을 주도한다. 또한 같은 해 4월, 체육으로 민족정신을 고취하기 위해 조직된 <영광체육단> 활동을 주도하다 1937년 9월 영광체육단 사건의 주범으로 몰려 투옥된다.[13]

조운은 1921년 자유시로 먼저 등단한다. 이후 시조와 자유시를 병행하다 1927년부터 본격적으로 시조에만 전념한다. 자유시에서 시조로의 선회는 1927년 시조부흥 논쟁을 계기로 시조에 대한 일반의 관심과 인식에 커다란 변화가 일어났을 뿐만 아니라 프롤레타리아문학 단체에 맞선 민족문학의 옹호라는 입장에서 민족의식이 강하게 대두되던 시기였다. 조운은 『조선문단』에 「병인년 시조」(1927.2)를 발표하면서 안정된 목소리가 담긴 작품을 보여준다.[14] 그리고 다양한 시조형식의 변용과 식민지 상태에서 조선혼을 찾기 위해 의도적으로 시조 창작에 전념하는 민족의식을 보인

12) 이병기, 『가람문선』, 신구문화사, 1966, 120쪽.

13) 영광체육단이 조직화되고 비대해지자 일제는 '동방 약소 민족 옹호'와 '대한 독립 만세'라는 전단을 붙였다고 날조해 조운은 1년 7개월의 옥고를 치른다. 정종은 "엄청난 영광사건은 영광의 실질적인 지도자 조운 한 사람을 포로로 만들어 놓기 위한 술책이었다고 해도 과언은 아니다."라고 밝혀 조운의 지도적 역량을 증언하고 있다. 정종, 「고뇌 속에서 민족혼을 노래한 큰 시인 조운」, 『영광문학』 창간호, 2001.12.

14) 김용직, 『한국근대시사(下)』, 학연사, 1986, 360~365쪽.

다.[15] 가람이 「시조혁신론」을 제기한 것도 이 시기이다. 1920년대는 신시조와 혁신시조가 공존한 시기로 시조부흥론과 아울러 시조의 새로운 국면을 마련한 시기이다. 혁신시조는 가람, 노산, 조운에 의해 1930년대 말까지 계속되는데 혁신은 가람이 주창했지만 이를 각각의 주제와 개성으로 혁신시켜 현대시조로 연결한 시인은 조운이다.[16] 즉 가람이 사실적 기법으로 시조의 창조적 전통 계승의 가능성을 열었다면, 조운은 빼어난 감수성과 참신한 문체 감각으로 한국 시조의 미학적 위상을 격상시켰다고 할 수 있다.

이러한 활동이 가능했던 것은 그 당시 신문과 잡지의 발간이 늘면서 시조시인들의 작품 활동이 왕성했으며[17] 조운 또한 이광수와 주요한이 만든 『조선문단』과 『동광』을 매개[18]로 담론차원에서 제기된 시조부흥론[19]이나 혁신시조론[20]을 창작의 층위에서

15) 김종술, 「조운 시조 연구」, 고려대 박사논문, 2009, 9쪽.

16) 김봉군, 「국민문학파의 시와 시론」, 『한국 현대시사의 쟁점』, 시학사, 1991, 239~243쪽.

17) 강영미, 앞의 책, 65쪽.

18) 조운은 『조선문단』에 총 35수로 당시 시조시인 중 가장 많은 시조를 실었으며, 『동광』에는 주요한과 이광수 다음으로 많은 18수의 시조를 실었다. 강영미, 위의 책, 69쪽.

19) 육당 최남선의 『백팔번뇌』(1927) 간행과 때를 같이 해 일어난 것이 시조부흥운동이다. 이 운동은 카프 문학이 확장되는 것에 반대하는 민족 문학파가 문학 본래의 순수성을 지향하며 민족 문학의 정통으로 시조를 내세우면서 전개되었다. 오세영, 『20세기 한국시 연구』, 새문사, 1989, 68~74쪽.

20) 『동아일보』(1932.1.7)에 게재된 「시조는 혁신하자」라는 글에서 가람은 실감·실정을 표현하자는 '시조혁신론'을 그의 시조관으로 밝히고 있다. 시조는 혁신하되 그 정형을 파괴해서는 안 된다는 전제 아래, 단편적으로 전개된 개혁론을 근거로 창작된 것이 혁신시조이다. 전통으로서 시조를 계승해야 한다는 조운의 생각은 국민문학파의 조선심 논리를 수용한 결과이지만 실제 시조 창작에서는 추상적인 조선심을 "지금 조선인의 사상 감정"을 표현하기 위해 구체적으로 표현할 수 있는 '실감·실정'으로 창작하고자 한 이병기의 '시조혁신론'의 영향을 받고 있다.

구체화하는 실천적 문화 운동으로 전개할 수 있었기 때문이다. 무엇보다 조운이 1922년부터 지역문예운동을 조직하고 시조집까지 발간[21]하며 시조 창작에 대한 치열한 고민이 있었기 때문에 가능했다. 이처럼 조운이 주도한 영광지역문예운동은 그가 지역에 거점을 두고 중앙문단과 활발히 교류하면서, 시조 양식 자체에 대한 지식과 정보를 교류하고 혁신시조 창작을 모색하고 실험하면서 시조의 새로운 방향성을 제시할 수 있었던 바탕이 되었다. 그러나 이런 활동이 중앙문단중심의 특권적 시선과 맞물려 제대로 평가받지 못하는 측면이 강하다.

백만농군으로 본 민중적 역사의식

20세 망명시절 조운은 최서해와 함께 만주와 시베리아 등을 유랑했다. 그 당시 금강산과 황해도, 해주, 개성 등지의 고적지도 답사한다. 또한 1920년대부터 민족문화를 수호하고 민족의식을 시조로써 실감·실정을 표현하려는 가람과 교분을 맺으며 함께 국내 기행을 하기도 했다. 그는 아직도 현장이 남아 있는 역사적 장소를 택해 자신의 역사의식과 민족의식을 서정화했다. 이런 그의 역사기행 시조 창작은 조상의 민족혼과 전통의식을 계승해 교훈으로 삼아야 한다[22]는 뜻을 담고 있는 것으로 그 당시 같은 맥락

21) 우은진, 「조운과 1920년대 현대시조의 형성」, 『한국민족문화』 40, 부산대 한국민족문화연구소, 2011, 97쪽.

22) 조윤경, 「가람과 조운 시조의 현대적 변용 양상 연구」, 전남대 박사논문,

의 다른 기행시조와 변별돼 현대시조의 맥락에서 볼 때 큰 의의를 지닌다.

寧越 子規樓는 봄밤에 오를꺼니
滿月臺 옛宮터는 가을일 제철일다
지는잎 부는 바람에 날도 따라 저물다.
(端宗의 詩一寄語世上苦勞人 愼莫登春三月子規樓)

松都는 옛이야기 지금은 하품이야
설움도 낡을진대 새 설움에 아이느니
臺뜰에 심은 벚나무 두길세길 씩이나.
– 「滿月臺에서」23)

조운은 만월대를 답사하고 그곳의 역사성에 대한 자신의 인식을 기행시조로 형상화한다. 무상함과 탄식이 서정적 주체의 주조로 기본배경을 이루고 첫 수 종장에서 과거의 역사적 사건과 현 상황을 자연스럽게 넘나듦으로써 현재의 아픔을 부각하는 효과를 얻도록 구성하고 있다. 고려의 궁터인 만월대의 쇠락한 풍경과 송도의 번성이 객관적상관물로 정서의 극대화를 매개하며 고려와 조선의 멸망을 낡은 설움 대 새 설움으로 대비하고 환기시키는 역할을 한다. 이런 비장미는 고려의 상징적 공간에서 일본의 벚나무가 두세길 씩이나 자라는 장면을 포착하며 절정을 이룬다. 조운은 500년 동안 번성했던 한 왕조의 몰락과 일제강점기라는 현재의 상황인식을 몇 장면의 풍경묘사와 선명한 이미지 대비만으로 교차시킴으로써 민족의 비극적 현실을 극대화하고 정서적

2007, 135쪽.

23) 이하 모든 인용시는 조운 시조집 『구룡폭포』(2001, 태학사)을 참고한다.

질량을 높이고 있다.

善竹橋 善竹橋러니 발남짓한 돌다리야
실개천 여윈 물은 머들잎에 덮였고나
五百年 이 저 歲月이 예서 지고 새다니.

피니 돌무늬니 물어 무엇 하자느냐
돌이 모래되면 忠臣을 잊겠느냐
마음에 스며든 피야 五百年만 가겠니.

圃隱만한 義烈로서 흘린 피가 저럴진대
나 보기 前 일이야 내 모른다 하더라도
이마적 흘린 피들만 해도 발목지지 발목져.
–「善竹橋」

위 시는 세 수의 연시조로 구성돼 있다. 첫 수 종장의 '오백년 이 저 세월'의 '이 저'는 통시적으로 조선과 고려를 잇는 천년왕조를 매개하고 있는 선죽교의 시간성을 드러낸다면 '예서 지고 새'는은 공시적으로 고려의 멸망과 조선의 발흥을 바라보는 선죽교의 공간성을 지시한다. 무상감이 부각되는 첫 수에서는 회고적 기행시류에서 크게 벗어나지 않는다. 모든 장이 의문형으로 운율을 형성하고 있는 둘째 수는 설의적 형태로 자문자답식 구성을 취하고 있다. 평이하게 흘러가는 회고시조는 종장의 '마음에 스며든 피야 오백년만 가겠니'에서 역사적 확신을 확인하며 반전을 이룬다. 이러한 둘째 수의 설의적 강조를 통한 역사적 확신과 기대와 긴장은 셋째 수의 '흘린 피'로 집중된다. '포은만한 의열로서 흘린 피'와 '이마적 흘린 피들만 해도 발목지지 발목져'에 연결되는 피는 망국의 한을 곱씹게 하며, '포은만한'과 '피들만 해도'는 같은 형태의 '만'이라는 보조사를 사용해 비슷한 비교역할을 하지만 전자는 한정을, 후자는 무한정을 의미함으로써 한순간에 역사적 의열(義烈)의 대명사이며 단심(丹心)의 표상이었던 포은을 왜소하고 무색케 만들어버리고, 민중들이 흘렸던 피를 파격적인 '돌무늬'로 부각시킨다. 조운은 돌의 흔적으로나 남아있는 포은의 피와 달리 '발목지지 발목져'로 부각되는 민중들의 피흘림을 강조함으로써 왕조 중심의 세계관이 아닌 민중적 세계관을 선명하게 드러낸다. 충성과 절개의 표상으로 고정된 포은을 넘어 민중적 역사관의 확장에 성공한 이 시는 식민지 상황 아래서 썼다는 데 더 의미가 있다.

> 사람이 몇 生이나 닦아야 물이 되며 몇 劫이나 轉化해야 금강에 물이 되나! 금강에 물이 되나!
>
> 샘도 江도 바다도 말고 玉流 水簾 眞珠潭과 萬瀑洞 다 고만 두고 구름 비 눈과 서리 비로봉 새벽안개 풀끝에 이슬 되어 구슬구슬 맺혔다가 連珠八潭 함께 흘러
>
> 九龍淵 千尺絕崖에 한번 굴러 보느냐.
>
> –「九龍瀑布」

이 시조는 조운이 3·1운동에 가담한 후 만주로 망명했다가 돌아와 1921년 금강산을 둘러본 다음 3년이 지난 뒤 발표한 작품이다.[24] 이 시조는 불교의 윤회사상과 동양적 원형이미지가 강조된

24) 조윤경, 앞의 논문, 141쪽.

상선약수(上善若水)가 바탕을 이룬다. 서정적 주체는 천척절애(千尺絕崖) 구룡폭포수의 격정 앞에 서 있다. 몇 생이나 몇 겁 같은 윤회적 상상은 관습적 도입일 뿐 이는 금강의 물로 쏟아지고 싶은 간절함의 역설적 표현이다.[25] 이 그리움을 환기시키는 화자의 꿈이 응집된 공간이 구룡연이다. 즉 이 시의 외연은 장엄한 구룡폭포를 향한 예찬이지만 내포는 시인의 꿈과 역사인식으로 확대된다. 폭포는 서정적 주체의 욕망을 환기하는 매질이며. 흔적도 없이 사라질 이슬의 이미지와 도도한 역사를 이루는 바다의 이미지 사이를 자연스럽게 연결하는 정서적 흐름으로 그 매질의 질량감을 증폭시키고 있다. 이때의 격정의 감격은 조국의 광복으로, 혁명으로, 윤회나 우주적 순리로 다양한 변주가 가능하다. 구슬구슬 맺힌 작은 물방울들이 물이 되고, 수정렴이 되고, 폭포에 휩쓸리어 소멸할 이슬은 그러나 폭포보다 간절하고 힘없고 순수한 민중적 의지의 결정체다. 폭포로 형상화된 정서의 분출은 모든 그리움의 총화이다. 이처럼 조운의 역사인식은 이슬이 폭포와 만나 더 큰 폭포를 이루는 역사의 자연스런 흐름 위에 있는 것이다.

> 斗星山 이언마는 녹두집이 그 어덴고
> 뒤염진 늙은이 대답을 하지 않고
> 고개를 배트소롬하고 묻는 나만 보누나
>
> 솔잎 댓잎 푸릇푸릇 봄철만 여기고서
> 일나서 敗했다고 설거운 노라마라
> 오늘은 백만농군이 죄다 奉準이로다.
>
> –「古阜 斗星山」

25) 정양, 「이슬의 꿈과 탱자의 꿈」, 『동심의 신화』, 신아출판사, 2003, 17쪽.

이 시조는 1947년 3월 조선문학가동맹에서 펴낸 『연간조선시집』에 수록되어 있다. 전봉준의 생가를 묻는 나그네에게 '고개를 베트소롬하'면서, 묻는 사람을 되쳐다보며 대답을 유보하는 것이 당시의 현실이었고, 이는 우리의 역사적 질곡이었다. 이 시는 동학과 관련한 최초의 시[26]로 지금은 '녹두장군'으로 신화화된 전봉준을 '봉준이'로 표현한 보편성이 두드러진다. 또한 전봉준은 '敗'했지만 그의 정신을 계승해 민족의 힘을 발현하면 자주적 세상이 도래할 수 있다는 염원을 담고 있다. '봉준이'에 혁명을 주도한 인물에 대한 친근성과 연대의식이 작용한다면, '오늘은'에는 1947년 상황에서 뒤염진 늙은이를 포함해 백만농군의 힘에 대한 믿음이 강하게 작용한다. 조운은 오랫동안 '동학란'으로 왜곡되었던 갑오농민전쟁이 '동학혁명'으로 재조명되는 데 첫 걸음을 뗀 셈이어서 그의 역사관이 적확했다는 것을 알 수 있다, 또한 그는 해방공간에서 '백만동학군' 대신 '백만농군'을 선택해 '동학'으로 축소시킨 갑오년 농민전쟁의 정체성을 강조했다. 이 백만농군을 모두 '奉準이'로 명명함으로써 새 세상에 대한 확신을 드러내는 지점에 조운의 민중적 세계관이 집약돼 있다고 할 수 있다.

유자의 꿈으로 집약된 저항의식

조운 시조 연구에서 월북의 정황을 살피는 것은 그와 작품을

26) 정양, 앞의 책, 23쪽.

연구하는 데 매우 중요한 지점이다. 민족주의 민족운동에 앞장섰으며, 서민적 리얼리즘이 살아있는 시조를 창작했던 그가 월북함으로써 차단되고 굴절된 문학적 가치평가가 당대에도 후대에도 풀어야할 연구 과제로 남아있기 때문이다. 작품 속에 내포돼 있는 근거들을 바탕으로 민족주의자로서 지역문예운동을 선도하며 그가 저항할 현실과, 개척해야 할 세상은 무엇이었는지를 고찰하는 것과 월북의 역학관계는 한 자장 안에서 이루어질 수 있다.

들이 바다도곤 넓어
눈이 모자라 못보겠다
이게 우리 거지!
꿈같은 일이로다

東津水 九百 굽이쳐
흰젖처럼 흐르고

황혼은 밀려오잖아
땅에서 솟나부다

온 들에 저녁 연기
연기속에 들불 일다

南洋서 北支에서들
다들 돌아왔는지.

– 「金萬頃 들」

금만경은 전라북도 '김제평야'를 가리키며. 조운의 전라북도에 대한 관심은 고향만큼이나 컸다. 그는 가람이나 석정 등과의 교류를 통해 전라북도 지역에 대한 관심의 폭을 넓혀 간 바 있다.[27] 이 시는 조운이 월북한 후 1949년 『조선문학전집』 10에 발표한 연시조이지만 미리 써놓은 것으로 보아야 한다. 그는 해방을 맞아 우리 땅이 된 금만경 들판을 바라보며 복받쳐 오르는 감격을 색채대비를 통한 시각적 심상을 중심으로 형상화하고 있다. 눈앞에 펼쳐진 드넓은 땅 앞에서 '이게 우리 거지!' 외치는 서정적 주체의 마음은 곧이어 누리게 될 벅찬 희망으로 '흰젖'과 땅에서 솟은 듯한 '황혼'이 마침내 '들불'로 번져오는 듯 느낀다. 일제에 들을 빼앗겨 밥 짓는 연기까지 빼앗겨야 했던 궁핍한 생활을 조운은 조선 대다수 민중들과 함께 겪었으므로[28] 그의 기쁨은 절제될 수 없다. 그러나 그 절정의 순간에도 남양과 북지에서 떠돌며 아직 돌아오지 못한 유이민들을 걱정하는 종장에서 그의 보편적 인간애가 느껴진다. 그가 누릴 금만경 들의 풍요로움은 고향을 떠난 모든 사람들이 돌아와 함께 누려야할 민족공동체로서의 풍요인 것이다.

투박한 나의 얼굴
두틀한 나의 입술

알알이 붉은 뜻을

---

27) 조윤경, 앞의 논문 131쪽.

28) "曺雲의 집은 호남서도 부요한 시골에 잇다 그의 집압헤는 누르른 나락이 금물결을 치고 뒤에는 터진목화바티 흰담요를 깔아논 듯이 벌려잇다 그러나 그에게는 이틀먹을 량식이 업다 아아 그의 건강을 무엇으로 회복하며 그의 쓸쓸함을 무엇으로 위로하랴?" 최학송, 「病友 「曺雲」(外血痕), 『조선문단』, 1925. 11, 93쪽.

내가 어이 이르리까

보소라 임아 보소라
빠개 젖힌
이 가슴.

—「石榴」

「石榴」는 조운 시조의 특성이 유감없이 드러난 그의 대표작품이다. 이 시의 놀라움은 "그의 시 세계가 보여 주는 시적 이미지의 생생함과 언어의 참신성"[29]에 있다. 시조 형식이라는 통제 장치가 서정적 주체의 정서적 흐름을 통제하는 가운데에서도, 아슬아슬하게 삐져나온 감정의 한 자락이 읽히는 점에서 시조의 전형성으로서 「石榴」의 위치를 확보한다. 억지로 꾸민 흔적 없는 자연스러움과 소박하고 아름다운 민중적 삶의 영근 꿈들이 '빠개젖'히는 듯한 긴장으로 마무리되고 있다. 「九龍瀑布」에서 '풀 끝에' '구슬구슬 맺혔'던 '이슬'이 여기서는 '알알이 붉은' 석류알로 익어 있다. 폭포와 같은 격정적 감격 속으로 휩쓸리고 싶던 그 이슬이 임을 향해 '빠개젖'히는 '알알이 붉은 뜻'으로 쏟아지려 하는 것이다. 조국의 광복을 기다려온 시간의 시위가 마침내 광복을 맞이해 화살을 당기는 폭발력이 시조 전편에 흐른다.

그러나 놓치지 말아야 할 것은 조운이 이 시를 1947년 3월 초봄에 썼다는 사실이다. 이 시조가 조운의 가슴을 찢고 나올 수 있었던 것은 그가 이미 고향과의 이별, 임[30]과의 이별을 각오하고

29) 장경렬, 「'千尺絕崖'를 구르는 물이 되어」, 『구룡폭포』, 태학사, 2001, 150쪽.

썼다는 사실이다.[31] 조운은 20세 망명생활을 한 것과 38세 때 목포형무소에 투옥된 것 외에는 영광을 떠난 적이 없다. 그런 그가 48세에 고향산천과 그토록 사랑하는 어머니와 영광의 발전을 주도했던 문예운동가로서 입지를 버리고 월북하게 된다. 이것은 해방공간에서 한 식구처럼 살았던 사람들이 좌우익으로 나뉘어 분열과 대립이 첨예했고 그 또한 본격적인 문단 조직체의 일원인 조선문학가동맹의 핵심 간부가 되면서 당시 문단적 조류에 동승할 수밖에 없었음을 암시한다.

얼굴
얼굴의 바다
늠실거리는 이 얼굴

모두 모르는 얼굴
허나 모두 미쁜 얼굴
시선이 마주칠 때
그만
끼어안고 싶구나

전에 보던 얼굴
오 너도 同志냐
좇아와손을 잡고 꽉 쥐고 흔들었다

---

30) "님이란 그가 군주이든 부모이든 형제나 또는 친구이거나 자기가 극히 애모하는 사람을 님이라 부른 것입니다. 한시에 미인이라는 것이 우리 노래에 님이라는 것과 비슷한 뜻을 가진 것인가 합니다." 조운,『조선문단』 제7호, 1925.4.

31) 정설영,『영광신문』, 2003.8.8.

그리고
눈으로 눈으로만
앓던 말을 다 햇다

–「얼굴의 바다」[32)]

이 시조는 '어느 대회장에서'라는 부제가 붙어 있는데 그 대회는 조선문학가동맹이 주최한 제1차 전국문학자대회이다. 조직의 강화를 목표로 1946년 2월 8일부터 9일까지 서울에서 열었던 이 대회에 참석한 문인들의 감격은 이미 다른 시에서도 많이 드러난 바 있다. 서로 몰랐어도, 전에 만난 적이 있어도 이름만 알고 지내던 얼굴들이 이제는 동지가 되어 대회장에서 이심전심의 감격과 열정을 담고 있다. 이 시조는 "동지애와 격정적 열망으로 가득 찬 행동주의자의 모습이 전면에 부각되고 있다. 이제까지 그의 시조에서 보지 못하던 집단적인 주제를 다루고 있음을 볼 때, 걷잡을 수 없이 격동하는 해방공간의 현실을 이데올로기의 요구에 따라 형상화함으로써 그의 변신을 분명히 보여주고 있는 작품"[33)] 이라는 설명처럼 그 행동은 곧 '전에 보던 얼굴/오 너도 同志냐/좇아와 손을 잡고 꽉 쥐고 흔들었다'로 이어진다. 두 말 필요 없이 '눈으로만 눈으로만/앓던 말을 다 했다'에서 감격적 동지애를 확인하는 시조이다. 이후 조운은 1947년에 조선문학가동맹 중앙위원으로 선출되고 이는 월북의 결정적 작용을 한다.

조운의 월북에 대한 견해는 조선문학가동맹의 중앙위원이 된 그가 핵심 간부로서 이념적 대립에서 오는 갈등과 북한예술동맹

32) 「얼굴의 바다」와 「탈출」은 『구룡폭포』(2001)에는 실려 있지 않다.
33) 조창환, 「조운론」, 『인문논총』, 아주대학교 출판국, 1990.

체로부터의 영향을 받아 사상적 전환을 결단한 것으로 보는 경우[34], 그가 이태준 계파의 뒤를 따라 월북한 동기를 사상적 변모에서 찾을 수 있는 필연성은 희박하다고 보고 조운이 좌경한 뚜렷한 이유를 더 이상 발견할 수 없다고 본 경우[35], 해방 이후 어수선했던 시류에 휘말려 상황 판단을 제대로 할 겨를도 없이 자신을 포기한 행동이라고 보는 경우[36], 가난한 생활의 탈출구로 불안한 시대에 적응하기도 어려워 북행을 결심했다고 보는 경우,[37] 많은 월북 문인들의 예에서 보듯이 이념적 투쟁의 탈출구로서 북행을 결심한 것이기보다는 사회주의 공화국에 대한 동경과 호기심 때문이며[38] 그가 공산주의를 신봉한 증거는 없다고 전제하고 미국 군정하에 남한 단독정부 수립 후 민족사상이 투철한 그가 운신의 폭을 넓히기 위해 월북한 것으로 보아 서울의 문단적 상황과의 관계에 초점을 맞추는 경우[39]도 있다. 월북 연도 또한 1948년과 1949년으로 나뉜다.[40] 조운의 월북과 관련해 가장 주목할 만한 시는 「柚子」이다.

---

34) 한춘섭, 「영광이 낳은 시조문학의 대가 조운 시인론」, 『옥당문화』 제4호, 영광문화원, 1989; 이정자,「밝혀진 조운의 면모와 그의 작품 연구」, 『시조문학』 통권 96호, 1990년 가을.

35) 김종호 「조운 시조 연구」, 한국교원대 석사논문, 1996.

36) 류제하, 「다양한 시도가 주는 현대성」, 『시조문학』 통권 45호, 1980, 봄.

37) 김기현, 「조운의 생애와 문학」, 『시조시논총』 제6집, 한국시조학회, 1990.

38) 조창환, 「조운론」, 『인문논총』 제1집, 아주대, 1990.

39) 박향선, 「영광-한국 현대시조의 산실」, 『칠산문학』 제13호, 2000, 12; 조병무, 『조운 평전』, 2012.

40) 1948로 보는 경우: 임종찬, 김주석, 이정자, 문무학, 곽동훈, 한춘섭, 김종호, 정영애의 학위논문.
1949로 보는 경우: 『조운문학전집』, 1990, 도서출판 남풍; 『조운 시조집』, 작가, 2000: 『구룡폭포』, 택학사, 2000: 김춘섭, 문병란 등.

柚子는 향기롭다 祖國처럼 향기롭다
이울 줄 모르는 잎에안게 자랐노니
가시城 六白里두리 漢拏山을 지킨다

물을 건너오면 탱자되다 하거니와
물을 건너가면 탱자도 유자된지
밤마다 한라산봉우리 별이 불른다노나
– 「柚子」(四八·六·十七)

이 작품은 『조운시조집』(1947, 조선사)과 『조운문학전집』에는 실려 있지 않다. 복간된 『조운시조집』(2000, 작가)에 '48년 6월 17일'이라는 날짜 표시와 함께 실리면서부터[41] 우리시대 현대시조 100인선인 『구룡폭포』에도 실린다. 즉 월북 이전 조운의 마지막 작품인 「柚子」는 '물을 건너가면 탱자도 유자 될지'라는 서정적 주체의 불안과 긴장이 정서적 흐름을 통제한다. 1948년 6월은 모스크바 삼상회의에서 한반도의 신탁통치안이 가결되고 찬탁 반탁으로 국론이 분열되었던 혼란의 시기이다. 삼팔선이 막히고, 여운형의 암살과 남한만의 총선거로 「石榴」, 「古阜 斗星山」에서 보이던 광복의 감격과 역사에 대한 믿음이 지하화되고, 신탁통치 반대를 내건 남한만의 총선거로 이승만 정권 수립이 가시화되던 시기이기도 하다. 이 때 미군정청의 포고령으로 제주도에서는 4·3 항쟁이 시작되고 십만을 헤아리는 제주도민들이 학살당한다.

「柚子」가 쓰인 1948년 6월은 4·3항쟁과 대한민국 정부 수립의 중간쯤 되는 시기이다. 그렇다면 무성한 소문의 형태로만 제주도

41) '안게', '두리', '된지', '불른다노나' 등 오철로 여겨지는 부분들을 정양은 '안겨', '둘러', '될지', '부른다누나'로 고쳐 해석하는데 이 글도 이에 따른다. 정양, 앞의 책 30쪽.

의 항쟁을 들어야하는 한국 정치 사회적 배경을 염두에 두고 이 시조를 읽는다면 유자의 향기가 내포한 소재의 관념성, 리얼리티나 공간개념 이면에 서술적 주체의 다층적 심리가 반영되고 있다는 것을 알 수 있다. 소문의 실체를 확인할 수 없는 폭압적 현실 속에서 4·3항쟁의 파편만을 접하는 서술적 주체는 스스로를 유자가 그리운 탱자로 표현한다.[42] 이는 이미 「구룡폭포」에서 거대한 폭포의 감격 속으로 휩쓸리고 싶었던 이슬의 이미지로, 「석류」에서 가슴을 빠개젖히며 민족 앞에 온 몸을 내던지고 싶었던 석류알의 이미지로 드러난 것과 같은 맥락이다. 이제는 '물을 건너오면' 유자도 탱자가 되는 불행한 땅, 감격과 믿음과 기대가 지하로 잠적한 땅 위에 그는 다시 '물을 건너가면' 탱자도 유자가 될지 모른다는 절망적 희망으로 한라산을 그리워한다. 물을 건넌다는 것, 그것은 '이울 줄 모르는 잎에' 안겨 사는 유자가 되어 '가시城'을 두르고 한라산을 지키며 조국을 그 향기로 채우겠다는 서정적 주체의 꿈을 반영한다. 그는 비록 탱자의 꿈으로나마 4·3항쟁을 지지하고 그 희생자들의 뜻에 동참하려는 조운의 세계관이 반영되어 있다. 이를 종합할 때 「柚子」는 급박한 시대의 격랑 속에서 서정적 주체가 겪는 내적 갈등이 잘 포착되어 있다. 이 정서적 진폭을 근거로 '탱자가 유자가 되는' 그의 바람은 제주도로, 북한으로, 그가 원하는 세상인 또 다른 공간으로 외연을 확장 생산하고 있는 것이다.

---

42) 정양은 「古阜 斗星山」이 우리 문학사에서 갑오농민전쟁을 처음으로 조명한 작품인 것처럼 「柚子」도 제주도 4·3항쟁과 관련된 최초의 문학작품이라 규정한다. 정양, 앞의 책, 32쪽.

이슬방울, 석류알,
탱자의 변주

구름다리 달맞이방의 조운, 조주현은 월북의 멍에와 그로 인한 복합적 상황 때문에 우리 문학사에서 제대로 된 평가를 받지 못했다. 조운 시조의 탁월한 서정성과 미적 특질은 여러 연구에서 이미 입증된 바 있다. 그러나 상호보완적일 수밖에 없는 역사에 대한 그의 신념과 서민적 서정과 해학은 별개로 다루어져 왔다. 민중적 정서와 서정성은 이분법일 수 없으며 하나의 밑그림으로 시인의 총체성을 이룬다. 그는 대표적인 지역문예운동가였으며 중앙문단과 지역문단을 교류하며 활발하게 활동했다. 이러한 조운의 삶을 바탕으로 그의 시조 중 역사의식과 현실의식이 선명한 작품을 고찰해 보았다.

첫째, 그는 월북 전까지 대부분을 고향에서 살았으며 중앙문단에서 활동하면서도 지역문예운동을 꾸준히 이어갔다. 그의 민중적 정서에 지대한 영향을 끼친 것은 고향 영광과 최서해이다. 조운은 1927년부터 시조만을 창작하면서 전통으로서 시조를 계승해야 한다고 생각한다. 이는 국민문학파의 조선심 논리를 수용한 결과이지만 실제 시조 창작에서는 추상적인 조선심을 실감·실정으로 창작하고자 한 이병기의 '시조혁신론'의 영향을 받았다.

둘째, 기행시조인 「滿月臺에서」, 「善竹橋」, 「九龍瀑布」, 「古阜斗星山」을 통해 그가 일제에 핍박받는 민중의 고통과 이에 저항하는 민중의 힘을 확인하고, 역사에 대한 믿음 또한 확고하다는 것을 알 수 있었다. 또한 「金萬硬 들」, 「石榴」, 「얼굴의 바다」, 「柚

子」를 통해 조운이 꿈꾸는 세상은 민중지향적 공동체 삶이며, 그 세상을 향한 벅찬 희망과 내면의 갈등을 확인할 수 있었다.

지금까지 고찰한 결과 민중의 삶이 역사의 물결을 이루는 근본이라는 조운의 세계관을 확인할 수 있었다. 이는 이슬 한 방울로, 석류알로, 탱자로 변주된다. 그는 문예운동가로서 시인으로서 물을 건너면 탱자도 유자가 되듯, 탱자로 사는 자신이 유자가 되는 삶을 지향했다. 그 세상은 이슬방울이, 석류알이, 문학자 대회에 모인 얼굴들이 꿈꾸는 세상이며, 금만경들의 풍요를 모두 함께 나누는 세상이다. 이를 종합할 때 조운의 월북은 해방공간 남쪽에서 그가 운신할 수 없는 문단의 복합적 상황과 함께 그가 꿈꾼 세상을 향한 기투라는 연장선상에서 이해할 수 있다.

출전

최호진, 「시조시인 조운의 문예운동과 현실의식」, 『호남문화연구』 제59집, 전남대학교 호남학연구원, 2016.

참고문헌

❑ 기초 자료

조　운, 『조운 문학전집』, 남풍, 1990.
______, 『조운 시조집』, 작가, 2000.
______, 『구룡폭포-우리시대 현대시조 100인선』, 태학사, 2001.
______, 「병인년과 시조」, 『조선문단』, 1927.2.

❑ 단행본 및 논문

강영미, 「배제의 논리로 구축된 '시조부흥론', 『한국시학연구』 제39호, 한국시학회, 2014.
권영민, 『월북문인연구』, 문학사상사, 1989.
김봉군, 「국민문학파의 시와 시론」, 『한국 현대시사의 쟁점』, 시학사, 1991.
김　억, 「시단산책」, 『조선문단』 6호, 1925.
김용직, 『한국근대시사(下)』, 학연사, 1986.
김종술, 「조운 시조 연구」, 고려대 박사논문, 2009.
사회과학원 문학연구소, 『조선문학사』, 열사람, 1988.
오세영, 『20세기 한국시 연구』, 새문사, 1989.
우은진, 「조운과 1920년대 현대시조의 형성」, 『한국민족문화』 40, 부산대 한국민족문화연구소, 2011.
이은자, 「조운시조연구」, 목포대 교육대학원 석사논문, 2014.
이병기, 『가람문선』, 신구문화사, 1966.
조병무, 『조운평전 구름다리 위를 거닐다』, 푸른사상, 2012.
조윤경, 「가람과 조운 시조의 현대적 변용 양상 연구」, 전남대 박사논문, 2007.
조창환, 「조운론」, 『인문논총』, 아주대 출판국, 1990.
장경렬, 「'千尺絕崖'를 구르는 물이 되어」, 『구룡폭포』, 태학사, 2001.
정　양, 「이슬의 꿈과 탱자의 꿈」, 『동심의 신화』, 신아출판사, 2003.
정　종, 「시조시인 조운의 세계와 그 인간」, 『시조생활』, 가을호.
______, 「고뇌 속에서 민족혼을 노래한 큰 시인 조운」, 『영광문학』 창간호, 2001.
최학송, 「病友 「曺雲」(外血痕), 『조선문단』, 1925.11.
한춘섭, 「찾아낸 조운 시인의 면모」, 『시조문학』 봄호, 1990.

박흡 시의 죽음 의식

정 병 필

박흡 시의 죽음 의식

박흡[1])의 시는 1947년 처녀작인 「젊은 講師」부터 1960년 「祠堂이 있는 風景」을 발표하기까지 주로 1950년대에 작품 활동이 이뤄진다. 시사(詩史)적으로 1950년대는 한국전쟁 이후의 시대적

1) 본명은 박증구(朴曾求)로 일제강점기인 1912년 전남 장성에서 태어났다. 이리농림학교를 졸업하고 일본 유학을 다녀온 후 숙명여전에서 강의를 했으며, 1948년(36세)에 광주에 내려와 광주서중 등에서 교편을 잡는다. 1947년(35세)에 경향신문에 처녀작인 「젊은 講師」를 발표하고, 1949년(37세)에 15살 어린 제자 이석봉과 결혼하여 세간에 화제가 된다. 1948년 『신천지』라는 동인지에 창립동인으로 참여하면서 이름이 알려지게 됐으며 『갈매기』(1951.2), 『新文學』(1951.6), 『시정신』(1952), 『시와산문』(1953) 등의 동인지에 참여하면서 광주전남문단을 이끌게 된다. 시뿐만 아니라 다수의 평론과 서평도 발표했으며, 이후 1962년(50세)에 음독자살로 생을 마감한다. (이동순 엮음, 「박흡평전」, 『박흡문학전집』, 국학자료원, 2013, 281~308쪽 참조.)

분위기와 매우 밀접하게 연결된다. 특히 실존주의적 경향이 대두되는데, 전후의 삶의 피폐함에서 드러나는 현실에 대한 비판적 시각을 지속적으로 보여주는 후반기 동인의 모더니즘적 색채가 대표적인 예라 할 수 있다.

박흡도 이 연장선 상에서 살필 수 있다. 특히 그의 시는 관찰자적인 시각에서 소재에 대한 객관적인 묘사와 같은 이미지즘적인 요소들로 두루 드러나며, 전후 모더니즘의 특질인 허무, 우울, 실존 의식과 같은 내면 인식이 주요 정서로 드러난다.[2] 하지만 기법 중심의 모더니즘 경향이 1950년대에 와서는 더 이상 특수한 성격이기 보다 일반적인 성격으로 수렴되었고, 전후의 전쟁 경험으로 인한 절망감과 실존 의식은 모더니즘뿐 아니라 문학사 전반에 걸쳐 직접적인 기여를 하게 된다는 점에서도 박흡의 시와 후기 모더니즘 시는 다소 거리가 있어 보이기도 한다.[3]

이런 이유에서인지 박흡에 대한 전반적인 논의는 현대 시사의 틀보다는 지역 문학의 틀에서 이야기되어 진다. 그러나 이 또한 지역 문단의 특수성에서 논의되기 보다는 지역 인물로서의 특성에 머무르고 있다.[4] 지금까지의 선행 연구는 작가론적 관점에서

---

2) 김창환, 『1950년대 모더니즘 시의 알레고리적 미의식 연구』, 2014, 소명출판, 13쪽.

3) 일반적으로 모더니즘이라는 문예사조에 대한 접근에 있어서는 모더니티에 대한 인식이 필요하다. 고봉준은 모더니티에 대한 개념 설명에 있어서 미적 근대성이라는 부분을 언급하는 데, 이는 '도시체험'과 '근대성 비판'의 두 축을 동시에 함축하고 있다. 즉, 미적 근대성이 근대에 대한 삶의 태도이면서, 동시에 근대성에 대한 비판이라는 사실을 지적했다.(고봉준, 『모더니티의 이면』, 소명출판, 2012, 17~24쪽 참조.) 박흡의 시 작품에서는 시대에 대한 삶의 태도나 시대성에 대한 비판의 측면이 직접적으로 드러나 보이지 않는다.

4) 박흡의 시가 지역문학의 특수성과 무관하다는 의미가 아니라 아직까지

박흡의 생애와 관련된 지역 문단에 대한 연구 등[5])이다. 선행 연구에서 눈여겨 볼 점은 박흡의 지역 문단에서의 시사적 위치보다 그의 생애가 평범하지 않았다는 점이다. 지역 문단에서 헤게모니를 잡고 있었던 것도 아니었는데, 여러 가지 이슈들로 자주 회자되었다. 당대 지역 문단 권력인 김현승과의 다툼이나 나이 차이 많이 나는 제자와의 결혼, 음독 자살로 생을 마감한 점 등[6]) 특이한 그의 삶이 작품을 접근하는 데 호기심을 자극한다는 점이다.

이에 본고에서는 작가론적 관점에서 한 발 나아가 그의 삶이 시에 어떻게 투영되었는지를 살펴보고자 한다. 특히 그의 작품에 드러나는 죽음, 허무 등은 실제 자살로 연결되는 지점과 상관관계가 있지 않을까라는 생각을 갖게 만든다. 또한 1950년대 문학에 있어서 결코 빠져서는 안 되는 지점이 바로 죽음이다.[7]) 이 점

박흡 문학에 대한 연구가 많이 이뤄지고 있지 않았다는 점에서 인물로서만 접근되고 있다는 것이다. 박흡의 시 전집이 2013년에야 묶어졌으며(이동순 엮음, 앞의 책) 박흡에 대한 연구 논문도 작가론적 관점이나 평론 이외에 작품 내 텍스트 분석과 관련해서는 발표되지 않았다.

5) 대표적인 연구로 이동순, 「박흡평전」이 있다.

6) 이수복, 「박흡씨가 자살하기까지」(『박흡문학전집』, 국학자료원, 2013, 261~268쪽.)와 범대순, 「광주문학 개화기 야화」(같은 책, 274~278쪽.) 참조. 범대순의 글에서는 박흡이 당시 지역문단에서 김현승 정서에 반대하는 모임의 대표 격이었으며 그의 아내 이수복은 지성과 미모가 뛰어나 당대 광주에서 눈여겨보지 않은 사람이 없었다고 한다. 이수복의 글에서는 박흡의 자살과 관련한 그의 유서 전문을 실어 놓고 있다. 박흡의 유서 전문은 다음과 같다.
"생각한 나머지 이 길을 택하기로 했읍니다. 생애 대한 극도의 허무감과 재기난망의 병고와 모든 것에 대한 의욕상실-생활에 대한 염증과 여러 가지 고통에서 오는 염세증에서 자살을 택하게 되었읍니다. 그리고 지금 내가 산다는 것보다는 죽는다는 것이 괴로움이 적기 때문에 저는 가는 것입니다." 유서에서도 언급되는 의욕상실, 염증, 염세증과 같은 허무 의식이 그의 시에서도 뚜렷하게 드러난다.

7) 1950년대의 실존의식은 전쟁이라는 상황에서 죽음을 목전에 둔 한계 상

에 착안해 그의 시에 드러난 죽음 의식이 실제로 어떤 의도를 갖고 있는지 살펴보고자 한다.[8] 그의 작품 연대가 길지는 않지만 한국 전쟁이 포함된 시기를 거친다는 점에서, 그리고 한국 전쟁의 시기에 죽음에 대한 실재적 상황이 진행된다는 점에서 한국 전쟁 이전, 한국 전쟁 시기, 한국 전쟁와 같이 크게 세 시기로 나눠 살펴보고자 한다.

미적 소재로서의 죽음

박흡의 시는 전반적으로 투박하다는 인상을 준다. 한자 어투 단어의 지속적 나열, 반복적 종결어미, 대상의 객관화라는 이미지즘적인 요소의 지각에 있어서도 새로운 은유로 대체되기보다는 다소 무겁고 부자연스러운 대응을 보여준다. 그럼에도 이미지즘에서 구축되는 시적 화자의 관찰자적 시각은 시의 대상에 뚜렷하게 드러난다.

특히 일상에 대한 소재를 차용한 시들이 많이 보이는데, 이러한 일상에 관한 관찰은 삶에 대한 진지한 성찰을 대변한다. 박흡 시에는 화초나 새에 관한 소재가 많이 등장[9]하며 주변 사물에 대

황으로부터의 불안과 공포, 그 지점에서 태생하였다.(서동수, 『전쟁과 죽음의식의 미학적 탐구』, 새문사, 2005, 9쪽 참조.)

8) 이에 본고에서는 박흡의 전체 시 중 죽음과 관련된 시만을 분석 대상으로 한정하여 진행하고자 한다.

9) 박흡은 이리농림학교를 나왔는데, 새나 화초를 기르는 방법은 이때부터 지속된 관심사였을 것이라 짐작되며 실제로 그의 유일한 취미이기도 하

한 소재는 뛰어난 관찰력으로 묘사된다. 일상의 소재에 대한 진지한 성찰과 뛰어난 관찰력은 가시적인 소재를 넘어 비가시적인 죽음의 소재로까지 나아간다. 박흡의 시에서 죽음은 초기 시부터 주요 소재였다.

죽음은 나의 오직 나 하나의 財産
내게 아직도 죽음이 남아 잇는 恍惚함이어

봄날가티 노지근한 絕望 속에
밋업는 奈落에 떨어지듯 외로울때
(중략)

어둠속에 서늘한 榮光 화안히 빗나는 구슬처럼
죽음은 내 가슴에 보배로워라

모든 사람들 그를 실허하고 그를 미워하고
逃避니 卑怯이니 욕하더마마는

죽음은 나의 希望
무덤은 나의 宮殿

삼키기 아까운 果實처럼
내 아껴 죽음을 품다

– 「죽음頌」(1948.7.7.) 일부[10)]

죽음에 대해서 진지한 관찰자적 시각을 보여주는 이 시는 '죽

였다. (이동순, 앞의 책, 303~304쪽 참조.)

10) 위의 책, 17~18쪽. 괄호 안 표기는 인용시의 발표 연도.

음은 나의 希望', '무덤은 나의 宮殿'의 시행에서처럼 마치 맹목적인 죽음 찬미의 경향처럼 보이기도 한다. 죽음에 대한 맹목적 찬미는 1920년대 혼란기의 예술지상주의라는 슬로건의 상징주의 모습처럼 느껴진다.

'밋업는 奈落에 떨어지듯 외로울때', '어둠속에 서늘한 榮光 화안히 빗나는 구슬처럼'에서 죽음은 어둠을 밝게 비추는 대상이다. 그리움과 외로움은 그를 어둠으로 인도하지만, 죽음은 이를 극복하게 해 준다. 이런 죽음에 대한 전복적 인식 즉, 그리움이 죽음으로 소멸되는 것이 아니라 죽음을 통해 기쁨으로 승화된다는 인식은 실제 죽음을 통한 삶과의 작별을 의미하기보다 죽음이 시적 대상인 '임'과의 일치로 향하는 매개물이란 인식이 강하게 드러난다. 즉, 죽음이란 그 자체의 지향이 아닌 '임'과 일치할 수 있는 장소로의 지향이다. 현실에서 이룰 수 없는 '임'과의 일치가 이뤄질 수 있는 곳으로 현실과 변별된 곳이다. 죽음은 아름다움이라는 미적 소재로서 대상화되지만, 이는 예술지상주의와 같은 탐미적인 죽음처럼 죽음 그 자체에 대한 아름다움을 동경하는 것과는 다르다.

다른 사람들에게 죽음은 '逃避니 卑怯이니 욕하'는 대상이라는 점에서 시적 화자는 죽음에 대한 일반적인 인식에서 벗어나 있다. 그에게 '죽음은 내 가슴에 보배로워라'처럼 하나의 예찬의 대상이 된다. 물론 죽음 그 자체에 대한 예찬이 아닌 '임'과의 행복에 대한 매개로써 죽음을 진지하게 성찰하고 있는 것이다.

가장 恍惚할 華燭 밝힌 밤에도
내 삶의 슬픈 광대 되지 못하여

하염 없는 시름에 잠 못 이루나니
진 종일의 시달림에 지쳐
숨소리 고르게 혼곤히 잠든
아내 손 살풋이 쥐어 보나
아아 비바람에 바래진
하얀 白骨을 느끼는 슬픈 마음이어

모든 것이 흙으로 가려니
모든 아롱진 것이 속절 없이 가려니
괴로움 속에 雜草 같이 뜻없이 살다
한오리 구름처럼
총총이 사라질 삶의 공허함이어
내 이 밤에도 오히려
훈훈한 愛情보다 싸늘한 虛無
潮水처럼 가슴에 밀려 오나니
아내 옆에 적이 외롭고 죄스런 마음이어

– 「初夜賦」(1950.5.15.) 전문[11]

미적 소재로서의 죽음은 앞의 「죽음頌」과는 달리 직접적 대상에서 간접적 대상으로 바뀌어 있다. 시적 대상으로 등장하는 아내와의 첫날밤의 추억은 사랑하는 '임'과의 일치이기에 가장 큰 기쁨으로 승화되어야 함에도 시적 화자는 오히려 '내 삶의 슬픈' 정서와 '시름'과 '시달림'에 빠져 있다. 이는 타자(아내)에의 지향이 시적 화자가 궁극적으로 외로움을 모두 극복하기에 적합한 지향점이 아니었음을 말해주면서 새로운 문제 인식에 직면하게 만든다.

현실에서의 타자와의 일치는 '모든 것이 흙으로 가'는 것처럼 '속절 없이', '뜻없이' 살다 '총총이 사라질 삶의 공허함'으로 머물

11) 위의 책, 29쪽.

고 만다. 어차피 현실에서의 기쁨은 결국 사라질 측면에 머물고 말기 따름이다. 아내가 있음에도 외로움을 느끼는 상황은 흙으로 돌아간다는 느낌에 대한 허무에서 비롯되어진다. 현실에 대한 즐거움보다도 앞으로 이어질 공허함과 허무가 더욱 크게 자아에 자리매김함으로써 허무의 인식은 현실의 즐거움과 대조되는 의미를 보인다. 이런 공허감은 근원적인 것에 대한 성찰로 이어진다. 다만 눈여겨 볼 점은 이러한 외로움을 시적 화자가 '죄스'럽게 느끼고 있다는 지점이다. 이는 타자와의 지향으로 인한 문제가 혼자만의 문제가 아니라 타자와의 관계 속에서 지속된다는 것으로 시적 화자의 지향성의 변화는 죽음 그 자체가 아니라 죽음 너머로 나아간다.

이런 면에서 미적 소재로서의 죽음은 낭만적 죽음과 비슷하다. 낭만적 죽음에서 죽음은 절대미로서 가치가 아닌 동경과 신비로움이다. 죽음은 그 자체로 두려움을 넘어 대상을 향해 갈 수 있는 미적 완성의 과정으로 생각한다. 주로 순수한 사랑, 이미 존재하고 있는 아름다움을 지속시키기 위한 죽음으로 연결된다.[12] 즉, 미적 소재의 죽음은 말 그대로 죽음은 곧 아름다움이라는 양상에서 한 걸음 더 나아가 타자와의 관계 속에서 드러나는 죽음의 성찰이라고 할 수 있다.

(전략)
목숨이라도 끈고 십게 애달픈 마음
가시밧에 딍구는 듯 아픈피만 흘러라
이 괴로움 쩔치고자 눈감도 머리 흔드나
샘물인 양 임의 얼굴은 다시 솟아오르고

12) 서동수, 앞의 책, 36쪽 참조.

이즈려고 이즈려고 무척 모진 마음 지녀 보나
오히려 그리움은 가슴에 병이 되다
이 괴로움이어 차라리 그대 이 世上써나
그 무덤 아페 울고 울다 나 죽고십퍼

– 「哀戀頌」(1948.6.2.) 일부[13)]

이 시는 현재 임을 만나지 못한 시적 화자의 '그리움은 가슴에 병이' 된 슬픔을 표현하고 있다. '목숨이라도 끈고 십'은 마음은 '임'의 부재에 대한 슬픔을 말로 표현할 수 없을 정도임을 짐작할 수 있다. 이렇게 '임'에 대한 그리움으로 해석할 수 있는 이 시는 앞서 살핀 미적 소재로서 죽음의 입장에서 봤을 때, 시적 화자의 의도를 그리움보다 죽음에 더 초점화한다. 시적 현실에서 부재하는 '임'을 죽임('무덤')으로서 그 슬픔을 연결시키고 있다. 현실에서 거리의 부재는 '임'과의 사랑을 절대적으로 연결할 수 없기에 '그 무덤 아페' 라는 시어를 통해 무덤이라는 대상이 현실적 거리를 줄여버리게 된다. 나아가 '울고 울다 나 죽고십퍼'에서는 무덤에서 '임'을 마주함으로 현실적으로 거리는 줄어들었지만, '임'의 존재는 없는 것이기에 죽음이 현실화될 때에야 타자와의 관계가 일치될 수 있다는 것이다. 비현실적인 부재의 거리를 죽음으로 승화하여 현실화하려고 한다. 현실에서 부재의 거리로 '임'과 일치할 수 없는 슬픔을 죽음이란 '임'과의 일치로 현실화할 수 있다는 것이다. 이는 죽음이 비현실적 공간이 아니라 '임'이라는 타자와의 관계 속에서 끊임없이 일치될 수 있는 공간으로서 지향되고 있기 때문이다.

13) 이동순 엮음, 앞의 책, 15~16쪽.

실재적 소재로서의 죽음

1950년대는 고은의 지적처럼 '아'라는 감탄사 없이는 명명할 수 없는 "주어없는 비극"의 시대였다. 전쟁이라는 상황은 존재의 전체적 통일을 파괴하고 존재의 가치와 의의도 불신시키며 심지도 존재 자체까지도 회의하게 함으로써 허무주의로 전환시키게 한다.14)

앞선 장에서 살핀 죽음이 시적 상황에서 부재하는 대상(타자)과의 관계를 지향시키는 매개물로서 등장했다면, 한국 전쟁기의 박흡의 시에서 드러나는 죽음은 또 다른 측면을 보여준다. 전쟁이라는 상황은 주변에서 빈번하게 죽음을 목도할 수 있게 만들며 그런 죽음을 통해 인간의 가치와 의미가 붕괴된다는 점에서 이 시기 박흡 시의 죽음은 실재적 죽음에 대한 목도와 전쟁에 대한 가치관에 영향을 받게 된다.

아내도
만 두 살 사개월 짜리 어린놈도 모두 버리고
조각배로 한 나흘 가야 하는
어느 먼 섬 외로운 파도 속에 살아
집 서 너 가우 있는
고기잡이 하는 사람들 사이에서
누구도 사랑하지 않고
누구의 사랑도 피하여

14) 서동수, 앞의 책, 95~96쪽.

정성스런 종처럼 착한 마음으로
나의 가는 몸 알뜰히 부리어
호젓한 방종마냥 잊은 듯 거기 살다
몇 편 서툴은 시를 표주박에 담아 어디로 띄어 보내고
고등 껍질 딩구는 모래 위에
아무 흔적 없이 사라지고저

이런 부질없는 소망이 죄 되면
천 길 지옥 아래
슬픈 사람들과 벗하여 뉘우침 없이 살고
어쩌다 신의 뜻에 맞는 일이면
천 길 하늘 위에 내 또한 고독으로 유산하리라

– 「第四眠」(1952.7.) 전문[15)]

이 시에서 시적 화자는 어린 자식도 생긴 가장 행복해야 할 시점에서 타자와 관계된 모든 것을 다 버리고 흔적 없이 사라지고 싶어 한다. '아내'도 버리고 이제 갓 태어난 세상 그 무엇보다 소중할 것 같은 나이 어린 '만 두 살 사개월짜리 어린놈'도 모두 버린다. 이 '아내'와 '어린놈'은 가족이라는 존재를 넘어 시적 화자에게 있어서 가장 소중한 현실의 보물과 같은 대상들이다. 앞선 장에서는 현실의 부재를 벗어나 죽음을 무릅쓰고라도 일치를 지향했던 타자에 해당하는 대상들이다. 그럼에도 '누구도 사랑하지 않고', '누구의 사랑도 피하여'라는 표현처럼 시적 화자의 고독을 전면에 내세우며 앞선 시와 달리 '임'이라는 타자와의 관계 지향이 아닌 타자와의 관계 끊기를 내세운다.

미적 소재로서의 죽음을 담은 시와 변별점이 생기는 데는 이

15) 이동순 엮음, 앞의 책, 70~71쪽.

시가 한국 전쟁기에 발표됐다는 데 주목할 필요가 있다. 죽음이 현실에서 의미하는 고통을 무릅쓰고서라도 타자와 일치할 수 있는 미적 공간으로 지향한 시적 화자의 입장에서 수많은 사람들이 실제 죽어간다는 것은 실재적 죽음의 앞에서 존재의 가치 의미 상실로 자신의 존재를 타자의 지향으로 나아가려 했던, 자신의 존재를 확인할 수 있는 타자의 변수가 삭제되어 버린다고 할 수 있다. 따라서 앞 장의 죽음이 타자와의 관계를 일치시키기 위한 미적이고 지향적인 현실 공간이었다면, 이 시에서는 더 이상 타자가 대상화되지 못하고 죽음은 타자와의 부재의 거리가 존재하는 현실 그 공간에 한정되게 된다.

시적 화자가 모두 다 버리고 타자 없이 맞닥뜨린 공간에서 하는 행동은 '호젓한 방종마냥 잊은 듯', '서툴은 시를 표주박에 담아 어디로 띄어 보내'고 '슬픈 사람과 벗하여 뉘우침 없이 사'는 것이다. 시적 화자의 정서는 때론 외로움으로 때론 담담함으로 묘사되는 데, 여기서 외로움은 앞 장에서 묘사된 외로움과는 사뭇 다르다. 앞 장의 시에서 보이는 외로움은 타자의 지향으로 극복하기 위한 것이었다면, 「第四眠」에 와서 외로움은 극복으로의 대상이 아니라 인식의 대상으로 변별된다. 즉, 시적 화자가 마주하고 있는 현실의 공간에서 외로움은 반드시 내재되어 있는 필수적 사항이다. 필수적 상황이란 어쩔 수 없는 것, 삶이 외로움이라고 놓아버려야 할 것이 아니라, 외로움을 그대로 받아들여 놓은 것이다. 그러기에 단순한 외로움이라기보다는 존재의 근원적인 지점에 대한 성찰에서 드러나는 고독이다.

그러기에 '고독으로 유산하리라' 라는 마지막 외침은 존재의 가치 상실로 인한 어쩔 수 없는 상황을 그대로 수용하는 부분이라

할 수 있다. 이러한 죽음은 죽음이 하나의 대안이 아닌 객관적 인지의 지점이 된다. 고독은 허무감을 벗어나려는 몸부림이 아니라, 현실의 자연스러운 상황이며, 죽음은 극복으로서가 아니라 삶의 고독을 자연스럽게 수용하는 과정의 마무리로 나아가는 것이다.

(전략)
긴 꼬리 살처럼 펴고
큰소리 꿩 꿩 구천을 날던
신화의 날들이
아물거리다가는 이내 사라져 버린다

(중략)
오손 도손 흙 파 헤치며
땅벌레 하나 얻으면

가장인 듯 호들갑 암것을 부르고
시기로 시퍼렇게 심지 켜지면
갈기털 송두리 치세우고
석류 속 같이 피투성이도 되는 것이다

이제는 귀양살이에 익은 벼슬아치처럼
육중한 관이 무겁다 한다

해가 설풋하면
높은 가지를 찾는게 아니요
혼솔을 거느리고 다수굿 장에 오른다

– 「老鷄」(1952.10.) 일부[16]

16) 위의 책, 76~77쪽.

이 시는 박흡의 시 특징이 잘 나타난 시다. 그의 시는 대상에 대한 면밀한 관찰로 의미화하는 경우가 많은데 특히 주변의 일상적 소재를 사용한다는 것은 도입부에서 밝힌 바 있다. 이런 일상적인 소재를 통해 이 시는 죽음을 그려내고 있는데, 이는 시적 화자가 죽음이 특별한 것이 아니라 일상의 의미 안에서 그려내려는 의도와 맞닿아 있다.

시적 화자는 관찰자의 입장에서 노계를 의인화하여 묘사한다. '신화의 날들이 아물거리다가는 이내 사라져 버린다'나 '육중한 관이 무겁다'라는 표현에서는 젊은 날의 영광의 순간들이 다 지나버린 퇴물로서의 노계의 모습을 그려낸다. 노계가 '땅벌레' 하나 얻고, 시기로 '피투성이'가 되는 것은 노계 자신의 실수나 흠결이 아니라 그가 늙었다는 데 원인이 있다. 단지 늙었다는 것만으로 '귀양살이에 익은 벼슬아치처럼' 스스로를 고개 숙이게 만든다. 그럼에도 시적 화자에게 노계의 삶은 불공정한 것이 아니다. 이는 자연스러운 과정이다.

마지막 행에 와서 노계는 혼솔을 거느리고 다소곳이 '장'에 오른다. 이 부분에서 '장'에 따로 한자가 표시되지 않아 정확한 의미를 유추하기 어려우나 일반적으로 노계가 닭'장'에 올라앉는 모습을 생각할 수 있다. 하지만 앞선 시의 전개 과정에서 노계는 이미 현실에 퇴물이 돼버린 존재이기에 그가 온 집안사람을 이끌고 닭장 위에 오르는 모습은 다소 인과관계의 설득력이 떨어진다. 그렇다면 이는 '장'(葬)으로 해석해야 하지 않나 싶다. 당시 장례의 모습처럼 식구들이 상을 끄는 장면처럼 말이다. 노계의 늙음은 자연스럽게 죽음으로 나아가는 과정이 되는 것이다.

덧붙여 마지막 행의 노계가 장(葬)에 오르는 행동에서 시를 종결함으로써 삶의 끝에 다다르는 노계에 대한 애잔함이 더욱 강조된다. 마치 영화나 연극의 마지막 엔딩 장면처럼 장(葬)에 오르는 노계에 모든 조명이 비춰지는 듯하다. 이는 매우 중요한 부분인데 시적화자에게 노계는 관찰의 대상으로써 마지막 장면인 것이다. 죽음 이후의 노계는 현실에서는 존재하지 않는다. 관찰자인 시적 화자나 노계의 온 집안 사람들에게 애잔함이 길게 남는다 하더라도 노계라는 주체는 현실에서는 이제 아무 가치가 없는 것이다. 실재적 현실에서의 죽음은 죽음을 바라보는 관찰자들에게는 삶의 자연스러운 과정으로 현실을 수용하게 만들고, 죽음의 주체에게 있어서는 더 이상 현실이 아니다. 죽음의 주체는 죽음 이후 현실에서 존재하지 않는다.

하고 많은 날짐승 중에 지지리도 못나고 흔해빠진
한 마리 참새로 태어난 것이 슬프지도 않소

(중략)
殺戮을 싫어하는 핏줄인지라
독수리의 부리와 발톱이 부럽지 않소

내 고장을 사랑하오
제비와 쭉지와 疲勞는 오히려 부질없소

(중략)
많은 총중에 이름 없이 섞이어
아들 딸 낳고 그저 그저 못난 양 즐겁게 사오.

— 「참새의 노래」(1951.5.) 일부[17]

17) 위의 책, 44~45쪽.

이 장에서 제시한 시들은 박흡이 한국 전쟁이 진행되고 있을 때 발표된 시들이다. 그러기에 죽음과 관련된 소재가 타 시기보다 많이 엿보인다. 시 중에는 정훈 사업의 일환으로 발간된 문예지에 발표된 시가 꽤 된다. 해당 시들이 박흡의 죽음 의식에 다른 의미를 부여할 수도 있으며, 직접적인 선전 기치나 목적성을 다분히 노출하고 있는 경우가 많다. 하지만 정훈 사업의 일환으로 발표된 시에도 눈여겨 볼 부분이 있는데, 위의 시가 그렇다.

위 시 「참새의 노래」는 일상에서 볼 수 있는 참새, 독수리, 제비, 쭉지 등의 소재를 차용한다. 전쟁 중인 상황에서 약자와 강자의 대조적 비유가 필요하기에 '독수리'와 같은 강함에 대한 부러움, '참새'의 약함에 대한 부끄러움이 대조적으로 나아가 극복 의지로 표현될 것 같지만, 시적 화자는 '참새로 태어난 것이 슬프지도 않소', '독수리의 부리와 발톱이 부럽지 않소' 와 같은 표현으로 현실에서 강함을 찬미하는 것이 아니라, 마치 전쟁의 상황에 한 발 비켜 있는 것처럼 현실을 달관한 삶의 태도를 보여준다.

시적 화자에게 관심이 있는 것은 '많은 총중에 이름 없이 섞이어' 있는 타자화된 많은 사람들이다. 현실에서 그들 스스로 주체화되지 못하고 이름 없이 섞여 타자화된 사람들이다. 그들에게 전쟁이란 이데올로기로 의식화된 지향이 아니라 현실이 전쟁이더라도 극복하기보다 '못난 양 즐겁게 사오'처럼 현실을 그대로 수용하고 있는 사람들이다. 그러기에 주체화되지 못한 타자에게 현실의 행복은 그들이 선택할 수 있는 몫이 아니라 단지 현실을 수용할 뿐이다.

종교적 소재로서의 죽음

앞선 장에서 죽음의 문제를 미적 소재로서의 죽음과 실재적 소재로서의 죽음으로 살펴보았다. 두 죽음의 경향은 시에서 매우 다른 양상으로 드러났다. 간추려보자면 미적 소재로서의 죽음은 주체가 현실에서 타자와의 부재를 통해 겪는 아픔을 극복하기 위해 죽음이라는 두려움을 극복한다. 죽음이라는 또 하나의 미적 공간의 현실에서 타자와 일치하려는 지향이었다. 실재적 소재로서의 죽음은 현실에서 존재에 대한 회의와 가치 상실로 인해 주체가 현실을 그대로 수용하면서 현실에서의 죽음이 자연스러운 시간의 경과에 따라 마주할 수밖에 없는 현실의 끝으로의 인식이다.

이렇게 타자와의 관계는 주체[18]의 문제로 연결된다. 주체의 관점에서 앞선 장의 죽음은 주체가 직접 목도하고 있는 것이 아니라 에둘러 있는 하나의 대상이다. 실재적 소재로서의 죽음의 과정을 지나면서 우리의 삶과 직결되지 않는, 우리와 상관이 없는 객관적 진리는 주체적 사유를 만들 수 없다. 주체적 사유는 내면의 세계와 인간의 주체성에 관심을 기울이며 그에 대한 전인의 노력으로 만들어진다.[19]

---

18) 주체의 문제에 있어 데카르트의 코기토(Cogito ergo sum)부터 살필 필요가 있다. "생각한다. 고로 나는 존재한다."라는 명제를 통해 근대적 주체로서 '생각하는 자아'를 정립했다. 이는 사유의 자기 확실성에서 의식을 찾았다. 물론 사유하는 자아는 대타자에 의존할 수밖에 없다. 하지만 후에 데카르트의 『성찰』에서 언급되는 "나는 있다. 나는 존재한다."는 새로운 명제 속에서 사유는 '나'라는 주체에 철저히 종속된다.(고봉준, 앞의 책, 28~29쪽 참조.) 박흡 시에서도 주체의 지향은 타자와의 관계에서 철저히 종속되지 않는 지점으로 나아간다.

박흡의 시에서 죽음의 소재는 한국 전쟁 이후에도 계속적으로 드러난다. 특이한 점이라면 실재적 소재로서의 죽음에서 주체화 되지 못했던 시적 화자에 대한 반성과 참회를 기독교 배경으로 하여 연결 하고 있다는 점이다. 일반적으로 1950년대 종교문학은 무기력함으로 대표된다. 종교문학의 본질적 기능을 놓아두고라도 전쟁의 현실 상황에서 문학은 아무런 역할을 할 수 없었다. 현실에 대한 공포와 폐허가 남겨진 곳에서 내세에 대한 그리스도의 믿음은 공허함을 불러 올 수 있었다.[20] 이 점에서 당시 종교는 박흡에게 죽음의 지향으로 매개되기에는 어려웠을 것이다.

이런 점에서 박흡 시의 기독교적인 색채는 죽음의 대안이라기보다는 실재적 소재로서의 죽음이 시적 화자에게 가져온 주체의 상실, 거기서 오는 현실의 무조건적 수용의 지점에 대한 참회로서의 내적 고백이다. 이는 시적 화자가 절대적으로 믿고 이야기할 수 있는, 절대적으로 시적 화자 자신을 벌할 수 있는 절대자이며 절대적 진리로서의 그리스도로의 지향이다.

> 잃어버려야 할 理性과 常識을 아직도 지니고
> 괴로워하는 이 어리석음에서 벗어나게 하소서
> 도저이 못되고 거지가 되려고 努力하는
> 이 古風스런 營爲에서 벗어나게 하소서
> 어설픈 良心일랑, 人蔘밭 짓밟듯, 직신 짓밟아
> 다만 强한 힘과 불타는 惡만이 내 안에 충천하게 하소서

---

19) 김종두, 「키에르케고르의 실존사상과 현대인의 자아 이해」, 새물결플러스, 2014, 11쪽 참조.

20) 서동수, 앞의 책, 317~318쪽.

(중략)
<欺滿>과 <變節>과 <僞善>과 <狡猾>과 <驕慢>과 <獨善>과
<權謀>와 <術數>와 <폭력>과 <뱃장>과 <殘忍>과, 그리고
불타는 <復讐心> -
이런 찬란한 寶石들로
내 冠을 빛내게 하소서

하여, 모든 人間들이 내게 對敵하여
모든 正義가 내 앞에 죽지를 드리우고
모든 아름다운 것, 善한 것들이 떨며 물러가게 하여
諸惡의 首領, 惡德의 尊長이 되게 하소서

아니면 차라리
억만 남은 家畜처럼,
어느 이름 없는 골짜기에 쫓기어
뭇 사람의 사나운 돌맹이에 쓰러지게 하소서

– 「逆禱」(1959.4.) 일부[21]

종교적 청유형의 기도 형식을 보이는 이 시는 절대자에 대한 기도라 보기엔 지나치게 과격하다. 정말 청유를 하는 것인지 아니면 악(惡)만 남은 시적 화자의 자기 고백인지 헷갈린다. 다만 눈여겨 볼 부분은 위 시와 같이 삶의 고통과 희생에 대한 용인을 넘어 시적 화자가 삶에서 단순한 악의 신봉이 아니라, 자신의 삶이 악과 하나 되길 기원하는 기도를 한다는 점이다. 이때 선(善)이란 가장되어 있는 위선이기에 차라리 악으로 치달았다가 죽음으로 지향하는 것이 시적 화자에게 있어서는 궁극적인 목표가 된다. 시적 화자는 신에 대한 믿음을 통해 신을 전제하고 있지만,

21) 이동순 엮음, 앞의 책, 141쪽.

신과 대립하는 악을 주된 가치로 내세우면서 신에 의해 정립된 삶에 내재된 선함의 도덕적 가치에 대한 재고를 수반한다.

시적 화자에게 도덕적 가치란 실재적 죽음의 상황에서 모두 상실되어 버린 가치이다. 종교가 내세운 도덕적 가치가 전쟁에서는 아무런 역할을 하지 못했다. 그러기에 '잃어버려야 할 이성과 상식을 아직도 지니고' 있는 '古風스러운 營爲'를 하고 있는 시적 화자에게 '어설픈 良心'은 '직신 직신 짓밟아' 버려야 하는 것이며, 그에게 새로운 도덕적 가치는 신과 대척점에 서는 위험한 사유이다. 그에게 죽음은 '뭇 사람의 사나운 돌맹이에 쓰러지'는 현실을 있는 그대로 받아들이는 주체가 되지 않고자 하는 고백이고 참회이다. 그가 나열한 변절, 위선, 복수심이 전쟁이라는 실재적 죽음에서 행해진 가치들이다. 그러기에 시적 화자의 '諸惡의 首領', '惡德의 尊長'의 요청은 실재적 죽음을 넘어서서 주체로서의 사유를 지향하려는 의지의 표출이다.

다시는 찾을 수 없는
落葉처럼 떨어진 세월 속에서
은근히 얼굴을 내미는
아아 교활한 「欺滿」의 貿易商이여

(중략)
하늘이 아직도 나를 남겨 두심은
나의 고통이 남아 있기 때문이다.
파도에 깨물리는 紅島의 바위들처럼
나는 오직 견디기 위해서 있다

冬眠期를 앞둔 파蟲類마냥

無氣力한 나의 季節에
信號의 警鐘처럼 찾아오는
정다울 수 없는 늙은 친구여
너는 보아라
나의 참회가 끝나도록 때를 주시는

하느님의 엄한 仁慈 속에서
내 肉身이 어떻게 견딤으로 마사지는가를
내 영원이 어떻게 눈물로 닦여지는가를

– 「새해에」(1955.1.8.) 일부[22]

제목에서부터 새해를 맞이하는 강인한 다짐이 드러나는 이 시에서 시적 화자의 현실은 '고통'이다. 이 시에서는 시적 화자 외에 '정다울 수 없는' 대상이 한 명 있는데, 그는 '貿易商'이다. 무역상이란 물건을 사고팔거나, 다른 것으로 교환하는 일을 하는 사람인데, 시적 화자는 이런 무역상이 '「欺滿」'하다고 느낀다. 더욱이 무역상은 시적 화자가 무기력할 즘에야 나타나 찾아온다.

'하늘이 아직도 나를 남겨 두심'이 '나의 고통'이란 것은 나의 고통이 있기 때문에 현실을 살아갈 수 있다는 것이다. 즉, 고통이 없어지는 것은 죽음이며 이 죽음은 실재적 죽음에서 주체화되지 못한 죽음이다. 그러기에 이 고통을 무엇인 가로 바꾸려는 무역상은 '교활'함과 기만이며 실재적 죽음에서 오랫동안 시적 화자에게 현실을 그저 수용하게 했던 '늙은 친구'이다.

이에 시적 화자가 실재적 죽음에서 벗어나 대응하는 방법은 인내다. 시적 화자에게 인내는 무엇과도 바꿀 수 없는 것이며 '오직

22) 위의 책, 122~123쪽.

견디기 위해서 있다'는 것처럼 그의 자존심이다. 이런 인내는 끊임없는 참회이다. 비록 자신의 육신과 영혼이 부서지고 으깨어져 오는 죽음이라면 오히려 실재적 죽음에서 벗어났다는 증명이며, 그 곳에선 '하느님의 엄한 仁慈'가 함께 하는 지점이다.

(전략)
사람들은 모두
자기들의 생일이나 되는 듯이 우줄대며
보道를 가는 걸음걸어도 가볍고
茶房마다 짙은 卷煙 속에
會話들이 흥그럽다

(중략)
그러나 이 밤
예수님은 이런 교회 안에도 안계시고
七面鳥 찜한 잔치상 앞에도 안 계시고
「대체 누구를 위한 저 야단이냐」고
쓴 웃음을 웃으시며
눈 오는 거리를 맨발로 거닐어
어두운 골목길
혹은 다리목 같은 데 쓰러져
가마니 때기를 무릅쓰고 우는
아무에게도 버림을 받은
어린아이들의 손목을 이끄시는데 바쁘셨다

이튿날 朝刊들은
간밤에 강시자가 많았다고
조그맣게 記事를 내었다.

– 「크리스마스풍경」(1954.12.25.) 일부[23)]

시 제목에서도 드러나는 크리스마스는 기독교에서 가장 성스럽고 아름다운 시간이다. 물론 아름다움이란 미적인 아름다움을 넘어 종교적인 아름다움, 그 안의 희생과 인내와 사랑이 복합적으로 얽혀 있는 아름다움이다. 시적 화자는 사람들을 관찰하는데, 그들은 모두 '자기들의 생일이나 되는 듯'이 흥겨워한다. 그러다 시적 화자의 시선은 예수님을 찾는 시선으로 옮겨 간다. 시적 화자의 시선이 크리스마스의 군중들에서 예수님을 찾는 시선으로의 옮겨감은 크리스마스를 마치 자기 생일인 마냥 흥겨워하며 자신이 삶의 주체라고 믿는 많은 군중들과 크리스마스의 실제 주체인 절대적 진리로서의 예수님을 대조적으로 보여줌으로 삶에 있어서의 주체화에 대한 의미를 말하고자 한다.

'「대체 누구를 위한 저 야단이냐」'고 '쓴 웃음'을 짓는 예수님은 크리스마스의 군중들이 아직도 실재적 죽음에서 벗어나지 못하고 있음을 지적하는 시적 화자의 목소리이다. 예수님이 '버림' 받은 '어린아이들의 손목을 이끄시는' 모습은 시적 화자가 지향하는 종교적 소재로서의 죽음 지향이다. 결국 시적 화자가 종교적 소재의 죽음으로서 지향하는 바는 순수함, 때 묻지 않은 어린아이와 같은 순수함으로 돌아가고자 하는 것이다. 이러한 물리적 시간의 회귀가 현실이라는 상황에서는 불가능하기에 더욱더 인내하고 참회함으로 현실에서 쌓은 죄를 반성하여 씻고 순수함으로 되돌아가 기독교적 사후 세계로서의 죽음을 지향하고자 하는 것이다. 반면 '간밤에 강시자가 많았다'는 '朝刊'신문에 '조그맣게' 난 기사는 실재적 죽음에서 벗어나지 못하고 현실을 수용하는 타자들에게

23) 위의 책, 119~120쪽.

죽음이란 아무도 신경 쓰지 않은 죽음이며, 죽음 이후의 현실은 존재하지 않은 현실의 끝 지점일 뿐인 것이다.

당신의 너그러우심이
오히려 이렇게 저를 괴롭히나이다

매를 아끼지 마시옵소서
제가 감당해야 할 모든 고통과
제가 받아야 할 모든 형벌을
그대로 그대로 주시옵소서

(중략)
이대로는 당신을 찬양할 수도 없습니다
당신의 인자하심이 저에게 짐이 되게마시옵소서
저로하여금 모든 것을 다 치룬 자의 참다운 자유를 갖게하시옵소서

하여
참으로 소리 높여 당신을 찬양하며
당신을 잊은 듯이 당신 안에 있게 하시옵소서

– 「하나의 祈禱」(1956.3.11.) 일부[24)]

이 시는 청유형으로 반복되는 종결어미를 통해 기도문과 같은 완성형의 기도 형태를 보여준다. 기도라는 시의 제목처럼 마치 시적 화자가 기도를 하고 있는 것 같은 경건함의 분위기를 자아내는 효과도 주고 있다.

시적 상황에서는 역설적인 단어의 병치가 많이 보이는데 이는 절대자에 대한 무조건적인 순종이 아니라 역설에서 드러나는 행

24) 위의 책, 134쪽.

위에 대한 시적 화자의 주체적인 지점을 밝히는 것에 목적을 둔 것으로 보인다. '너그러우심'과 '괴롭'힘, '매', '고통', '형벌', '아픈 모욕'과 '기쁨의 노래'는 상호 모순적이면서도 절대자에게서 보이는 양면적인 모습이기도 하다. 그리고 시적 화자는 이 중 부정적인 것을 취하고 있다. 좋은 것만을 그대로 수용하지 않는 것은 자기희생적인 측면에서 볼 때 삶에서의 주체로서 자신을 드러내는 것이다. 그럴 때 죽음으로서의 내세의 삶이 현실의 삶과 변별되는 것이 아닌 지속되는 지점으로 이행될 수 있다.

'이대로는 당신을 찬양할 수도 없'다는 부분은 시적 화자에게 현실은 벗어나야 하는 대상이라는 것이며, '참다운 자유'란 시적 화자가 주체화되는 지점이며 이는 종교적 소재로서의 죽음으로 나아간다.

기도는 참회라는 형식을 통해 절대자에 대한 모색의 가능성, 나아가 삶에서의 주체를 모색하는 가능성을 더 열어둘 수 있다. 지속되는 기도는 절대자를 향한 간절함에 바탕을 두게 된다. 다만 참회의 기도는 정서적 상황으로의 위안을 요청하기보다는 자기 고백적 성격이 강하게 드러난다. 그러다보니 때론 절대자에 대한 지향 인식이 자신에 대한 인식의 전제가 된다. 따라서 절대자의 목소리는 시적 화자의 목소리로 투영되게 되며, 초인으로서의 시적 화자는 동일시된다. '당신을 잊은 듯이 당신 안에 있게 하시옵소서'처럼 결국 시적 화자의 주체성이 절대론적인 진리로 나아가게 된다.[25] 이는 삶의 주체로서 서 있는 시적 화자가 죽음

25) 키에르케고르에 따르면, 인간의 실존은 3단계로 나뉘는데, 첫 번째는 미적 실존으로 두 번째는 윤리적 실존, 세 번째로 종교적 실존의 단계를 거친다. 미적 실존이란 감성의 기호대로 반성 없이 쾌락주의적으로 살아

으로서 현실 저 너머에 있는 또 다른 현실을 향해 가는 것이다.

죽음에서의 주체 문제

지금까지 박흡의 시에서 드러나는 죽음 의식을 한국 전쟁이라는 배경을 중심으로 한국 전쟁 이전 시기, 한국 전쟁기, 한국 전쟁 이후 시기로 나눠 살펴보았다. 시기의 구획이 짧았음에도 한국 전쟁이라는 시대적 상황에 박흡의 시세계가 충분히 구획되는 지점을 발견하였다.

박흡 시에 있어 죽음 의식은 한국 전쟁 이전 시기에는 미적 소재로서의 죽음으로 드러난다. 여기서 미적 소재는 죽음을 탐미적으로 지향하는 것이 아니라 시적 화자가 현실에서 부재하는 타자와의 일치를 지향하는 공간으로서 드러난다. 그러기에 죽음은 현실 밖의 또 다른 현실로 시적 화자에게 지향되는 공간이 된다. 다만 이 죽음은 그 자체가 지향이 아닌 일치하고자 하는 타자의 지향에 있어 매개체로 작용함을 확인하였다.

한국 전쟁기에는 실재적 소재로서의 죽음으로 드러난다. 특히

가는 것이며, 윤리적 실존이란 높은 도덕적 요청과 종교적 계율을 인식하지만, 자신이 지향하는 이상에 도달하지 못한 단계다. 마지막인 종교적 실존은 죄책감과 참회로 자신의 과거를 돌아보면서 인간의 의식 속에 내재되어 있는 영원성을 바탕으로 주체적인 사유와 내면성의 정열을 통해 나아가는 것이다. 다만 종교적 실존의 선제조건은 그리스도의 은총의 죄 사함을 받고 신생해야 하는 것이며 그럴 때, 주체성이 바로 진리가 된다. (김종두, 앞의 책, 154~174쪽 참조.)

실제적인 죽음이 목도되는 전쟁이라는 상황에서의 존재의 가치 상실은 미적 소재로서의 죽음에서 지향한 타자로서의 '임'의 가치가 상실되어 버릴 뿐 아니라 현실에서 벗어나 지향해야 할 곳을 찾을 수 없는 피폐함이 바로 시적 상황과 결합되어 나타나게 된다. 그러기에 시적 화자에게 현실은 단순히 그저 수용하는 공간이며 벗어나려는 몸부림을 생각할 수 없는 무조건적인 수용으로 드러난다. 삶의 주체는 더 이상 시적 화자가 아닌 게 된다. 따라서 죽음은 자연스러운 시간의 경과이며 죽음 이후의 현실은 생각할 수 없는 현실의 끝에 있는 삶의 마무리이다.

한국 전쟁 이후 시기에는 종교적 소재로서의 죽음으로 드러난다. 실재적 소재로서의 죽음에서 전쟁이라는 현실적 상황을 체념적으로 수용했던 점에 반해 그런 현실을 벗어나 주체화하려는 모습을 보여준다. 이는 종교적 반성과 참회와 자기희생, 인내를 통해 객관적인 진리를 넘어서 절대적 진리로 다가간다. 현실 너머의 절대자가 있는 사후 세계는 죽음의 지향점이 되며 이는 주체성이 바로 절대적 진리가 되는 순간이다.

물론 이러한 박흡 시의 죽음 의식에 대한 분석이 본고를 시작하는 과정에서의 고려했던 박흡의 음독 자살과의 연관성을 살필 수 있는 지점이라고 말할 수는 없다. 다만 박흡의 시에서 보이는 죽음에 있어서의 치열한 주체 문제가 박흡에게 있어서는 자신을 지키는 나아가 가족을 지키는 핵심이지 않았을까 싶다.

> 아무도 즐기지 않을 약속으로
> 한데 모인 發船의 지친 船員들

모두 칼처럼 괴로운 목숨인데
服役처럼 견뎌내야 한다

가루어진 세월 속에서
하늘이 그리워 경련처럼 파닥이면

벽!
벽!
벽!

鱗粉은 이미 스러지고
살마저 부러진 臘紙 같은 나의 날개여

파란 하늘을 나르는
명주 빛 毛冠을 단 씨앗들이 그립다

–「家族」 전문[26]

현실은 '즐기지 않'는 곳이며, '지친', '괴로운' 곳이다. 또한 선원으로서 운명을 함께 이겨내야 할 공간이다. 자아가 혼자 헤쳐나가야 할 공간이 아니라 타자와 같이 함께 해야 하는 공간이다. 그러기 위해서 모두 '服役처럼 견뎌내야' 할 인내가 필요하다.

하지만 그런 시적 화자에게 밀려오는 '벽!'에 부딪히는 상황 속에서, '臘紙 같은 나의 날개'가 부러진다. 좌절일 수도 있고 한계에 대한 수용으로 상황을 마무리할 수 있지만, 시적 화자는 '파란 하늘을 나르는' '씨앗들'은 삶을 초월한 지점들을 상상한다. 그리움의 대상으로 드러나는 '씨앗'은 새로운 삶의 토대로서의 죽음

26) 이동순 엮음, 앞의 책, 155쪽.

지향성을 구축하게 되며, 이러한 '씨앗'의 움직임은 자유로 귀속되게 된다. 즉, 삶의 공간이 죽음의 공간으로 전환되는 지점이 바로 자유이며, 이는 초인적인 것이며 주체로서의 죽음 지향성이다. 박흡에게 있어 죽음의 공간은 삶과 괴리되는 이분법적 공간이 아니라 삶의 지향에서부터 이어져 오고 있다. 다만 이런 삶의 지향이 타자를 통한 극복이 아니라 시적 화자의 주체를 통해 극복되어야 되는 지점이다. 죽음의 공간은 생명의 공간을 지향하며 이는 사랑으로의 승화의 지점과 연결된다. 죽음에 대한 부정이 아니며 그렇다고 죽음에 대한 찬미도 아니다. 그에게 있어 죽음이란 삶의 현실이 자신의 시세계를 확장시키는 데 있어 장애가 있더라도 포기하지 않는 지향점들이다.

출전 정병필, 「박흡 시의 죽음의식 고찰」, 『어문논총』 제25집, 전남대학교 한국어문학 연구소, 2014.

참고문헌

❑ 기초 자료

이동순 엮음, 『박흡문학전집』, 국학자료원, 2013.

❑ 단행본 및 논문

고봉준, 『모더니티의 이면』, 소명출판, 2012.

김영주, 「한국 전후시의 죽음의식 연구」, 숙명여자대학교 박사학위논문, 1999.

김종두, 『키에르케고르의 실존사상과 현대인의 자아 이해』, 새물결플러스, 2014.

김창환, 『1950년대 모더니즘 시의 알레고리적 미의식 연구』, 소명출판, 2014.

서동수, 『전쟁과 죽음의식의 미학적 탐구』, 새문사, 2005.

최하림 시세계의 내포와 외연

김 미 미

현실과 문학의 경계(境界)에 서서

최하림(1939~2010)은 전라남도 신안군 안좌면 원산리에서 태어나 6·25이후에 전라남도 목포시로 거주지를 옮겨서 20대 초반까지, 생에 있어서 가장 영향력이 큰 시기로 여겨지는 유·소년기를 전남에서 보낸 시인이다. 그는 1961년 ≪조선일보≫ 신춘문예에 「회색수기(灰色手記)」가 입선, 1964년 같은 신문사의 신춘문예에 「빈약(貧弱)한 올페의 회상(回想)」이 당선되면서 중앙문단에 입성한다. 또한 1962년 김현·김승옥·김치수와 함께 동인지 『산문시대』를 발간하여 1960년대 문학장에서 일명 4·19세대 혹은 한글세대로 불리며 문단의 주목을 받는다. 그는 문단활동을 하는 동안에 시집 8권(전집 포함), 시선집 5권, 시론집 1권, 평전 1권, 산문집 8권[1] 등을 상재하며 영면 직전까지 성실하게 저작활동을 수행하였다.

등단 후 그가 보여준 시세계의 주요한 특징은 '순수와 참여'로 첨예하게 대립하는 1960·70년대 문단 상황 속에서 어느 측에도 휩쓸리지 않고 균형을 유지한 점이 꼽히며 이는 1990년대로 넘어오는 동안 최하림만의 독특한 시세계를 구축하는 토대가 되었다. 그리고 1991년 조연현문학상·1998년 이산문학상·2000년 불교문학상·2005년 올해의 예술상 문학부분 최우수상을 수상한 것을 통해 그가 구축한 시세계에 대한 세간의 동의와 지지를 확인할 수 있다.

일제강점의 끝 무렵(1939년)에 태어난 최하림은 6살이 되던 해에 해방을 맞이하고 부친이 돌아가신 다음 해인 11살이 되던 해에는 6·25전쟁을 겪는다. 그는 한창 때인 20대 초반에 4·19와 5·16을 겪었으며 그 무렵에 시인으로 등단한다. 그가 생활인의 삶이 주는 지난함을 삼켜가며 40대에 들어섰을 때 일어난 5·18민주화운동과 군부의 야만적인 탄압행위는 그에게 끝없는 절망을 안겨주었다. 고단한 그의 삶은 계속되고 1990년대 실질적 사회주의권의 붕괴와 새로운 천년의 시작 등도 경험하며 그는 다사다난했던 근·현대사 안에서 반세기가 훌쩍 넘는 기간을 살아내고 그 속에서 생을 마감했다. 이와 같은 시인의 생애사적 사실을 토대로 우리는 그를 근·현대사의 증인이라고 부를 수 있을 것이다.

문학작품이란 결국 인간이 창출해 낸 어떤 것이다. 따라서 문학작품을 이해하기 위하여 그 작품을 창출해 낸 인간에 대해 관심을 갖는 것은 지극히 당연한 일이 된다. 또한 문학작품이란 아

1) 저서의 목록은 참고문헌-기초자료란에 제시한다.

무리 상상의 소산이라고 하더라도 작가의 인간적 운명을 초월해서 만들어진 어떤 것은 아니다. 이것은 인간 존재가 넓게는 하나의 시대·국가·언어집단·문화의 전통 속에서 그의 운명적 향방에 영향을 받는다는 것이며, 좁게는 그의 출생·교육정도·가족·친구 등등의 생활환경에 의하여 영향을 받는다[2]는 점을 의미한다. 최하림의 시와 시론을 통해 우리는 그가 지닌 세계의 내재화 방식에 대해 알 수 있는데 그는 "사회 현실이나 집단 현실이 예술 작품을 쓰게 하고 내용을 부여하는 기본 요소"[3]라든지 "하나의 시, 한 시대의 시를 이해하기 위해서는 그 시의 정신이 되고 표현이 되며 충동이 되는 시대정신을 이해하지 않으면 안 될 것"[4]이라고 언급하였다. 그런 의미에서 이 글은 시인 최하림의 시세계를 분석함에 있어 그의 생애 사회적·역사적 환경과 작품의 관련성에 주목하여 그 전체상을 드러내고자 한다.

이를 위해 본고는 최하림의 전체 시세계를 시간의 흐름에 따라 유·소년기, 청·장년기, 중·노년기로 나누어 분석한다. 작가들에게 있어 유년기는 이미 존재하지 않는 기억의 그림자일 뿐이다. 그럼에도 불구하고 그들의 과거는 현존재의 원인들로 살아 있기 때문에, 작가들은 말이라는 존재의 더듬이로 이를 되살려 복원하거나 재편성하여 현재화한다.[5] 결국 인간 의식에서 지배적인 대표적 정서는 유년기 체험에서 형성된다고 할 수 있다. 본고의 2장에서는 아버지의 부재가 시인의 시세계에 끊임없이 등장하는 울음

2) 김상태, 「작가 연구의 필요성과 공적 서술을 통한 연구의 한 방향」, 『이화어문논집』 9, 이화어문학회, 1987, 10쪽.
3) 최하림, 『시와 부정의 정신』, 문학과 지성사, 1984, 133쪽.
4) 위의 책, 295쪽.
5) 정현기, 『한국소설의 이론』, 솔, 1997, 225쪽.

의 원체험이며 어머니에 대한 부채의식이 후기 시세계에 드러나는 자연으로의 회귀의 근본정서임을 정리하고 각 요소들을 등단 이후 시세계의 특징을 해석하는 시초로 삼는다. 3장과 4장은 등단 이후 최하림이 보여준 시세계의 변이양상을 둘로 나누어 살펴본다. 다소 거칠지만 최하림의 시세계는 1990년대를 기점으로 양분해 볼 수 있다. 시대사적으로는 실질적 사회주의권이 붕괴하고 문민정부가 들어서며 정치·문화적으로 큰 변화의 흐름이 이어졌으며 개인사적으로는 1990년대 초입에 겪은 뇌졸중의 경험이 시인의 내면에 큰 변화를 불러일으키는 계기가 된다. 실제로 그는 제4집 『속이 보이는 심연으로』(1991)의 자서를 통해 "개인사에 있어서의 돌연한 일로 그것은 다른 형태로 찾아왔다. 나는 자연 친화의 인간적인 모습을 보게 된 것이다"라고 자신의 내적 변화에 대해 밝히고 있다. 본고의 3장과 4장은 이러한 사실을 근거로 최하림의 시세계를 그가 발간한 시집을 대상으로 삼아 제1·2·3집과 제4·5·6·7집으로 나누고 전자를 당위와 기질 사이의 갈등을 보이며 고유의 시학을 개척해 나간 시기로, 후자를 당위와 기질이 조화를 이루어 고유의 시학을 확립한 시기로 보고자 한다.

이와 같은 과정은 최하림 시세계의 정립 과정에 대한 구명과 더불어 시대적 상황과 절연하지도 그 속에 함몰되지도 않고 그것을 온몸으로 혹은 작품을 통해 체화해 낸 인간 존재의 내면적 변화상을 살펴보는 일이라고 할 수 있다. 다시 말하자면 이것은 험난한 역사 속에서 주체로서의 감각적 개인이 시대가 부여하는 다수의 고통과 마주하고 그것을 시간의 흐름에 따라 내화해내는 방식이 어떻게 문학적으로 형상화되었는가를 고찰할 수 있는 자리가 될 것이다.

시세계의 원형으로서 유·소년기의 체험

시인은 전남 신안군 안좌면 원산리, '안치'[6]라는 섬에서 11살까지 살았는데 그의 글 속에서 개인사에 관한 기록은 매우 드물게 존재한다. 그가 보낸 섬에서의 어린 시절을 정리해보면 할머니, 아버지와 어머니, 두 동생과 함께 생활했으며 부모님은 밭농사와 김양식으로 생계를 꾸려간 것으로 보인다. 그 외에는 특별한 기록이 없고 혹시 그의 글 속에 유년기의 기록이 있다고 하더라도 한두 가지 기억에 머물며 그것이 반복될 뿐이다.

> 나는 마을의 골목길을 걸어 다니며 흙담 너머로 밤새 내린 눈에 싸여 동백꽃이 새빨갛게 피는 것을 보기 좋아했었고 담장 밑에 핀 민들레를 쥐어뜯어 우유빛 점액의 비릿한 내음을 맡길 좋아했으며 봄바람에 벚꽃이 눈처럼 새하얗게 푸른 보리밭으로 날리는 것을 보기 좋아했다. 나는 또 산으로 들로 쏘다니다가 보리밭 사이에 누워 바다에서 불어오는 신비로운 바람 소리를 들으며 흐느끼기도 했었고 내가 왜 여기에 있으며 왜 울고 있으며 나로부터 떠난 사람들이 왜 그리워지는지 묻기도 했고, 보랏빛 도라지꽃에 취하여 '세상에서 제일 아름다운 꽃은 도라지야'라고 중얼거리기도 했었다.
>
> – 『붓꽃으로 그린 시』, 117쪽[7]

6) "6·25전까지 나는 안치(安値)라는 목포에서 한 시간 가량 배를 타고 가면 이르는 섬에서 살았다." (최하림, 『붓꽃으로 그린 시』, 문학사상사, 1988, 222쪽)

7) 본고에서 최하림의 글을 인용할 때, 시의 경우는 전집에 실린 글을 기본 텍스트로 삼으며 본문에는 제목만 명시한다. 산문을 인용할 때는 제목이 없으므로 본문에 해당 글이 수록된 책이름과 쪽수를 명시한다.

그의 유년시절에 관한 기록의 일부를 통해 그는 어린 아이 특유의 단순함보다는 타고난 섬세한 감수성으로 인해 생각이 많은 아이였고 종종 까닭모를 슬픔에 잠기거나 불안에 휩싸이곤 했다는 것을 알 수 있다. 그런데 그의 타고난 예민한 감수성을 더욱 심화시키는 계기가 존재하는데 그것은 10살에 맞게 되는 부친의 죽음이다. 아버지라는 존재의 상실 자체도 큰 슬픔이지만 그에게는 더욱 치명적일 수밖에 없는 일화가 존재한다.

> 새벽녘에 어머니는 나를 깨웠다. 빨리 K네 집에 가서 K의 아버지를 모셔오라는 것이었다. (중략) 깊이 잠들어 있는 그 집 식구들을 우리 일로 하여 깨운다는 일이 나 같은 소심한 아이에게는 쉽지가 않았다. (중략) 얼마나 그 자리에 그렇게 서 있었던지 모른다. 기침소리가 사랑방에서 새 나왔고 나는 그 분들을 불렀고 K의 아버지가 헐레벌떡 뛰어나왔다. 아버지는 그 분을 보고 눈을 내리깔더니 "예이 이 사람, 다 늦었네"하고는 다시 말하지 않았다. 숨을 거둔 것이다.
> – 『우리가 죽고 죽은 다음에 누가 우리를 사랑해 줄 것인가』, 128쪽

이 경험은 그의 섬세한 성향과 맞물려 시인의 내면에 슬픔과 죄책감을 강하게 각인시켰고 이는 아버지라는 존재를 의식의 저편으로 봉인시키는 동인이 되었다. 부친의 죽음 후 집안 형편은 급속히 기울었으며 훗날 시인은, 발레리의 '내면의 물어뜯기'를 좋아했던 것도 이 날의 경험이 작용한 것이 아니었겠냐고 회상한다. 그렇게 그에게서 아버지라는 존재는 지워졌다. 실제로 근작시를 포함하여 총 442편의 시중에서 자전적 의미를 지닌 '아버지'라는 단어[8]는 제5집에 와서야 처음 언급되며 그것도 제5집에

8) 제1집에 아버지라는 단어가 1번 나오는데(「우리들의 歷史」) 여기서는 선

서 3번[9]), 근작시에서 1번[10]) 언급된다.

아버지는 새벽마다 쇠스랑을 메고 들길로 나가,
메상골 열두 마지기 밭에 콩과 참깨를 심고 잡풀을
뜯고 똥거름을 주셨다. 어스름이 달리는 저녁녘이면
집으로 돌아와 풍년초를 태우고 코를 드르렁드르렁
골며 깊이 잠으로 들어가셨다.

–「도시의 아이들」 부분

미소 속으로 아버지가 쇠스랑을 메고
온다 이슬 젖은 잠방이 바람으로 온다
(오오 고통스런 세상으로 오시는 아버지!)
노동으로 빛난 얼굴을 하고 아버지는
사립으로 온다

–「아침 유대」 부분

그에게 아버지는 함께 손을 맞잡고 땀을 흘리고 웃기도 울기도 하는 실체이거나 정서적인 유대감을 지닌 존재가 아니다. 그저 기억의 한 편에 존재하는 한 장의 사진과 같은 존재이고 관찰의 결과물일 뿐이다. 그가 겪어온 세상살이는 고통스러웠을 뿐이며 그런 그가 상상한 아버지의 이미지는 현실의 고통스러움은 제거된 '노동에 빛나는 얼굴'을 한 이상적인 이미지일 뿐이다. 라캉은 아버지를 가지고 있다는 것이 딸 또는 아들에게 어떤 의미인가라는 물음에 대한 선택이 '이름으로서의 아버지'와 '이상형으로서의

조 혹은 윗세대를 의미하는 일반적인 의미로 사용된다.

9) 최하림, 「도시의 아이들」·「시간은 영원히 고통스럽다」·「아침유대」, 『굴참나무 숲에서 아이들이 온다』, 문학과 지성사, 1998, 68쪽·69쪽·90쪽.

10) 최하림, 「신성 노동」, 『최하림 시 전집』, 문학과 지성사, 2010, 507쪽.

아버지' 그리고 '한 여자의 남자로서의 아버지'의 세 방식에서 가능한다고 하였다. 이를 '아버지 진리의 세 가지 기능'이라고 한다.[11] 최하림의 시에서 드러나는 아버지는 '이상형으로서의 아버지'에 해당하는 상상적 아버지이다. '이름으로서의 아버지'가 어머니로부터 온다면 상상적 아버지는 어린아이로부터 온다. 오이디푸스 콤플렉스 단계가 지난 아이는 실재의 아버지를 지워버리고, 상상적 아버지로 덮어씌움으로써 아버지를 둘로 만든다. 아이는 은밀히 아버지 상을 생각해내는데, 아버지 상은 모든 면에서 보통을 넘는 모습이다. 풍채가 당당하고 지위가 높으며 명예와 부를 다 가진 사람이다. 아이는 존경받을 가치가 있는 이 아버지 상을 따른다. 텔레비전이나 영화, 만화, 동화책 또는 학교 선생님들에게서 발견한 멋있고 힘세며 남자다운 사람이 가지고 있는 이러저러한 특징들을 아이는 자기 아버지에게 이입한다. 아이가 이러한 아버지를 만들어 내는 것은 능력 있는 아버지를 필요로 하기 때문이다. 즉 어머니의 욕망에 충족하는 아버지를 찾고 있는 것이다.

최하림의 산문 속 언급을 통해 아버지의 부재는 그의 시세계 형성에 어떤 영향을 미쳤는지에 대해 구체적으로 살펴보자.

> 그리움도 원망도 없는 존재라면 없는 존재임에 틀림없지만, 그는 내게 정말 없는 존재인가. 내가 내 어머니에 대해서 이렇게 가슴 아파하고 있는데 그의 동반자인 아버지는 무의 존재란 말인가. (중략)

11) 라캉의 '아버지 진리의 세 가지 기능'은 다음의 두 책을 참고하였다. (필리프 쥘리앵, 『노아의 외투』, 홍준기 옮김, 한길사, 2000, 69~94쪽; 딜런 에반스, 『라깡 정신분석 사전』, 김종주 외 옮김, 인간사랑, 1998, 225~229쪽.)

다른 여러 기억들을 풍성하게 지니고 있지 못하다는 면에서 슬픈 일임에 분명하지만, 그러나 그 슬픔이 아버지의 권위에 억눌림 당하지 않게 해 준다는 면에서는, 자유라는 면에서는, 축복이라고도 할 수 있을 것이다. 사르트르식으로 말하자면 나는 '애비없는' 자유의 자식인 셈이다.

– 『숲이 아름다운 것은 그곳이 비어있기 때문이다.』, 225쪽

시인은 아버지의 부재덕분에 권위에 억눌리지 않는 "자유의 자식"이 될 수 있었다고 회상한다. 그가 등단과 동시에 동인으로 참여하였던 『산문시대』는 "전(前)시대를 부정하는 새로운 세대의 도전의식이 집단적인 형태"로 나타났다는 평가롤 받는데 이를 통해서도 최하림의 시세계가 지닌 성격을 짐작해 볼 수 있다. 아버지의 부재로 얻은 권위로부터의 자유는 그의 여린 감수성과 만나 우유부단함을 낳기도 하고 책임감에서 멀어지게도 하였다. 그리고 흑백논리와 같은 극단적 판단보다는 조화를 선호하게 하였다. 이는 등단 후에 최하림이 구축한 시세계의 주요한 특징으로 꼽히는 균형감의 원천이라고 할 수 있을 것이다. 이는 다음의 인용문에서 더 자세히 드러난다.

나는 내가 애비없는 자식으로 어깨를 움츠리고 끼여 있는 사회가 전형적이며 규범적이라는 말을 앞세우고 밀고 나가는 '발전'이 두렵다. 왜냐하면 나는 나약하고 지치고 지친 자이므로, 그것이 바로 나다운 존재이므로. (중략) 나는 서성거린다. 나와 남새에서, 내 집과 거리에서, 나의 아이들 가운데서, 서성거림이 내 존재양식이고 갈등양식이고 내 시의 기본요소이다.

– 『숲이 아름다운 것은 그곳이 비어있기 때문이다』, 122쪽

아버지의 부재는 아버지의 이름으로 명명되는 법률이나 도덕, 질서, 종교의 권위 등의 상징적 질서 내에서 동일시를 형성해 가는 '자아이상(ego-ideal)'[12]의 부재이다. '아버지'로 표상되는 확고한 관념과 세계의 부재는, '나'에게 생을 부정하는 불안과 허무의식을 갖게 한다. '아버지'는 혼돈에 찬 현실에 질서를 부여하는 존재로, 부계의 부재는 내재적 원리의 부재로 각인되기 때문이다.[13]

아버지의 부재는 그에게 사상적 자유를 주었으나 한편으로는 내재적 원리의 부재에서 기인한 "서성거림"을 주었다. 이 "서성거림"은 예민한 그의 감수성에 더해져 그의 문학이 현실과 만났을 때, 끊임없이 내면을 괴롭히는 동인이 되었다. 그는 '아버지의 법'

12) 라캉은 '이상적 자아'와 '자아 이상'을 엄밀히 구분한다. 이상적 자아는 아동이 거울을 바라보고 자신의 이미지를 통합시키면서 자아를 구축해 나가기위한 통일성의 착각으로서의 자아라면, 자아이상은 오이디푸스기에 아버지의 이름으로 명명되는 법률이나 질서, 도덕, 언어와 상징체계 등의 상징적 질서내에서 동일시를 형성해 나가는 자아상이다. 그러나 처음 이 개념을 만들어낸 프로이트의 경우 사실상 그 경계가 모호하다. 프로이트는 한 사람은 자신의 내면에 이상을 설정하여 그 이상에 따라 자신의 실제적 자아를 측정하는 반면, 전혀 그와 같은 이상을 설정하지 않는 사람을 구분한다. 여기서 이상형의 형성이 바로 억압의 전제조건이 된다는 것, 이 이상적 자아가 자기애의 목표가 되어 한 개인의 나르시시즘이 새로운 이상적 자아로 자리를 옮겨 간다. 그러나 사람은 흔히 한때 누렸던 나르시시즘의 완벽과 만족을 놓치기 싫어한다. 그리고 성장하면서 다른 사람들의 훈계나 스스로의 비판적 판단에 의한 각성을 통해 어떤 장애에 부딪혀 나르시시즘의 완벽성을 유지할 수 없게 될 때면, 그것을 자아이상이라는 새로운 형태에서 다시 회복하려고 한다. 자아이상은 어린 시절 그 스스로가 자신의 이상이라고 생각했던, 그러나 이제는 상실하고 없는 바로 그 어린 시절의 나르시시즘을 되찾게 해주는 대체물인 것이다. (프로이트, 『정신분석학의 근본개념』, 윤찬부 옮김, 열린책들, 2004, 74쪽.)

13) 유지현, 「서정주 시의 공간 상상력 연구-『화사집』에서 『질마재 신화』 까지」, 고려대학교 박사학위논문, 1997, 17쪽.

에 따르지 않아도 되는 자유를 누리면서도 동시에 '아버지의 법'을 따르지 않았다는 초자아의 검열을 받아왔고 이것이 그에게 '자아 이상'의 하나로 상상적 아버지 상을 그리도록 하였을 것이다.[14] 그리고 그의 초자아는 다시 그에게 '자아 이상'에 부합하지 않는다는 내적 징벌을 행한다. 즉, 아버지의 부재에서 기인한 "서성거림"의 존재양식은 그의 문학 저변에 끊임없이 등장하는 울음의 원천이라고 할 수 있다.

한편 최하림은 가정사에 관한 언급을 거의 하지 않는 시인이라 어머니에 관한 시편들도 많지 않은 편이다. 제1집에 아버지라는 단어가 언급된 시가 1편, 어머니라는 단어가 언급된 시는 7편이 있는데 여기서 '어머니'라는 단어는(제1집에서 발견된 '아버지'라는 단어와 마찬가지로) 대부분 보편적인 의미를 지녀 모성이나 자연 일반을 대신하는 것으로 해석이 가능하다. 제1집에 실린 시 중에서 자전적인 의미의 어머니에 관한 언급으로 여겨지는 것은 다음에 제시된 한 구절에서만 확인할 수 있다.

> 둥근 배를 움켜쥐고 설워 울던 옛날 어머님의
> 설움만큼이나 희디흰 가을 하늘과 가을물을
>
> –「가을의 말 3」 부분

그의 기억 속에 등장하는 어머니는 가난에 힘겨워 하는 모습이다. 해방 직후 초등학교에 입학한 시인은 아버지가 돌아가신 다

---

14) 김미미는 최하림의 시세계가 지닌 특징 중에서 높은 도덕성에 주목하여 그 기원을 가족관계와 죄의식에서 찾고 있다. 이는 이 글의 2장과 관련한 논의를 발전·심화시킨 것이다. (김미미, 「최하림 시세계가 담지한 도덕성의 기원에 관한 고찰」, 『한국지역문학연구』 13, 한국지역문학회, 2018.)

음 해에 6·25전쟁을 겪고 그 해에 목포로 거주지를 옮기게 된다. 아버지의 죽음은 넉넉하지 못 했던 가정형편을 더욱 어렵게 했으며 생계의 책임은 오롯이 어머니에게 돌아가게 된다.

> 그리고 우리는 모두 배가 고팠다는 사실을 여기 적지 않으면 안된다. (중략) 그런 굶주림과 아픔의 기억 속에서 내 시는 한편 한편 씌어지고, 한 시집이 되고, 또 한 시집이 되어갔다. 시들은 굶주림을 잊지 못하고 굶주림 속으로 들어가려는 성향까지도 보였다. 김현 식으로 이야기하자면 굶주림과 어머니와 전쟁과 바다가 내 시의 원체험이 되어주고 있는 셈이었다.
>
> –『숲이 아름다운 것은 그곳이 비어있기 때문이다』, 124쪽

굶주림과 가난은 최하림 시세계를 이루는 원체험의 하나이자 그의 내면에 죄책감을 새기는 또 하나의 원천이 된다. 한국사회에서 아버지의 부재라는 상황과 2남1녀의 장남이라는 가족 내에서의 위치는 많은 요구를 내포하고 있다. 하지만 그는 타고난 여린 감수성과 아버지의 부재에서 연유한 권위로부터의 자유, 명확함을 싫어했던 우유부단한 성격을 지니고 있었다. 결국 시인은 장남으로서 기대되는 책임감을 실천하는 삶보다는 문학에의 열정으로 몰입하는 삶을 택했으며 이는 가족의 생계를 책임져야 했던 어머니에 대한 부채의식을 낳는다.

최하림의 시 전집에 실린 근작시를 포함하여 총 442편의 시중에서 자전적인 의미에서 '어머니'가 언급된 시는 총 11편으로 제1집에 1편[15], 제2집에 3편[16], 제4집에 2편[17], 제5집에 2편[18], 전집

15) 최하림, 「가을의 말 3」, 『우리들을 위하여』, 창작과비평사, 1976, 80쪽. 제1시집에는 이 시 외에 어머니가 언급된 시가 6편이 더 있으나 모두 보

에 실린 근작시 2편[19]이 해당하며 여기에 제2집에 실린 「사모곡」[20]을 추가할 수 있을 것이다. 그의 시편들 중 자전적 사실이 가장 적나라하게 드러나 있는 작품으로는 「겨울 肖像畵」가 있다.

우리 어머니는 트럭을 타고 강진이네
해남이네 고흥이네로 다니며 쌀을 사다가
목포에다 팔았다. 과수댁인 어머니는
새벽 일찍 사립을 나서서 하룻밤 내지 이틀밤을
객지에서 밥먹고 잠자고 나무토막처럼 지쳐서
돌아왔는데, 그때는 그 밤들과 싸우고
쌀과 싸우고 남정네들과 무지무지 싸웠다고
한다. 싸우다 지치면 영산강으로 가
얼굴 씻으며 꺼이꺼이 울었다고 한다

(중략)

사랑이 많이 남은 가슴으로
껴안아주는, 당신은
부서져도 부서져도
고통의 파편으로 살아, 고통의

편적 의미의 모성이나 자연 일반을 대신 가리키는 의미로 사용되었다.

16) 최하림, 「어느 뫼를 걸어도 좋으리」·「어머니 곁에 누우면」·「도시이야기」, 『작은 마을에서』, 문학과지성사, 1982, 84쪽·86쪽·91쪽.

17) 최하림, 「어머니강물」·「겨울 肖像畵」, 『속이 보이는 심연으로』, 문학과지성사, 1991, 20쪽·71쪽.

18) 최하림, 「초여름풍경」·「집으로 가는 길」, 『굴참나무숲에서 아이들이 온다』, 문학과지성사, 1998, 80쪽·88쪽.

19) 최하림, 「신성노동」·「보릿고개」, 『최하림 시 전집』, 문학과지성사, 2010, 507쪽·510쪽.

20) 이 시 안에 어머니라는 단어는 없지만 제목에서 짐작할 수 있듯이 어머니를 그리워하는 내용을 담고 있다.

웃음짓습니다 고통의 별바다 같습니다
　　　　　　　　　　　　　–「겨울 肖像畵」부분

그가 어머니의 고단한 삶을 떠올리면 가족의 일원으로서 고통을 분담하지 못했다는 죄책감이 엄습하고 동시에 이는 상대적으로 어머니가 지닌 포용력의 크기에 대해 자각하게 한다. 문학에 몰입하는 삶을 위해 상경한 그에게 떠나온 고향과 남겨진 어머니는 등가의 대상이다. 고향에 대한 인간 의식은 과거와 현재·미래를 연결시키는 연속적인 시간과 공간 의식을 형성한다. 때로는 시간과 공간을 초월해서 인간의 본질적이며 원초적인 의식세계를 구성하기도 한다. 특히 유년기의 고향에 대한 경험은 어머니의 품과 같은 것으로 주관적 판단에 의하여 늘 풍요롭고, 편안하고, 안락한 공간의 이미지로 환기된다. 시간적으로는 늘 되돌아가고자 하는 과거 속에서 존재하게 되며, 공간적으로는 유아적 경험과 유년의 추억이 묻어 있는 생활터전이었던 개인의 지리적 공간의 일들로 기억되게 마련이다. 따라서 고향이란 '어머니'의식으로의 회귀의식이며 본능적 공간이다. 그런 점에서 작가의 고향체험과 작품과의 상관성은 매우 밀접하며 특히 작가의식 형성에 결정적인 영향을 주기 마련이다.[21] 특히 시인이 지닌 어머니에 대한 부채의식은 언제고 갚아야 함을 전제하고 있는 것이며 이는 동시에 고향으로의 회귀를 내포한다. 최하림의 후기 시세계에 드러난 자연에의 경도는 근원으로의 회귀라는 인간 존재가 지닌 보편적인 성향만으로는 설명할 수 없고 어머니에 대한 부채의식이 작용

21) 장윤호,「소설에 나타나는 고향 탐색 모티프 양상 연구」, 동덕여자대학교 박사학위논문, 2004, 12쪽.

한 것이며 최하림 시세계의 고유한 특징이라고 볼 수 있을 것이다. 즉, 그가 후기 시세계에서 보여준 풍경에의 주목과 침묵의 시학은 어머니에 대한 부채의식이 원체험으로 작용한 것이다.

민중적 서정성의 자각과 울음의 시학

이 장은 제1·2·3집을 대상으로 삼아 시인의 20대 초반부터 40대 후반에 해당하는 시기의 시세계에 대해서 살펴볼 것이다. 다시 말하면 1960·70·80년대의 시대적 상황이 시인의 내면을 관통하며 도출된 시세계의 면모를 확인하는 자리가 된다.

시인은 고등학교에 진학하면서 본격적으로 문인의 삶을 꿈꾸게 된다. 그는 고교시절, 학생계 잡지에 연재되던 박목월의 「소녀의 서」를 매우 좋아했는데 이 글이 그를 가난한 시인으로 성장하게 했다고 회상한다. 그는 20대 초입에 '니체숭배자이자 불교신도였으며 소설을 한 편도 쓴 적이 없는 소설가'[22]인 최성문과의 교류로 철학·종교·문학에 관한 많은 가르침을 받았으며 이 무렵에 그림과 관련한 공부를 하는 김소남, 박석규, 원동석, 양계탁, 정승주 그리고 시를 공부하는 김희웅, 윤종석 등과 함께 어울리며 문학을 향한 열정을 불태웠다.

22) 최하림, 『숲이 아름다운 것은 그곳이 비어있기 때문이다』, 문학세계사, 1992, 127쪽.

나는 그때 삶도 꿈이었고 시도 꿈이었다. 현실이 없었다. 현실을 의식하고 살 수도 없는 형편이었다. 나는, 그리고 나의 친구들은 모두 다 꿈을 먹고 사는 비렁뱅이들이었다. 어쩌면 그때 우리는 흐르는 시간 위에다 꿈의 그림자를 드리우고 있는 무게없는 인간들이었는지도 모른다.

–『붓꽃으로 그린 시』, 22쪽

젊은 시절의 시인은 술과 신비스럽고 절망적인 생각들에 젖어 있었으며 젊은이 특유의 질풍노도적 성격인지 혹은 앞이 보이지 않는 1960년대적 성격인지 알 수 없으나 당시에는 막연한 슬픔과 절망 속에서 문학만을 꿈꾸며 살았다고 회상한다. 신춘문예를 준비하던 그는 1961년 ≪조선일보≫ 신춘문예에 「灰色手記」가 입선하고 1964년에 같은 신문사 신춘문예에 「貧弱한 올페의 回想」이 당선된다. 그리고 그는 가족을 뒤에 남겨두고 상경하여 서울살이를 시작한다. 그는 곧 1965년에 시사영어사 편집부에 취직하여 생활전선에 뛰어들었고 1967년에는 삼성출판사 편집부로 일자리를 옮긴다. 그러던 중 아내와 만나 1969년에 결혼을 하고 첫 아이를 낳는다. 그는 한국일보 주간국 기자, 월간세대 편집부, 독서신문 편집부, 지식산업사 편집부 주간을 맡는 등 상경 초기에 여러 직장을 전전하는데 그만큼 시인의 현실생활이 녹록지 않았음을 짐작할 수 있다. 그 와중에 한 편씩 쓴 것이 한 권의 시집이 되어 첫 시집 『우리들을 위하여』가 1976년에 출판된다.

제1집에 수록된 시들은 두 가지로 계열화할 수 있다. 먼저 주로 습작기 혹은 신춘문예 당선 전후인 1960년대에 창작된 작품은 다소 관념적이며 난해한 편이고 다음으로 1970년대로 넘어오면서 쓴 작품들은 현실에 관한 첨예한 고민들이 반영되어있다. 전자에 관해서는 제1집에 수록된 「빈약한 올페의 회상」에 대해 이희중이 평한 글에 잘 나타나 있다.

> 1960년대 우리 시의 위상과 분위기를 잘 담고 있는 이 시는 많은 한자와 한자어를 사용하고 있으며 한국문학사에 중대한 대목을 차지하는 이 오랜 <외래문자>의 각별한 수사적 효과에 치중하고 있다. 또한 한 가지 명료한 주제를 다스리기보다는 관념과 관념어에 의존하여 침울하고 감상적인 어사를 길게 늘어놓고 있다.[23]

이와 같은 평가는 그가 습작기에 쓴 대부분의 시에도 적용이 가능한데 그는 시를 꿈꾸고 공부하던 시절에 발레리에 흠취해 있었음을 여러 차례 언급하였다. 그런데 제1집에 드러난 시세계의 독특한 점은 습작기에 그를 매료시켰던 발레리가 오히려 그의 시세계를 변화시키고 고유의 시학을 찾도록 이끄는 반면교사로 작용하였다는 것이다.

> 나는 발레리로부터 시작했지만 발레리적인 것이 내 목소리일 수는 없었습니다. 처음 나는 발레리의 「젊은 빠르크」와 「해변의 묘지」등을 읽다가 한계를 느끼고 발레리의 초기시인 「구시첩」을 읽었습니다. 그러나 나는 '무희'라든지 '내면'같은 이미지를 따라잡을 수 없었습니다. 나는 '말'이라는 명제에 처음 부딪친 것입니다. 우리 말은 우리 현실과 우리 문화와 우리 역사를 떠날 수가 없다는 것을 깨닫게 된 것이지요. 다시 말하자면 나의 시는 가난한 내 현실의 목소리로 말해야 된다는 것이지요.[24]

---

23) 이희중, 「시, 이길 수 없는 긴 싸움의 기록」, 『기억의 풍경』, 월인, 2003, 134쪽.

24) 김광일·최하림, 「(대담)풍경 속에 녹아 있는 시인의 눈」, 『문화저널21』, 2009.3.9.

발레리에 대한 역반응으로 시인은 지금껏 자신이 써왔던 시들에 대해 다시 생각하게 된다. 그는 시가 어려워서는 안 되겠다는 생각과 함께 우리 역사에 대해 지대한 관심을 갖기 시작한다. 시인은 발레리와 릴케를 거쳐서 도스토예프스키의 「악령」을 접하면서 '민중으로서의 삶'에 대해 자각하게 된다. 그는 이 책을 읽으며 민족주의로 대표되는 샤토프와 허무주의로 대표되는 끼릴로프에 사로잡혔다고 회상한다.

> 샤토프는 끼릴로프와 같은 논리적이며 극단적인 길을 가지 않았다. 그는 자유가 특별한 세계 속에 있는 것이 아니라 그들이 태어나고 성장한 세계 속에서 스스로 구현하지 않으면 안 되는 것이라는 깨달음을 갖게 되고 그러므로 그것은 사랑의 형태로 나타나게 된다. (중략) 5·16군사독재가 민족적 민주주의의 깃발을 내걸고, 4·19의 환희가 군부독재의 족쇄 밑에서도 연면히 흐르고 있을 때에 샤토프의 땅과 피의 의식으로서의 민족주의와 그것을 넘어서려고 하는 끼릴로프의 사고는 나를 매료시키고도 남았다. 나에게 끼릴로프의 사고는 발레리의 순수시와 맥락을 같이한 것으로 느껴졌다. 한때 열광하였던 발레리의 순수시를 이후에 내가 내동댕이치고 민족=민중의 차원으로 몸부림치면서 나아갔던 것은 「악령」의 샤토프가 땅과 피에 대해서 갖는 미칠 듯한 사랑이 가져다준 감동이 깊이 깔려 있었으리라고 여겨진다.
>
> –『붓꽃으로 그린 시』, 200쪽

이 인용문은 당시에 그의 관심사를 짐작할 수 있게 하며 시인은 이후 다른 산문 속에서도 1970년대는 역사에로 관심이 경도해 있었으며 당시의 본인은 매우 민족주의자였고 피는 혼돈과 열망으로 들끓었다고 회상한다. 김병익은 정치적 상황이 작가의 상상력과 작품의 소재를 개발하고 정치를 문학의식과 결합시키면서도 종국적으로 인간의 실상과 구제에 귀결시킨 한 예를 도스또예프스키의 「악령」과 조지 오웰의 「1984년」에서 찾고[25] 있는데 이는 최하림의 제1집에 실린, 습작기의 시와 등단 후의 시 사이에 보이는 변화를 설명하는 데도 유효하다.

> 동양적인 사유 방식의 아름다움에 깊이 빠져 들어가는 반면에 그것이 오늘날 우리들이 살아가는 이 시대에서 어떤 효용성을 가질 수 있을까, 그것으로 우리들이 앓고 있는 병을 치유할 수 있을까 하는 의문을 버릴 수 없었다. (중략) 선적인 생활방식이 나와 같은 식물적 인간에게는 자기 정화의 방법으로 적합하다는 것을 이해하지 못 하는 것은 아니다. 그렇지만 또다시 현실의 이데올로기가 만들어 내고 있는 미로와 같은 복잡한 사회 구조에 끼어 살 수 밖에 없는 우리로서는 그러한 선적 수련을 하기가 얼마나 어렵다는 것 또한 이해하지 않으면 안 되었다. 여기에 나의 고뇌와 갈등이 있었다.
>
> －『붓꽃으로 그린 시』, 196쪽

이러한 갈등은 「악령」을 읽으면서 얼마쯤 해소되었고 직장 생활의 타성에 빠져 속물화된 자신을 정화시켜주는 역할을 하였다. 「악령」은 그에게 '나의 반항의 처음의 진전이자 문학인으로서 현실에 대응하는 태도를 마련해 준 책'이 된 것이다.

지금까지 살펴본 최하림의 문학 편력(遍歷) 일부를 통해 제1집에 공존하던 두 가지 경향, 관념적이고 난해한 시편들과 당대 현실에 대한 관심이 드러난 시편이 오버랩되는 과정을 살펴볼 수 있었다. 제1집에서 시작된 민중에 대한 자각은 제2집과 제3집을 통해 본격화된다. 산업사회란 여러 계층 간의 갈등과 소외로 특

25) 강소연, 『1960년대 사회와 비평문학의 모더니티』, 역락, 2006, 218쪽.

징지어진다. 여기서 여러 계층이란 일반적으로 지배자와 피지배자, 가진 자와 못가진 자를 가리킨다. 1970년대 시인들은 이런 계층 간의 갈등과 소외를 전에 없이 날카롭게 의식하면서 대다수인 피지배자와 못 가진 자에 애정과 신뢰를 부여하는 시대적 소명의식을 가진다. 그리하여 '민중'이 이 시대의 문학적 가치로 부각된다.[26] 최하림에게도 이 당시 가장 큰 관심사 중의 하나는 '민중으로서의 삶'에 대한 인식이었다.

> 리어카를 끌고 새벽길을 달리는 行商들에게나
> 돌가루 냄새가 코를 찌르는 광산촌의 날품팔이 인부들에게
> 그리고 오래 굶주릴수록 억세어진 골목의 아이들에게
> 바람은 밤이 오고 눈이 온다고 일러주었다
> (중략)
> 벌거벗은 여인을 또다시 벌거벗게 하고
> 저녁거리 없는 자를 또다시 저녁거리 없게 하고
> 맞아죽은 놈의 자식을 또다시 맞아죽게 하는 것이다
> 그리하여 언제나 피비린내가 그칠 날이 없게 하는 것이다
>
> –「겨울의 사랑」 부분

> 우리들은 三時 세 때
> 굶주림에 끌리어
> 工事場으로 工事場으로
> 몰리어 다니다가
> 어둠에 싸여 돌아가는데
> 勞動者들의 슬픔보다도
> 깊고 깊은 바다 건너
> 갈가마귀야 갈가마귀야

---

26) 김준오, 『현대시와 장르비평』, 문학과 지성사, 2009, 73쪽.

어느 하늘로 가느냐
　　　　　　　　–「黃昏歌」 부분

1960년대가 전쟁과 분단·시민사회·자본주의적 근대화라는 세 꼭지점의 시기라면 1970년대는 경제발전으로 인한 화려함의 이면에 대한 모색이 구체적으로 드러나는 시기라고 할 수 있다. 1970년대에 한국 사회의 자본주의는 지속적인 경제개발 계획으로 정착된다. 집중 육성된 기업의 활기에 한일수교·베트남 전쟁으로 인한 자본의 유입은 한국의 경제구조를 성장시키는 밑거름으로 작용하였기 때문이다. 물론 그 화려함의 이면에는 이농으로 인한 농촌 파괴·도시 유이민의 빈민화·저임금 노동으로 인한 열악한 노동환경, 교통·교육의 집중화 현상과 환경 파괴 등 이전에 경험하지 못했던 자본주의적 산업화의 불균형이 초래한 병폐가 만연한다. 농촌 생활을 근본으로 하던 세대에게 화려한 자본주의의 이면에 포진한 불협화음은 무척이나 강대했다. 한마디로 1970년대의 자본주의 정착화는 민중 적대적이라고 표현할 수 있다. 이러한 상황에서 소외된 민중은 저항을 할 수 밖에 없게 된다. 이에 1970년대를 민중문학론의 부흥기로 언급할 수 있다.[27] 당시의 시대적 상황 속에서 그 누구 하나 자유로운 사람이 없었을 것이며 민족과 현실에 대해 고민하지 않은 사람은 없었을 것이다. 이러한 시대적 상황은 어느 한 쪽으로도 치우치지 않고자 했던 시인마저도 억압적 시대상황을 보아 넘기지 못하고 울부짖게 했다. 이런 모습은 제2집까지 집중적으로 나타난다.

---

27) 임영광, 「1970년대 민족문학 담론 연구」, 계명대학교 석사학위논문, 2005, 31쪽.

어허와어허와 궤도차가 달리는 길목에서
우리들은 밤새도록 술을 마시고 젓가락을 두들기며
노래
불렀으나, 신참내기 전도사도 노래불렀으나 가슴의
멍울은 풀리지 않고 싸움도 끝나지 않았다
–「저녁 바다와 아침 바다」 부분

삶이 개만도 못한 無間地獄을 빠져나와
아침, 北港을 걸어가면 눈이 큰 洙暎을
닮은 사내가 북어를 메고 눈 속을 간다
–「嶺東」 부분

최하림 시세계에서 '민중'에 대한 자각이 두드러지는 시집들에 나타나는 특징의 하나는 '우리'라는 대명사의 잦은 사용이다. '우리'라는 대명사는 나와 나 아닌 사람(청자를 포함할 수도 있다)을 합한 것으로서 복수(複數)로서의 '우리'와 단수로서의 '우리'를 구분할 수 있는데 여기서는 전자의 의미이다.[28] 1970년대 시인들은 이런 민중들의 생활을 재현함으로써 그들의 고통과 소망과 가치가 무엇인가를 탐구하고 이것들을 공유하는 화자를 제시한다. 화자는 '나' 대신 '우리'이거나 적어도 객관화된 인물이다. 시인은 그의 시론에서 "우리들은 개인으로 살고 있어도 집단 속에서 살고 있으며, 집단의 문화전통 속에서 살고 있다." 혹은 "인간은 개

28) 우리말의 경우 인칭명사로 명사구를 형성해 사람을 가리키는 방식에는 두 가지가 있는데 하나는 '집단의 **'이고 다른 하나는 '개인의 **'라는 것이다. 전자의 경우 해당되는 사람을 집단의 구성원으로 인식해 가리키는 것으로 '우리도 거기 갑시다.'와 같은 경우이고, 후자는 단지 해당되는 사람을 개인과 걸리는 관계로 인식해 가리키는 것으로 '우리 오빠'와 같은 경우로 '내 오빠'의 의미이다. (김성남, 「국어 인칭대명사의 역사적 연구」, 동의대학교 석사학위논문, 2006, 15쪽.)

인으로 해체되는 극한 상황 속에서 늘 사는 것이 아니라 '나'와 '너'가 공존하는 세계, 윤리적 세계에서 살고 있으며, 때문에 나의 집합 개념인 '우리'는 우리에게 문제되어진다.", "그가 원하든 원치 않든 간에 우리(혹은 역사주의)와 평행선을 그으며 나아가는 데서 진정한 의미를 얻게 된다는 것이다."[29]와 같은 언급을 하는데 이를 통해 초기 시세계에 '우리'라는 인칭대명사의 쓰임이 잦은 이유를 짐작할 수 있다.

> 버림받은 노인의 분노와 회색적 지식인의 삶은 쉽사리 동화되어지지 않는다. 양자 사이에는 엄청난 간극이 가로놓여 있다. 여기에서 시인은 절망하게 되고, 그의 사회적 환경이나 지적 성향들을 비판하고 극복하려는 노력을 하게 된다. 허나 지식인이 끊임없이 민중을 알려하고 민중 속으로 들어가야 한다고 외칠지라도 민중과 지식인의 거리는 좁혀지지 않고 더욱 더 멀어져 간다. 민중에 대한 지식인의 존재 혹은 지식인에 대한 민중의 존재는 언제나 이 부름과 그리움의 관계로 맺어진다. 그 부름과 그리움이 너무나 절실할 때, 그들의 거리는 갑자기 좁혀지고 사회는 역동적으로 움직이게 된다.
>
> – 『시와 부정의 정신』, 128쪽

그에게 민중의 삶이란 관찰자의 시선에서 서술한 것이다. 그것은 본래 성향이 소극적이고 집단으로 움직이기 보다는 홀로 있기를 더 선호했던 그로서는 최선이자 최고의 움직임이었을 것이다. 시인은 자신의 시가 갖고 있는 약점이 무엇인지 정확히 인식하고 있다. 그리고 그것을 뛰어넘을 방법까지도 마련하고 있다. 관찰자의 시선을 통해 마련한 객관성이 그의 시가 지닌 힘이 되고 타인

29) 최하림, 『시와 부정의 정신』, 문학과 지성사, 1984, 225쪽.

의 시선에 휘둘리지 않고 그만의 길을 걸어가게 한 원동력이 되는 것이다.

한편 선천적으로 타고난 예민한 감수성과 그로 인한 슬픔, 아버지의 부재와 가난했던 어린 시절, 어머니에 대한 죄스러움, 생활인으로서의 고달픔, 시대상황의 암울함에 따른 절망감 등등은 그의 시편들에 꾸준히 '울다'라는 동사를 언급하게 한다. 제1집에서 '울다' 혹은 '울음'이라는 단어가 언급된 시는 59편 중 20편이다. 그 외에도 '울다'와 관련 있는 '슬픔'이라던가 '분노', '원한', '외로움', '허무'가 등장하는 시편도 다수 존재한다.

> 매질의 아픔으로도 구할 수 없는 울음을 울면서
> 우리들은 살얼음이 반짝이는 돌담을 돌아
> 舊市街의 버드나무 길을 걷는다
> 흙먼지 자욱한 바람벽마다
> 낡은 종이들이 찢겨져 날리고
> 풀무집의 지게장 너머로 내리는 어둠이
> 굶주림마냥 친숙하게 사위를 에워쌓는다
> 우리들은 얼굴을 들고 어둠 속에 가려진 事物의 아름과
> 어둠 속에서 우리를 부르던 친구의 이름을 부르며 간다
> 해안통의 어물전 앞을 달리는
> 행상들의 어두운 발걸음과 그들의 슬픈 멸망을,
> 그 멸망을 부르며 간다
> 아아 이제 우리들은 멸망이고 아픔이다 비겁을 매질하는
> 아픔이다 아아 검은 바다여
> 외치고 외쳐도 파도에 싸여 사라지는 울음을 울면서
> 우리들은 바다로 간다
> 일생으로 달리고 충만하여지는
> 아아 우리들의 바다 우리들의 바다
>
> —「매질의 아픔으로도」 전문

위 시의 화자인 '나'는 울면서 헤매고 있다. '흙먼지 자욱한 바람벽'이 있는 과거도 굶주림과 어둠에 싸여 나에게 슬픔이고 현재로 돌아와도 어둠은 여전하다. 또한 그 속으로 사라져간 친구들이 떠올라서 나에게 슬픔이다. 어린 시절, 해안통의 행상들의 삶은 바뀐 것이 없고 그들의 삶의 끝에 기다리는 것이 멸망뿐이라 나는 슬프다. 이 모든 상황에서 아무 것도 하지 못 하는 나의 무기력함은 '비겁을 매질하는 아픔'으로도 정당화 될 수 없다. 나는 그저 울고, 울음은 아무런 힘도 갖지 못하는 것만 같다. 천성에서 기인하거나 어린 시절의 가난과 관련하여 터져 나오는 울음과 사회적 의식이 형성되어 현실을 자각하고 우는 울음은 다르다. 제 1·2·3집에 등장하는 울음은 개인적인 차원보다는 사회적 차원을 지향한다. 현실적 상황에 대한 반응으로서의 울음이며 이것은 까뮈가 말하는 '반항자'로서의 자각에서 연유한 울음이라고 할 수 있다.

> 아무리 막연하게일지라도, 의식의 자각은 반항 운동으로부터 태어난다. 이를테면 인간의 내부에, 비록 일시적일망정, 인간이 동화될 수 있는 무엇인가가 있다는 문득 번득이는 자각, 이러한 동화는 이제까지 현실적으로 느껴보지 못한 것이었다. 반역 운동 이전까지, 노예는 온갖 착취를 당하고 있었다. 흔히, 그의 거부를 유발시킨 명령보다 더 참기 어려운 명령조차 아무런 반발없이 받아들였었다. (중략) 반항 운동은 노예로 하여금 단순한 거부에 그치게 하는 것이 아니라 더 멀리 나가게 한다. 그는 이제 동등하게 대우받기를 요구하면서, 스스로 적에게 묵인하고 있었던 한계마저 앞지른다. 처음에는 극한 상황에 처한 인간의 어쩔 도리없는 저항이었던 것이 이제는 저항과 일체화되고 저항으로 요약되는 하나의 전인간이 된다. (중략) 의식이 반항과 함께 태어나는 것이다.[30)]

그의 울음은 현실의 부당함에 드디어 맞서는 자, 의식의 자각으로 반항에 눈뜬 자의 내부에서 터져나오는 울음인 것이다. 이러한 반항의 특징은 타인이 압박에 희생당하는 광경을 목격할 때도 태어날 수 있다는 것이며 반항 속에서 인간은 스스로를 초월하여 참으로 타인 속으로 들어가게 된다.

나의 시가 말하려 한다면
말을 가질 뿐 산이나 나무를
가지지 못한다 골목도 가지지 못한다
—「詩」 부분

꽁꽁 언 새벽 여섯시, 地靈처럼 걷는
사람들 새로 우리들은 걸어간다
살얼음의 아픔이 여울마다 일어나고
흰 말의 무리가 하늘의 회오리 속으로
경천동지하며 뛰어올라 갈기를 날리고,
우리와는 다른 방향으로 일단의 사내들이
사냥개를 끌고 온다 개들이 짖는다
이제는 얼어붙은 우리들의 꿈이여
눈과 같은 결정체로 三韓의 삼림에 내리어오라
기다리는 노변에서 상수리숲도 우어이우어이
울고 겨울새도 울고 우리도 울고 있다
—「겨울 精緻」 부분

시인의 자신의 방식으로 세상의 부조리에 저항한다. 시인이기에 "말"로 저항하려 하지만 무시로 무력감을 느낀다. "우리와는 다른 방향"으로 가는 사내들의 모습을 바라보며 꿈은 얼어붙고

30) 알베르 까뮈, 『반항자』, 유기환 옮김, 한마당, 1987, 21쪽.

우리는 운다. 최하림의 초기 시세계가 담지한 특성을 이승원은 “화자의 고통이 현실 문제 때문에 솟아난 것이지만 현실적 저항이 아니라 정신적 모색에 의해 그것의 극복이 가능하다는 암시를 주고 있다. 끝까지 시의 울타리를 지키면서 내면에 호소하는 어법을 구사하고 있는 것도 중요한 특징이다”라고 말하였다. 시인의 울음은 ‘시’의 방식을 고수하는 자의 형벌과도 같다. 제1집의 경우는 ‘우리’라는 주어가 39편에 사용되었으며 ‘아아’나 ‘오오’와 같은 탄식투의 감탄사는 전체 시 59편 중 20편, 명령형 어미 ‘~라’는 19편에 사용되었음을 확인할 수 있다. 정리하자면 최하림의 제1·2·3집에 해당하는 시기를 대표하는 단어로 ‘울음’을 제시할 수 있으며 제1집에서는 ‘울음’을 둘러싸고 감탄사나 명령형 어미, 대명사 ‘우리’의 사용이 두드러짐을 확인할 수 있다. 그런데 제2집에서는 ‘울다’라는 단어가 나오는 시편은 10편으로 줄어들고 제3집에는 3편만 존재하는 양상을 보여 그의 시세계에 변화의 조짐이 있음을 짐작할 수 있다.

풍경의 획득과 침묵의 시학

이 장은 제4·5·6·7집을 대상으로 삼아 시인이 40대 후반부터 71세를 끝으로 영면하기까지 구축한 시세계의 면모를 살펴볼 것이다. 1986년 제3집을 발간하고 2년 후인 1988년, 시인은 전남일보에서 근무하기 위해 광주광역시로 이사한다. 홀로 생활하며 주말이면 광주와 서울을 오고가는 생활이었다. 광주는 그의 고향인 신안군이나 목포시와 가까운 도시로서 많은 시간을 돌아서 다시 고향 근처, 고향의 이미지를 환기시키는 공간으로 온 것으로 볼 수 있다. 스물여섯의 나이로 서울에서 첫 직장 생활을 시작한 이래 20년이 훌쩍 지나고 다시 고향 주변으로 돌아온 그는 삶의 지난함 속에서 고개를 들어 이제는 어느 정도 마음의 여유를 지니고 지난날을 회상할 수 있게 된다. 실제로 제1·2·3집 속에서 개인적인 이야기는 거의 없이 시대에 민감하게 반응하고 보편적인 인간의 삶에 대해 이야기해 왔던 것에 반해 제4집에서는 자전적 언급을 한 시가 발견된다.

나는 이상한 방에 살았지
두 사람이 누우면 꽉찬 꼬막 같은 방
신양문고 몇 권 시집 몇 권 검은 상 하나
창문을 열면 바람이 소리쳐 들어와
켜켜이 쌓인 먼지 날리고
머리카락 같은 감정들을 흐트러놓는,
원고지와 잉크병 빛나는 눈을 뜨고
주위를 노려보는, 아무도 그 방에는
들락거리지 않았지 밖에서는
몇 번이고 땅이 얼었다 풀리고
그 사이 나는 독방에 누워서 세모래들이
황금빛으로 사구를 흘러내리고 또
흘러내리는 꿈을 꾸었지
꿈이 양식이었지, 꿈이 산이고
다도해고, 구름, 비, 눈이었지,
겨울이면 사시나무 떨 듯 추운 내 방
내 집, 지금은 그리운,

―「房」 전문

10대 소년은 어느덧 50대가 되었다. 격정적이고 혈기왕성했던 20·30대를 지나 한 가정의 가장으로서의 책임감에 몸부림치던 40대도 지나고 드디어 반세기를 살아냈다. 열기로 가득차고 어딘지 모르게 달떠있고 살아내느라 정신없이 바쁘던 시간들이 가고 한 사람의 유랑민처럼 여겨지기만 했던 서울이라는 도시에서도 벗어나 고향의 이미지를 환기시키는 광주로 옮겨 온 그의 시선은, 결국 고향에 가닿는다. 그의 기억 속에서 가장 아픈 부분인 어머니를 떠올리다보면, 김현이 최하림 시의 근원은 '가난'이라고 했던 그 굶주렸던 시절의 기억과 연결된다. 하지만 그런 기억들도 이제는 담담히 이야기할 수 있으며 심지어 그립기까지 하다.

시적 언어를 통해 어떠한 형상이 우리들의 머릿속에 그려지며 그와 함께 여러 관념이 함께 연상되는 것을 우리는 이미지라 한다. 이미지는 시의 중요한 특질의 하나로서 감각을 자극하여 사물에 대한 여러 가지 경험을 불러일으킨다. 시는 추상적인 것이 아니라 구체적이고도 특수한 것으로 곧 이미지를 통하여 추상의 의미를 전달한다. 따라서 이미지는 관념과 사물이 만나는 곳이다.[31] 이미지는 과거의 체험을 바탕으로 미묘한 느낌이나 생각을 생생하고 구체적이며 효과적으로 표현한다. 그것은 대개 감각적 경험과 구체적 사물을 나타내는 언어에 의해 이루어지기 때문에 뚜렷하고도 직접적인 인상을 준다. 세월의 흐름은 시인을 다시금 원체험기의 어린 소년 시절로 데려다 놓으며 고향의 이미지를 환기시킨다.

31) 김준오, 『시론』, 삼지원, 2004, 157쪽.

유년기의 삶이란 유토피아적 전망의 자아와 세계사이의 비극적 분열이 일어나기 이전의 삶이다. 유년의 심연에서 솟아나는 이미지들은 태고의 꿈을 향해 더듬어 내려간다. 그곳은 나와 타자가 구분되기 이전의, 모든 차이가 소멸되고 모든 소망이 충족되는 절대적 행복의 모습을 간직하고 있는 곳이기도 하다. 즉, 유년시절의 회상은 과거의 시간을 추적함으로써 근원적인 곳에 이르고자 하는 여정이기도 하며 온전한 세계에 대한 동경으로 내면 상처를 치유하고자 한다.[32]

이제 삶의 후반부에 접어든 시인은 새로 시작하기보다는 하나씩 정리해나간다. 그의 삶 속에서 열정이 넘쳤고 고향을 떠나있었으며 방황하고 부딪치던 시간들은 이제 삶의 지난 페이지에 속하는 것들이다. 인간은 누구에게나 고향으로 회귀하려는 욕구가 있다. 그런데 실제적인 고향 공간으로 회귀가 불가능하다고 여겨질 때 인간은 새롭고 안정된 고향공간을 상정하여 그곳에 회귀하기를 열망한다. 그는 돌고 돌아 다시 처음으로 돌아간다.

광주에서 홀로 직장 생활을 하며 주말이면 서울을 오가던 그는, 1991년 6월 7일 오후 2시경 점심식사 도중 뇌졸중으로 쓰러진다. 병은 그가 막연히 관심을 기울이던 자연에 몰입할 수 있게 해주는 계기가 된다.

꼭지에 바람을 거느리고 손이 많은
나무들이 고개를 구름 쪽으로,
그러나, 구름은 아랑곳하지 않고 흘러간다
아픈 다리 끌고, 나는 심호흡한다
시간이 물들어 어느새 단풍나무 잎들이
떨어지고 양치식물들이 바위 곁에서, 바위 감으며,

---

32) 김제욱, 「최하림 시의 이미지 연구」, 고려대학교 석사학위논문, 2005, 23쪽.

바위들이 어째서 꽃이 되는지, 입을 다문다
나는 바위들과 함께 땅에 뿌리내리고, 집 짓고
조금씩 눈물 흘리고 조금씩 웃음지으며,
주기도문 외운다 절망하는 일이 결코 없다,
이 숲속에서, 나는, 침묵을 배운다

–「날마다 산길 3」 전문

시인은 제4집 서문에서 "몇 해 사이 나를 괴롭힌 것은 죄였다", "그런데 개인사에 있어서의 돌연한 일로 그것은 다른 형태로 찾아왔다"라고 언급한다. "이 두 관심이 이 시집에는 뒤섞이어 있다"라는 말에서 알 수 있듯이 제4집은 죄와 자연 친화라는 두 가지 관심사의 반영이다. 현실에 대한 관심이 없어진 것은 아니지만 이제 시인에게 크게 부각된 것은 자연의 모습이다. 시인의 시선은 높고 큰 대상에서 낮고 작은, 주변의 것들로 옮겨졌다. 삶에 대한 분노와 흥분이 가신 자리는 주변의 풍경[33]들로 채워진다. 시인에게 주된 관심의 대상은 자연의 풍경이 되고 그것을 하염없이 바라보다 보면 자연스럽게 시가 된다.

---

33) 우리말로 '풍경'이라 번역되는 서양어 'Landschaft'나 'landscape'는 중세 때부터 그 사용의 흔적을 보이며, 독일어의 경우에는 고고지 독일어 '란트스카프(트) lantscaf(t)'에서 유래한 것으로 알려져 있다. 이 말은 지구표면의 한 부분을 가리키는 '지대'나 '지역' 혹은 '지방'이란 뜻으로 사용되었으며, 경우에 따라서는 일정 지역의 주민을 뜻하기도 했다. 그러나 르네상스 이후로 '풍경'이란 말은 '어떤 지역의 예술적 묘사'란 의미를 획득했고 이때부터 이 단어는 주로 '자연에 대한 미적 경험'을 함축하는 용어로 사용되기 시작했다. 오늘날의 독일어에서도 '땅 Land'는 '지구표면이나 그 일부'를 가리키는 단어임에 비해 '풍경'은 '우리 내면에 영향을 미치는 땅', 달리 말해 '감정과 감각을 지닌 관조자에게 미적으로 현전하는 자연'을 가리키는 용어로 흔히 사용된다. (박민수, 「풍경과 모던의 예술」, 『카프카연구』 21, 한국카프카학회, 2009, 375쪽.)

병을 앓고 난 다음 해의 봄, 그는 다시 출근할 수 있을 정도로 몸이 회복되어 광주로 내려간다. 하지만 1996년 충북 호탄리로 거처를 옮기고 2002년에는 경기도 양평군의 문호리로 거처를 다시 옮긴다. 시인은 굳이 그 곳으로 이사한 특별한 이유가 있는 것이 아니라 다만 그곳에 물이 있고 자연이 있기 때문이라고 말한다. 물은 인간의 생명이 생겨나서 그 안에 잠겨 있다가 떠나온 인간생명의 근원이며 고향이다. 정신분석적인 면을 떠나서도 시인이 원체험기에 거주했던 공간이 온통 물로 둘러싸인 곳이었으니 시인의 이와 같은 행동양상은 아주 자연스러운 것이다.

> 내 시의 중심적 이미지는 물인 것 같다. 이 말은 내 시에 물이 자주 등장하고 있다는 뜻이 아니라 모든 시어와 시행들에 물이 빛처럼 공기처럼 스며들어 파괴와 생성의 작용을 가하고 있다는 뜻이다. 흘러가는 물, 고인 물, 맑은 물, 썰물, 호수, 강, 강심 등은 흐르는 시간과 시간의 슬픔, 그 슬플을 들여다보고 있는 사람의 모습을 담는다. (중략) 그 믿음과 회의의 싸움 속에서 상실한 것들 혹은 상처받고 아파하는 것들이 내면에서 보이지 않게 성장하여, 시간이 되고 물이 된 것 같다. 물의 흘러가는 성질때문이기도 할 것이고, 내 기억의 원초부분때문이기도 할 것이다.
>
> – 『숲이 아름다운 것은 그곳이 비어있기 때문이다』, 59쪽

근대 이전 대부분의 인간은 고향산천에서 태어나 고향에서 살고 그 곳에 묻혔다. 그런 사람들에게 고향은 그리움의 대상이고 언젠가 돌아가고 싶은 장소로 작용하기보다는 삶의 현장이었다. 이들에게도 전쟁과 유배로 인해 고향을 등져야 하는 경우가 있었다. 그러나 이것은 극히 드물고 특별한 경우이며 일시적인 현상이다. 고향을 떠나 이향 생활을 체험할 기회가 거의 없었던 사람

들에게 '고향'은 그리움이나 회귀의 대상이 되지 못한다. 따라서 근대 이전 사람들에게는 문학이나 예술장르에서 고향이 크게 부각되어 나타나지 않았으며, 그 때의 고향의 의미는 근대 이후 고향상실 체험이 일반화된 사람들이 고향에 대해 갖는 의미와 차별화된다. 인간의 고향상실의 역사적 배경에는 '근대화'가 놓여있다. 인간은 직업을 찾아 고향을 떠나 새로운 삶의 장소를 갖게 된다. 산업화는 개인 및 집단의 이익 추구를 목적으로 하므로 인간은 개인적이 되고 이기적으로 변하고 소외되게 된다. 도시화가 되면서 자연현상들과 삶의 근원지를 떠나야 했던 근대의 인간은 누구나 고향을 상실하게 된다.[34]

한편 인간 의식에서 지배적인 대표적 정서는 유년기 체험에서 형성된다고 할 수 있다. 누구에게나 어린 시절의 고향은 늘 그립고 다시 돌아가고 싶은 공간이다. 또한 유년기적 체험은 어머니의 품과 같은 것으로서 작가 의식의 지배적 관념이 된다. 그리하여 고향은 늘 넉넉하고, 아련하고, 자유롭고, 긍정적인 이미지로 환기된다. 시간적으로 늘 되돌아가고자 하는 꿈이며 유토피아이며, 본능적 공간이다. 그러한 유년기의 체험은 고향에 대한 일종의 뿌리이며, 추억찾기의 원형이 되고 어머니를 향한 인간의 본능적 욕구이기도 한 것이다.[35] 특히 최하림에게 있어 어머니 혹은 어머니의 이미지는 부채의식을 동반한 것으로 갚아야할 것, 언젠가는 돌아가야 할 곳의 의미를 지니므로 그가 '물'이 있는 공간에 이끌리는 것은 필연적인 것이다. 결국 원체험기의 경험과

34) 이정금, 「윤동주 시에 나타난 '고향의식' 고찰」, 순천대학교 교육대학원 석사학위논문, 2005, 13~15쪽.

35) 장윤호, 앞의 글, 25쪽.

어머니에 대한 부채의식, 산업화 혹은 근대화의 핵심지로서 서울에서의 삶 등이 노년의 그를 '물'가로 이끈 것이다.

바람이 맨발로 좁다란 마당을 간다

햇볕 고단한 마당을 바람이 풀 속이듯이 간다

배춧잎 듬성듬성한 남새밭으로 길을 내어

가다 말고 바람은 문득 걸음을 멈춘다

한 아이가 마당에서 오줌을 누고 있다

오줌 줄기가 분수처럼 하얗게 솟아오르고 있다

'하'하고 바람은 소리나다 말고 걸음을 돌린다

바람의 걸음은 바쁘다

아이의 머리칼도 바쁘게 바람처럼 달려간다

–「바람과 아이」 전문

한편 시인의 시선은 높고 큰 대상에서 낮고 작은, 주변의 것들로 옮겨졌다. 삶에 대한 분노와 흥분이 가신 자리는 주변의 풍경들로 채워진다. 여기서의 '바람'은 초기시의 바람과 다르다. 초기시의 '바람'은 암울한 시대상을 인식하고 민중들에게 시대의식을 일깨워주는 존재로써 시인의 의식을 대변하는 바람이었다면 위 시의 '바람'은 전혀 다른 차원으로서 의인화되어 존재하며 따스한 시각으로 존재와 풍경을 보듬는 시인의 시선을 대변한다.

그에게 세상은 이제 보는 대상이다. 그가 참여해서 뭔가를 하는 곳이 아니라 보고 보이는 그대로 서술하는 공간이다. 이제 그에게 격한 감정의 동요는 없다. 씁쓸한 현실도 노년의 그에게 더 이상 새로운 것이 아니다. 시인은 약 1970년대 말쯤 '청화'라는 이름의 스님과의 만남에서 선에 이르는 방법은, 화두라는 질문방식을 버리고 보는 방식을 택하는 것이라는 이야기를 듣는다. 보는 것은 저 먼 곳의 사물과 소리들을 느끼게 하고, 저 먼 곳을 보는 그 같은 방법은 자신을 한없이 고요하게 하고 사물을 있는 그대로 보게 한다는 것이었다. 당시에 청년이었던 그는 '본다'라는 정적인 인식 방법을 믿지 않고 질문의 방법을 통해서 자기를 찾고자 했었다고 회상하며 과연 그 길에서 무엇을 얻을 수 있었던가하고 자문한다. 하지만 이제 노년의 시인은 그 당시의 '본다'라는 방식의 의미를 이해하고 시작(詩作)의 태도로 삼는다.

> 청화스님같이 사물을 고요하게 보기 위해서는 우리 자신이 고요한 마음을 가지지 않으면 안 된다. 우리 자신에게서 선악과 미추의 갈등 요소가 극복됨으로써만이 고요하게 사물을 볼 수 있는 여건이 놓여지는 것이다. 따라서 대립과 갈등을 극복하고 사물을 고요하게 볼 수 있다면 이미 본다는 문제는 명제가 될 수없을 수도 있다. 여기서 우리는 '본다'는 사고 방식이 '나'와 '너'가 다른 존재가 아니라 동류일 때 가능하다는 것을 알 수 있으며
>
> – 『붓꽃으로 그린 시』, 113쪽

'본다'라는 방식을 통해 획득한 관조의 시선은 그와 자연을 둘이 아닌 하나로 인식하게 해 준다. 그는 세상과 분리되어 대립·갈

등하는 존재가 아니라 이제 세상과 하나가 되는 조화를 추구하게 된 것이다. 어린 시절부터 구분하여 인식하는 것보다는 조화를 좋아했던 그는 드디어 원하는 방식으로 삶을 보게 되었다.

> 우리는 누구입니까? 누구의 소유물입니까?
> 왜 아이들은 우리를 떠나 그들의 길을 저토록 바삐
> 갑니까 저는 찾아갈 집도 골짝도 없습니다
> 저는 혼자입니다
> 저는 떨고 있습니다
>
> –「길 위에서」 부분

그의 생애를 관통하며 끊임없이 따라다니는 '울음', 등단 후 초기 시세계에서도 '울음'은 그칠 줄을 몰랐다. 초기 시세계의 울음은 그가 삶에 힘겨워하며 혹은 현실에 아파하며 분노와 함께 터져 나오는 울음이었다. 하지만 지금 노년의 그가 우는 '울음'은 청년기의 울음과는 다르다. "굶주림과 어머니와 바다가 내 시의 원체험이 되어주고 있는 셈"이라고 했던 시인의 말을 떠올린다면 위 시의 '울음'은 시대상이 제거된 다시금 원체험기인 어린 시절로 돌아가 섬세하고 연약한 감성, 가난했던 가정형편 등 개인으로서의 삶에서 기인한 '울음'이다. 개인으로서의 시인 내면의 외로움이 자연 혹은 세월과 공명하여 터져 나오는 울음인 것이다. 개인으로서의 인식은 그의 타고난 성향과 그 시절의 자연을 이제 다시 시인의 삶 속에 전면으로 드러나게 한다. 처음과 끝은 맞닿아 있다는 원형적 시간관을 떠올린다면 생의 막바지에 접어든 시인에게 원체험기의 경험으로 회귀는 전혀 어색할 것이 없다. 결국 시인은 혼자이고 혼자가 될 것이다. 삶의 끝이라는 것은 경험하지 못 한 미지의 것이기 때문에 시인은 떨 수밖에 없다.

후기 시세계로 넘어오면서 시인이 개인의 삶에 관해, 작은 것들에 더 큰 관심을 갖게 되면서 주목할 만한 점은 어느 순간 나 자신마저 객관화시켜서 바라보기 시작했다는 점이다.

> 소리의 물결 속으로 방울새들이 날아오
> 르고 색색의 종달이도 오른다 소리와 시간들이 용수철
> 처럼 튀어오른다 엘란트라를 몰고 온 남녀가 팔짱을 끼
> 고 강둑을 걷는다 그들은 그들의 가슴께에서 느끼는 감
> 각으로 눈이 감긴다 한여름 강변에서는 고요가 나른하
> 게 빛살처럼 일렁인다
>
> –「강이 흐르는 것만으로도」 부분

이는 이전에는 볼 수 없었던 성격의 시인데 삶의 무게를 내려놓고 세상에서 벗어나 주변의 것들로 관심의 시선을 돌리고 '본다'라는 방식을 실천하던 시인은 어느덧 본인도 객관화하여 인식하고 자신도 하나의 주변 풍경으로 자리매김함을 볼 수 있다. 두 번째 시는 제6집에 실려 있는 것으로 제5집의 「病床일기」라는 시에서 '저녁에는 아내가 엘란트라를 몰고 온다'라는 부분에서 '엘란트라를 몰고 온 남녀'는 시인 부부임을 짐작할 수 있다. 자신을 객관화하고 풍경의 하나로 자리매김하여 형상화하는 시인의 방식은 제6집에서도 계속된다.

> 영감은 인간의 구성요소인 타자성의 발현이다. (중략) 영감과 '다른 목소리'와 '타자성'은 본질적으로 끊임없이 스스로를 발현시켜서 흐르게 하는 시간성이다. (중략) 인간은 '시간성'의 변화이고, '타자성'이 그의 고유한 존재 방식을 구성한다. 인간은 타자가 될 때, 스스로를

> 채우고 완성한다. 타자가 되면서 스스로를 회복하고, 낙원에서의 추방과 이 땅으로의 전락 이전의, 나와 '타인'사이의 분열 이전의 원초적 존재를 재정복한다.[36]

원초적 존재로서 '개인'이었던 시인은 성장함에 따라 '우리'가 되었다가 개인사를 계기로 '나'로의 침잠을 겪었으며 더 나아가 '나'인 개인을 객관화시켜 풍경의 하나로 정립시켰고 궁극에는 '타자'로 인식하기에 이른다. 생의 끝에서 드디어 스스로를 회복하고 원초적 존재를 재정복한 것이다.

한편 시인의 초기 시세계를 특징지을 수 있는 동사는 '울다'였다. 내면에서 터져나오는 '울음', 시대 상황으로 인한 '울부짖음' 등 그의 시세계를 설명하면서 빠질 수 없는 항목이었다. 그런데 후기로 오면서 시인의 시세계에서 눈에 띄는 단어의 하나는 '듣다'이다. 삶과의 대결구도에서 불리한 위치에 있었던 어린 시절과 시대와의 대결구도에서도 힘없는 개체로서의 청년시절도 이제는 지나가고 어느덧 눈높이를 낮추고 세상과 동화되어 가는 시인에게 울음은 더 이상 주된 행동양식이 아니다. 그는 주변의 작은 것들에 관심을 가지고 차분한 시선으로 관찰하며 마음을 가라앉히고 내가 대상과 하나가 되는 순간을 지향한다. 그리고 이제 시인은 온갖 사물의 소리를 들을 수 있게 된다.

> 많은 길을 걸어 고향집 마루에 오른다
> 귀에 익은 어머님 말씀은 들리지 않고
> 공기는 썰렁하고 뒤곁에서는 치운 바람이 돈다
> 나는 마루에 벌렁 드러눕는다 이내 그런

36) 옥타비오 파스, 『활과 리라』, 김홍근 외 옮김, 솔, 2001, 235~236쪽.

내가 눈물겨워진다 종내는 이렇게 홀로
누울 수밖에 없다는 말 때문이
아니라 마룻바닥에 감도는 처연한 고요
때문이다 마침내 나는 고요에 이르렀구나
한달도 나무들도 오늘 내 고요를
결코 풀어주지는 못하리라

—「집으로 가는 길」 전문

죽음의 가능성을 경험하고 시인은 침묵하는 법을 배웠다. 시인은 나라는 존재에 관해, 인간이라는 존재의 유한성에까지 생각이 이르면 깊은 고독에 몸서리친다. 삶의 끝자락에 떠오르는 것은 다시 어린 시절이며 돌아가신 어머니이고 결국은 혼자일 수밖에 없다는 사실에 눈물을 머금는다. 그 무엇도 지금 내 곁의 이 고요함을 해결해 주지는 못한다. 시인의 내적 갈등은 제5집의 마지막에 실려 있는 「겨울 어느 날」이라는 시에서 급기야는 "나는 시쓰기를 멈춘다(나는 아주 시쓰기를 멈추고 싶다)"라는 표현까지 하게 만든다.

물 흐르는 소리를 따라 넓고 넓은 들을 돌아다니는
가을날에는 요란하게 반응하며 소리하지 않는 것이
없다
예컨대 조심스럽게 옮기는 걸음걸이에도
메뚜기들은 떼지어 날아오르고 벌레들이 울고
마른 풀들이 놀래어 소리한다 소리들은 연쇄 반응을
일으키며 시간 속으로 흘러간다 저만큼 나는
걸음을 멈추고 오던 길을 돌아본다 멀리
사과밭에서는 사과 떨어지는 소리 후두둑 후두둑 하고
붉은 황혼이 성큼성큼 내려오는 소리도 들린다.

—「가을날에는」 전문

침묵을 배우고 고요 속에 자리 잡는 방식을 내재화한 시인에게 강하게 작용하는 감각이 소리일 것이라는 점은 자명하다. 그는 침묵을 배우면서 홀로라는 생각에 힘들기도 했지만 고요 속에서 시인은 자연의 소리에 눈뜬다. 가만히 눈을 감고 있으면 들리는 다채로운 자연의 소리들 속에서 시인은 여유를 찾아 간다. 어린 시절부터 숱하게 봐왔던 "붉은 황혼"도 이제는 눈으로 보지 않아도 그 모습을 충분히 상상할 수 있다. 그러니 "붉은 황혼이 성큼 성큼 내려오는 소리"도 이제는 보지 않고 들을 수 있는 것이다.

시인은 내적인 감정의 동요에서 벗어나 주변을, 자연의 소리를 있는 그대로 들을 수 있게 되면서 더 이상 생각은 하지 않으려 노력한다. 그저 자연의 소리에 귀 기울이고 순리에 따라서 느끼고 받아들이면 그것이 시가 된다. 시인의 시세계를 거칠게 둘로 나눴을 때 과도기를 지나 후기로 오면서 그의 시세계가 보여주는 특성을 가장 잘 보여주는 단어가 '듣다'가 되는 것이다. 시인에게 세상은 더 이상 갈등하는 대상도, 질문의 대상도 아니다. 이제는 세상과 하나가 되고 그 속에 작은 부분으로 자연스럽게 녹아내리고 언젠가는 없어질 것이다.

새들이 떠올랐다가 사라지고

산 아래 나무들이 느릿느릿 가지를 흔든다

세상 모든 것들 길 가다 말고 멈춰 서서

돌아보는 시간은 멀고 희미할 뿐

검은 산도 물그림자도 저물녘에는 징검다리를 소리없이 건너고

줄기 붉은 수초들이 고개 숙이고서 어스름 속으로 들어간다

– 「어디선지 한 소리가」 전문

이제 시인은 "눈물 흘리지 않아도 고요에 이를 수 있"(「바람이 이는지」)고 "옷 벗고 살 벗고 생각들도 벗어"(「억새풀들이 그들이 소리로」)버릴 수 있다. 종국에는 이 소리마저 사라진다. 인간사의 모든 감정은 증발하고 오직 풍경만 남는다. 세상은 "무통의 적막"(「갈마동에 가자고 아내가 말한다」)뿐인 것이다. 이러한 그의 후기 시세계의 모습은 '침묵'과 거기에서 연유하는 아름다움으로 정리할 수 있다.

경계(境界)가 증발한 세계

본고는 유·소년기를 전남에서 보낸 시인 최하림(1939~2010)의 시세계 전체상을 생애 및 사회적·역사적 환경과의 관련성에 주목하여 정리하였다. 이를 위해 먼저 시세계의 원형을 이루고 있는 유·소년기의 체험을 살펴보았다. 다음으로 등단을 기점으로 전개된 시인으로서의 삶과 시세계는 청·장년기와 중·노년기로 나누어 살펴보았는데 그 이유는 1990년대가 갖는 상징적 성격과 뇌졸중이라는 개인적 원인이 그의 시세계 변화와 맞물리는 접점이라고 보았기 때문이다.

최하림 시세계의 근저를 이루는 원체험은 아버지의 죽음과 어머니에 대한 부채의식에 연결되어 있었다. 이른 나이에 겪은 아

버지의 죽음은 권위에 억압당하지 않는 사상적 자유를 길러주었고 동시에 내재적 원리의 부재로 인한 "서성거림"의 태도를 지니게 하였다. 이는 시인의 섬세한 감성과 만나 그의 문학 저변에 끊임없이 등장하는 울음의 원체험이 되었다. 한편 장남으로서의 책임을 등지고 문학으로의 삶을 택한 시인은 자신을 대신해서 가족의 생계를 책임져야 했던 어머니에 대한 부채의식을 갖게 되었다. 이는 그의 후기 시세계에 드러난 자연에의 경도를 근원으로의 회귀라는 인간의 보편적 특성만이 아닌 부채의식이 내포한 부채청산의 욕망이 작동한 것으로 볼 수 있게 하는 근본정서라고 할 수 있다.

등단 초기에 최하림이 보여주었던 관념성이나 난해함은 청년 문사시절에 보인 발레리에 대한 심취에서 그 단편을 엿볼 수 있는데 그를 매료시켰던 발레리가 오히려 그의 시세계를 변화시키고 고유의 시학을 찾도록 이끄는 반면교사가 되었다. 최하림은 발레리에 대한 역반응과 도스또예프스키의 「악령」과 같은 작품을 통해 현실에 대응하는 태도를 구축하는 계기를 마련하였으며 민중으로서의 삶에 대해 자각하였다. 그의 제1·2·3집은 '우리', '울다'라는 단어로 집약되며 민중의 삶에 주목하고 현실의 부당함에 반항하는 내면을 그려내는 데 힘썼다.

1990년대라는 상징적 시기를 지나오고 50대에 접어든 시인은 뇌졸중의 경험을 통해 시세계에 새로운 차원을 도입하였다. 시인의 시선은 낮고 작은 것으로 향했고 풍경으로 채워졌다. 이향(離鄕)은 근대적 현상이고 근대인이 돌아가고자 하는 고향은 자연의 다른 말과 같다. 그가 후기 시세계에서 찾은 풍경(자연 혹은 물)은 고향으로의 회귀이자 어머니에 대한 부채의식의 귀결이었다. 나마저도 타자화한 시인의 후기 시세계는 '본다'와 '듣다'로 집약할 수 있는 고요와 조화의 세계였다.

근현대사를 온몸으로 살아낸 시인 최하림은 시대적 상황에 함몰되지도 시대적 상황과 절연하지도 않고 고유한 시세계를 구축하였다. 최하림의 시세계가 지닌 균형감, 삶과 사람에 대한 섬세한 감각과 꾸준한 관심은 그의 시를 끊임없이 '지금-여기'에 존재하도록 하는 동인이다. 또한 그의 시세계는 어느 쪽에도 치우지지 않는 균형감을 유지하려는 시적 고투를 넘어 구별 자체를 초월한 몰입과 융화의 경지를 이루었다. 본고는 최하림의 광대한 시세계를 읽어내기 위한 하나의 시도에 불과하며 지금도 최하림 시세계의 외연은 그 지평을 넓히고 있다.

출전 김미미, 「최하림 시세계 연구」, 전남대학교 석사학위논문, 2011.

참고문헌

❑ 기초 자료

• 시집

최하림, 『우리들을 위하여』, 창작과 비평사, 1976.
______, 『작은 마을에서』, 문학과 지성사, 1982.
______, 『겨울깊은 물소리』, 열음사, 1987.
______, 『겨울깊은 물소리』, 문학동네, 1999.(개정판)
______, 『속이 보이는 심연으로』, 문학과 지성사, 1991.
______, 『굴참나무숲에서 아이들이 온다』, 문학과 지성사, 1998.
______, 『풍경 뒤의 풍경』, 문학과 지성사, 2001.
______, 『때로는 네가 보이지 않는다』, 랜덤하우스, 2005.
______, 『최하림 시 전집』, 문학과 지성사, 2010.

• 시선집

염무웅·이시영 편, 『(13인신작시집)우리들의 그리움은』, 창작과 비평사, 1981.
최하림 편, 『목요시』, 실천문학사, 1983.
최하림, 『(판화시선집)겨울꽃』, 풀빛, 1985.
______, 『침묵의 빛』, 문학사상사, 1988.
______, 『사랑의 변주곡』, 문학세계사, 1990.
______, 『햇볕 사이로 한 의자가』, 생각의 나무, 2006.

• 시론집·평전

최하림, 『시와 부정의 정신』, 문학과 지성사, 1984.
______, 『김수영 평전-자유인의 초상』, 문학세계사, 1981.
______, 『김수영 평전』, 실천문학사, 2001.(개정판)

• 산문집

최하림, 『붓꽃으로 그린 시』, 문학사상사, 1988.

______, 『숲이 아름다운 것은 그곳이 비어 있기 때문이다』, 문학세계사, 1992.

______, 『(문단기행)시인들의 무도회』, 진화, 1992.

______, 『우리가 죽고 죽은 다음 누가 우리를 사랑해 줄 것 인가』, 열린세상, 1993.

______, 『시인을 찾아서: 최하림 문학산책』, 프레스 21, 1999.

______, 『멀리 보이는 마을』, 작가, 2002.

______, 『최하림의 러시아 예술 기행』, 랜덤하우스, 2010.

최하림 편, 『(미술산문집)한국인의 멋』, 지식산업사, 1974.

❑ 소논문 및 단행본

강소연, 『1960년대 사회와 비평문학의 모더니티』, 역락, 2006.

김광일·최하림, 「(대담)풍경 속에 녹아 있는 시인의 눈」, 『문화저널 21』, 2009.3.9.

김미미, 「최하림 시세계가 담지한 도덕성의 기원에 관한 고찰」, 『한국지역문학연구』 13, 한국지역문학회, 2018.

김상태, 「작가 연구의 필요성과 공적 서술을 통한 연구의 한 방향」, 『이화어문논집』 9, 이화어문학회, 1987.

김성남, 「국어 인칭대명사의 역사적 연구」, 동의대학교 석사학위논문, 2006.

김제욱, 「최하림 시의 이미지 연구」, 고려대학교 석사학위논문, 2005.

김준오, 『시론』, 삼지원, 2004.

김준오, 『현대시와 장르비평』, 문학과 지성사, 2009.

박민수, 「풍경과 모던의 예술」, 『카프카연구』 21, 한국카프카학회, 2009.

유지현, 「서정주 시의 공간 상상력 연구 - 『화사집』에서 『질마재 신화』까지」, 고려대학교 박사학위논문, 1997.

이숭원, 「산업화 시대의 시(1972년~1979년)」, 『한국현대시사』, 민음사, 2007.

이정금, 「윤동주 시에 나타난 '고향의식' 고찰」, 순천대학교 교육대학원 석사학위논문, 2005.

이희중, 「시, 이길 수 없는 긴 싸움의 기록」, 『기억의 풍경』, 월인, 2003.

임영광, 「1970년대 민족문학 담론 연구」, 계명대학교 석사학위논문, 2005.
장윤호, 「소설에 나타나는 고향 탐색 모티프 양상 연구」, 동덕여자대학교 박사학위논문, 2004.
정현기, 『한국소설의 이론』, 솔, 1997.
딜런 에반스, 『라깡 정신분석 사전』, 김종주 외 옮김, 인간사랑, 1998.
알베르 까뮈, 『반항자』, 유기환 옮김, 한마당, 1987.
옥타비오 파스, 『활과 리라』, 김홍근 외 옮김, 솔, 2001.
카를 융, 『무의식 분석』, 설영환 옮김, 선영사, 2001.
프로이트, 『정신분석학의 근본개념』, 윤찬부 옮김, 열린책들, 2004.
필리프 쥘리앵, 『노아의 외투』, 홍준기 옮김, 한길사, 2000.

식민지 지식인 임학수의 전향 논리

김 혜 미

위치짓기의 민족문학사

우리나라 근대문학사에서 1940년대는 일제의 어문학탄압정책의 심화로 인해 조선문학의 자유가 전면적으로 박탈당했다는 점에서 통칭 '암흑기'로 불린다. 그런데 실상, '암흑기'라는 용어는 해방 이후 국내 문단의 비평계를 주도한 백철에게서 선구적으로 사용되었다. 국민문학 즉, 일본의 정신을 실천적으로 수용할 것을 강조하며 왕성한 활동을 했던 그가 "1941년 말부터 1945년까지의 약 5년간은 조선신문학사상에 있어서 수치에 찬 암흑기"[1]로 명명했음은 의미심장하다. 자신의 행적을 어쩔 수 없었던 식민지 개인의 행적으로 축소시켜 묻어두고자 한 의도가 다분하기 때문

1) 백철, 『조선신문학사조사』, 백양사, 1947, 398쪽.

이다. 문제는 이러한 백철의 진술을 필두로, 1940년대는 '암흑기'라는 명칭이 반복적, 암묵적으로 이어져 문학사에 있어서 일종의 '공백기'로 봉인[2]되어 왔다는 점에 있다.

행여나 1940년대의 '암흑기'를 전면적으로 다루는 경우, 당대의 문학인들은 이분법적 도식 양쪽에 위태롭게 위치 지어진다. 즉, '친일'과 '민족'이라는 두 개념 사이에 반동(反動)하여 민족문학사에 위치짓기 된 이들은, 크게 일제의 부름에 응답한 반민족적 친일문학과 순수·서정 혹은 지조와 절개의 민족 문학으로 이분되어 서술된다. 이는 문학사 서술을 개별 작품을 분류하여 시간 속에서 마치 그것들이 유적(類的) 정체성을 지닌 듯이 묘사하는 작업이라고 한다면, 근대정신사에서 문학사 서술은 제도적 담론 혹은 무의식적 차원에서 일종의 민족문학사 쓰기의 과정이었다는 점에 기인할 것이다. 모든 문학작품을 '민족'을 표방하는 구성물로 인식, '소생-육성-발전'이라는 통시적 서사로 체계화하고 총체화하는 '민족'의 '문학사'는 민족주의 욕망에 의해 민족이 서사화됨으로써 민족이 탄생되는 과정[3]을 보여준다. 민족을 전면으로 내세우며 자리매김하기 위해 '친일'이라는 타자를 상정하는 구도의 효과는 그간 1940년대를 그려내는 문학사 서술의 반복과 견고함으로 충분히 입증된 듯하다.

그런데 여기, 민족문학사의 서술의 연장선상에서 '친일'과 '민

---

2) '암흑기' 문학의 탄생과 그 흐름을 추적하는 자세한 내용은 정종현, 『동양론과 식민지 조선문학』, 창비, 2011, 16~20쪽. 참조.

3) 문학사에서 모든 국문학 현상은 자연적 실체 그대로 제시되는 것이 아니라 사관 혹은 이데올로기로서의 민족주의의 매개를 통해 조정되고 배치되어 제시된다. 문학사 서술뿐만 아니라 민족문학사에 대한 자세한 설명은 임성운, 『문학사의 이론』, 소명출판, 2012, 255~268쪽. 참조.

족'이라는 이분법적 도식에서조차 포함되지 못했던 당대의 문인이 있다. 식민지 최초로 『전선시집』(1939)을 간행[4]한 임학수(1911~1982)이다. 그는 해방 이후, 시단을 통틀어 대표적인 친일문학가로 규정되었을 뿐만 아니라 6·25 중 납북되었다는 이유로, '친일'과 '납북'의 기표 속에 떠돌았을 뿐 문학사 어느 한 편에도 정식으로 기록되지 못했다. 1988년 납·월북 작가들의 해금 이후, 그에 대한 논의의 장이 열리긴 했으나 연구 성과는 여전히 미약한 실정이다.

전기적 사실에 비롯하여 임학수의 시 세계를 살핀 연구[5]를 참고하면, 그는 본래 서구 낭만주의의 영향을 받았던 시인으로 『전선시집』의 간행 전까지 낭만적 서정시, 기행시 등의 시적 경향을 보여준다. 당대 시인을 대표하는 입장에서 돌연 황군위문작가단으로서 시찰 후 『전선시집』의 간행은 해명되기 어려운 행적이다. 뿐만 아니라 해방 이후, 좌익 성향의 문단인 조선문학건설본부에 가담하는 등, 임학수는 비교적 짧은 기간 동안 행적과 맞물린 시적 경향이 급변한다.

그 때문에 임학수에 관한 기존 연구는 (1) 전기적 사실에 따라 작품 경향을 나누고 미적 성취를 살피는 경우[6], (2)친 일행적을

4) 이광수는 『전선시집』의 서문에서 다음과 같이 서술하고 있다. "……조선인시집으로 된 최초의 사변제재시(事變題材)라는 것이다. 김동인, 박영희 양씨의 작품이 나오면 지나사변(支那事變)에 관한 조선문인의 최초의 전쟁문학의 삼부작이 되는 것이다. 또 이 작품들은 동시에 직접으로 국민감정 담은 최초의 조선문학이라고도 할 수 있을 것이다." 임학수, 『전선시집』, 인문사, 1939, 5쪽.

5) 김헌미, 「임학수의 시세계」, 건국대 석사학위논문, 1992; 임용운, 「임학수의 시세계 연구」, 목포대 석사학위논문, 1997.

6) 허근, 「임학수의 삶과 문학-자료발굴과 직접취재를 바탕으로」, 『임학수 시 전집』, 아세아, 2002, 369~390쪽; 김광현, 「시인 임학수의 삶과 문학」,

해명하기 위한 『전선시집』 연구로 나눌 수 있다. 전자의 경우, '식민지 지식인'으로서 임학수의 복잡한 행적을 해명하지 못함은 당연하다. 그의 친일 행적은 내면의 유약한 성정 탓으로 요약되거나 논외로 연구 대상에서 제외된다. 후자의 경우, 그의 행적을 본래 지닌 내면의식의 연장선상에서 해석하려는 시도7)와 친일문학임을 인정하고 그 의도를 밝히고자 하는 연구8)로 세분할 수 있다. 이 중에는 전봉관의 논의에 주목할 만하다. 당대 일본 제국이 마련한 이데올로기를 분유(分有)하고 있었던 식민지 지식인의 모습을 '전선기행'을 통해 부분적으로 다루는 연구 성과9)는 있어왔으나 전면적으로 임학수의 『전선시집』을 다루며 그 행적을 해명하는 결과물로서는 거의 유일하기 때문이다. 어찌됐든 양적으로만 보더라도 임학수에 관한 기존 연구는 다소간 미흡한 실정임을 알 수 있다.

앤더슨(B. Anderson)의 '민족'이 '상상의 공동체'10)이듯이 '암흑

『남도문화연구』 제11집, 순천대학교 남도문화연구, 2005; 이명찬, 「'아름다움'에 이르려는 방황 : 임학수론」, 『한국근대문학연구』 제24호, 한국근대문학회, 2011.

7) 김승구, 「식민지 지식인의 제국 여행-임학수」, 『국제어문』 제43집, 국제어문학회, 2008; 박호영, 「임학수의 기행시에 나타난 내면의식」, 『한국시학연구』 제21호, 한국시학연구, 2008.

8) 전봉관, 「황군위문작가단의 북중국 전선 시찰과 임학수의 『전선시집』」, 『어문론총』 제42호, 한국문학언어학회, 2005.

9) 정선태, 「총력전 시기 전쟁문학론과 종군문학-『보리와 병정』과 『전선기행』을 중심으로」, 『동양정치사상사』 제5권 2호, 한국동양정치사상사학회, 2005; 구광모, 「'친일반민족문학'에 대한 연구-친일시를 중심으로」, 고려대 박사학위논문, 2013, 336~337쪽; 정종현, 같은 책, 145~158쪽.

10) 앤더슨은 '민족'을 왕조국가가 쇠퇴하고 자본주의가 발달하는 시기에 나타나는 구성된, 일종의 문화적 조형물로 이해한다. 이 '상상의 공동체'는 특정한 시기 사람들의 경험을 통해 구성되고 의미가 부여된 역사적 공동체로서 역사적·문화적 구성물인 것이다. B. 앤더슨, 『상상의 공동체』, 윤

기' 문학은 '민족' 문학사를 서술하는 과정에서 집단의 연속성과 동질성을 유지하고 확인하기 위한 하나의 방편일지도 모른다. 민족과 반민족이라는 이항대립 위에서 전개되는 문학사적 논의로는 식민지 조선의 지식인들의 복잡한 모습들-특히나 임학수의 행적과 문학적 형상화-을 포착해낼 수 없다. 일제 치하의 격동기를 삶과 함께 한 모습을 여실히 보여준 식민지 지식인임에도 불구하고 민족문학사 서술 속에서 매몰된 임학수를 재조명할 필요는 여기에 있다. 일제 제국주의 논리에 동화될 수밖에 없었던 식민지인의 모습을 포착하는 것은 '암흑기'로 봉인되어 왔던, 혹은 이분법적 문학사의 논리로 단순하게 설명되어 왔던 위치짓기에서 벗어나 1940년대 식민지 문학을 본질적으로 이해하는 길이다. 즉, 불안한 시대상을 시인을 통해 바라볼 수 있는 지점이 될 것이다.

그러나 본 연구가 임학수의 친일적 행적을 부정하거나, 『전선문학』에 대한 변명을 행하는 것은 아니다. 민족문학과 반민족문학으로 이분하여 이해하는 문학사적 접근이 식민지 시기 문학의 복잡다기한 모습들을 포착하지 못하고 단지 포섭과 배제로서 기술하는 데 드러난 문제점을 보여주는 것임을 앞서 밝혔다. 그렇다면, 식민지 지식인으로서 임학수가 제국 이데올로기에 동화되어 분열할 수밖에 없었던 심층을 보여주는 것은 시대를 반영하는 시인의 모습을 기반으로 그에 관한 정당한 문학사적 관심을 재고하려는 기본적인 시도임을 밝히는 바이다.

형숙 옮김, 나남, 2007.

식민지 지식인의 내면

임종국은 『친일문학론』에서 '반도민중을 총력전에 동원함으로써 생명과 재산을 위협한 점, 조선어를 박해함으로써 식민지 문화일망정 그 정상한 발전을 저해한 점, 민족정기를 흐리게 함으로써 역사에 오점을 남긴 점, 사대주의의 폐풍을 계승하여 역사상 최고로 난숙한 사대주의 문화를 건설한 점, 반도황민화운동에 동조했다는 것은 반민·매국적인 것'으로 친일의 죄악을 묻는다. 그런데, 반대로 친일문학이 '(1) 국가주의 문학이론을 통해 문학에 국가 관념을 도입하고, (2) 동양에의 복귀를 주장하며 동양 고유한 이데올로기의 발견을 모색했으며, (3) 자유주의적 서구문명에 비판을 가하면서 문학을 대중화'하려 했다[11]는 점에서 주목할 부분 또한 있음을 이야기한다.

한편, 2005년에 발족한 '대통령 소속 친일반민족 행위 진상규명위원회'에서는 2009년 말, 문학 분야에 있어서 '친일반민족행위자'로 31명을 판정[12]했다. 그러나 구광모는 친일반민족행위자로 판명된 친일 문인들 대부분의 작품에서 '친일적인 요소'와 '친민족적인 전략'이 동시에 드러남을 밝히고 있다. "친일 문인들은 태

11) 임종국, 이건제 교주, 『친일문학론』, 민연, 2013, 508쪽. 참조.

12) '친일반민족행위자'로 판정된 31명은 다음과 같다. 김기진, 김동인, 김동환, 김문집, 김억, 김용제, 김종한, 노천명, 모윤숙, 박영희, 백세철, 서정주, 유진오, 윤두헌, 이광수, 이무영, 이석훈, 이찬, 임학수, 장덕조, 장은중, 정비석, 정인섭, 정인택, 조용만, 조우식, 주영섭, 주요한, 채만식, 최재서, 최정희. 친일반민족행위 진상규명위원회, 『친일반민족행위진상규명보고서』 Ⅱ, 친일반민족행위진상규명위원회, 2009, 203~204쪽.

평양전쟁이 조선민족에게 대운(大運)의 기회가 될 것으로 기대했으며 그것이 바로 집단적인 비전과 목표를 이룸으로써 일제의 조급한 국민통합정책과 전쟁동원 공작에 반응하는 대응전략으로 작품에 용해"[13]되었다는 것이 그의 분석이다.

임종국이 조심스럽게 언급한 친일문학의 성과, 구광모가 연구한 친일문인들이 보여준 양가성은 '친일문학'에 대한 단순한 접근을 재고한다. 뿐만 아니라 최근 일련의 연구[14]는 식민지 제국의 시대를 살다간 지식인들에게 흔히 '동양론'으로 지칭되는 일본 제국주의의 논리가 식민지인의 주체구성과 복잡하게 맞물려 문학적으로 어떻게 형상화되었는지 밝혀내고 있다. 이는 적어도, 제국주의 이데올로기와 공존한 식민지 지식인의 내면과 행적을 이분법으로 절단해 낼 수 있는 문제가 아님을 시사한다. 그렇기 때문에 임학수의 행적은 다시 해석되어야 할 당위가 있다. 이어 살피겠지만, '친일' 행적으로 단순한 이해를 도모하기에는 임학수가 민족과 조선에 대한 성찰을 보여주면서도 시국 정책에 영합하는 모습을 아울러 설명할 수 없기 때문이다. 그가 보여주는 균열을 설명하기 위해서는 혼란스러웠던 시기, 식민지 조선인의 내면을 살펴야만 한다.

임학수는 1926년 경성 제1고등보통학교를 졸업하고 또 다시 진학을 앞뒀을 때, "법과는 일본 사람에게 굽신거리기 싫어 가기

13) 구광모, 같은 글, 360쪽.

14) 김철 외, 『문학속의 파시즘』, 삼인, 2001; 김예림, 『1930년대 후반 근대 인식의 틀과 미의식』, 소명출판, 2004; 윤해동 외, 『근대를 다시 읽는다』 1·2, 역사비평사, 2008; 차승기, 『반근대적 상상력의 임계들』, 푸른역사, 2009; 정종현, 같은 책; 천정환 외, 『문학사 이후의 문학사』, 푸른역사, 2013.

싫고, 의과는 붕어 배도 못따니 못가고 문과에 가겠다"[15]며 경성 제국대학 법문학부 영문과에 입학한다. 재학 중 그는 주로 바이런(B. Bvron), 셸리(P. B. Shelley), 키츠(J. Keats) 등 영국 낭만주의 시인들에 관심을 보이는데, 당시 학풍이 영국 낭만주의의 자장 안에 있었음에 기인하는 듯하다. 제도학문의 틀에서 형성된 낭만주의에 대한 그의 관심[16]은 이후까지 지속되면서 시 세계 전반에 지대한 영향을 끼친다.

그는 1931년부터 시를 쓰기 시작해 『동아일보』에 「우울」, 「여름의 일순」을 발표하고, 『신생』에 「봄달」, 「피리 흘러오는 밤에」 등을 싣는 1932년부터 본격적인 창작활동을 시작한다. 이후 『전선시집』 간행 전까지는 낭만적 서정시의 경향을 비교적 유지하는 듯 보인다. 이에 임학수의 초기 시작들은 흔히, 1930년대 식민지 조선이라는 현실과 거리를 두고 그 이상의 어떤 지향점이 있는 것으로 해석되어 왔다. 일례로 김용직만 하더라도 임학수가 민족, 전통, 고적, 풍정(風情)에 관심을 갖는 것이 낭만파 기질의 의식이 확대된 결과이며, 그러한 시각에서 초기 시편들을 이해해야 한다[17]고 언급한다.

그러나 이 시기 『석류』(1937), 『팔도풍물시집』(1938)을 단순히 낭만파 기질의 연장선에서 설명하기에는 간과되는 점들이 많다.

---

15) 임채문, 「나의 아버지 임학수」, 『문예운동』 제87호, 문예운동사, 2005, 29쪽.

16) 임학수가 재학하던 당시 경성제국대학 영문과의 학풍은 영국낭만주의 중심이었다. 당시 학과장이자 시인이었던 사또 기요시(佐藤勝)의 전공이 영국 낭만파 시었으며, 그의 강의나 연구 역시 바이런, 셸리, 키츠 등에 관한 것이고 그의 영향을 받은 임학수의 졸업 논문 역시 셸리의 시 「해방된 프로메테우스」였다.

17) 김용직, 『한국현대시사』 2, 한국문연, 1996, 127쪽. 참조.

"강자의 전체주의적 지배 논리를 심정적으로 완벽하게 받아들여 '약자'의 생존 논리로 삼은 것"[18]과 같이 제국주의의 지배 이데올로기를 내면화한 식민지 조선인의 모습을 드러내기 때문이다. 윤해동이 제국주의 인식에는 폭넓은 '회색지대'가 존재함을 이야기하는 것은 이러한 문제 인식과 유사하다. "제국주의의 식민 지배는 제국주의 지배자의 일방통행적 지배가 아니라, 식민지민과의 상호작용에 의해 유지"[19]되었던 것이다. 다시 말해, 친일과 저항이라는 이분법적 이해에서 넘어서 제국주의 담론을 식민지인이 어떻게 수용하는가를 살피고 그것이 문학적으로 어떻게 형상화되었는가의 측면에서 『석류』와 『팔도풍물시집』을 확인할 필요가 있다.

서구 낭만주의에 경도[20]되어 있었던 임학수에게 서구 근대는 일종의 전범(典範)과 같았다. 역설적이게도, 제국주의 담론의 현실적 피해자인 식민지인으로서 되려 문명화되겠다는 식으로 서구의 식민지 정당화의 논리를 내면화하는 모습은 자기 식민화를 통한 미래 전유[21]의 모습으로까지 나타난다. 임학수를 비롯한 당대

---

18) 김예림, 「근대적 미와 전체주의」, 『문학속의 파시즘』, 167쪽.

19) 윤해동, 「식민지 인식의 '회색지대'-일제하 '공공성'과 '규율권력'」, 『근대를 다시 읽는다』 1, 39~40쪽.

20) 임학수는 영시가 여타의 시에 비해서 가장 우월한 것이며 그 우월성의 기반으로 정치체제상의 민주주의를 거론한다. 김승구, 같은 글, 185쪽. 참조.

21) '남과 같이(문명화)'되는 것은 식민지 근대화의 길에 뿌리 깊게 남아 있는 자기 식민화를 통한 미래 전유 방식이었다. 비록 실제 대상 지배를 통해 '보편적 주체'를 실현시킬 수 없다 할지라도, 내적인 자기 식민지를 구성함으로써 '보편적 주체'를 참칭할 수 있었다. 개척될 '야만'의 미래를 전망하는 현실적인 제국의 시선이 '문명'의 미래를 앞당기고자 하는 식민지의 시선으로 전도되었다 할지라도 시간을 초월한 특권적 위치에서 바라보는 주체의 자리는 살아남는다. 이러한 주체-대상 구조에서 미래

지식인들은 '서구적=근대적=자본주의적' 가치와 이데올로기를 제도권 내에서 분유했던 것이다. 그러던 중 1930년대, 대공황에 비롯된 서구 내에서의 위기 선언과 이어지는 국내의 '위기 국면'[22]은 조선의 지식인들로 하여금 장악하거나 지배 불가능의 상태로 불안과 위기를 목도하게 만들었다.

그것은 곧 서구의 논리를 내면화하던 '보편적 주체'[23]의 붕괴를 의미했다. 식민지인으로서 서구 근대의 논리를 통해 '주체'를 구성하던 이들에게 '근대적 가치'의 위기 및 붕괴는 나아갈 방향을 잃은 내면의 혼란과 다름없었다. 이때, 제국 일본은 '일본(동양) 회귀'를 통해 '일본적인 것(동양적인 것)'이라는 '전통'을 창안한다. 동시에 자신(일본 및 동양)을 서구의 근대 일반에 대항하는 동일자로 구축하는 다양한 형태의 반서구 담론[24]을 전면적으로 내세운다. 서구의 위기론의 대안으로 등장한 일본의 '동양론'은 그렇게 식민지 조선인들에게도 새로운 주체 가능성을 제공하게 된다. 더불어 일본이 내세운 중일전쟁의 명분은 '동아의 영원한 평화'를 위한 일지(日支) 양국(兩國) 친선과 제휴, 나아가 일만지(日滿支)

와 서양은 식민지에서 줄곧 특권적인 시간과 공간으로 기능한다. 차승기, 같은 책, 89쪽 참조.

22) 서구의 위기는 '근대화', '문명화'되고자 했던 식민지 조선 그리고 제국 일본에 일종의 위기국면이었다. 이는 신간회 해체, 카프 해산, 제국주의의 팽창 및 '동아협동체', '대동아공영권' 등의 사건으로 이어진다.

23) 객체로부터 거리를 둔 채 개념을 수단으로 그 거리를 메우고 대상을 소유함으로써 시간적이고 공간적인 대상 세계를 총체적으로 조망하는 형식 속에서 산출된 것이 '보편적 주체'였다. 그러한 점에서, 그 대상 세계가 총제적인 질서나 원리에 의해 파악될 수 없는 낯선 객체로 닥쳐올 때, 근대적 주체는 필연적으로 위기를 겪는다. (...) 스스로 세계를 구성한다고 하는 근대적 주체의 자기 표상이 그 허구성을 드러낼 때 주체는 더 이상 보편성을 담지할 수 없게 된다. 차승기, 같은 책, 90쪽.

24) 정종현, 같은 책, 44쪽. 참조.

삼국(三國)의 융화와 제휴에 바탕을 둔 '세계평화'의 확립이었다. 코노에 내각[25]에서 외무상을 지낸 아리타 하치로(有田八郞)는 '(1) 대동아공영권의 이상은 일본 조국(肇國)의 대정신이다. (2) 대동아공영권의 실현 방법은 지리적, 인종적, 문화적, 경제적으로 밀접한 제민족의 공존공영이며 이 공존공영권은 세계사와의 연관 속에서 건설되어야 한다. (3) 대동아공연권의 건설은 동아신질서의 정신에 기초하는 것이며 따라서 그것은 동아신질서의 발전 형태'[26]임을 선언한다.

전시체제로 인해 정치·사상의 억압이 심화된 상태에서 조선의 독립이나 사회주의적 실천은 현실적으로 불가능한 것이었다. 식민지 조선인들이 일본의 지배 욕망을 내포한 동아시아 공동체의 미래기획 구상에 적극적으로 반응할 수 있었던 데에는 코노에 내각의 논의와 행보가 일종의 '혁신정책의 표방'으로서 새로운 기대로 일본의 국책을 받아들일 가능성을 제공했기 때문[27]이다. 심층에는 제국주의 일본의 세력 확장의 욕망을 담고 있는 선언이지만, 만주·중국뿐만 아니라 식민지 조선과 일본 모두가 서구 근대에 대항하는 동일자로 '공존공영'할 수 있다는 논리는 조선의 지식인들에게 매혹적인 것이었다. 즉, 동양의 모두가 함께 잘 살 수 있다는 논리는 이루어지기만 한다면 지금의 현실을 타개할 둘도 없

25) '동양의 통일'과 중일전쟁의 세계사적 과제의 대답으로 제시된 '동아협동체'론은 코노에 내각의 동아신질서 구상의 근간을 이룬다. 보다 자세한 코노에 내각과 동아시아 공동체의 미래기획 구상에 관해서는 상허학회, 『한국현대문학의 정치적 내면화』, 깊은샘, 2007, 264~265쪽. 참조.

26) 大渡順三, 『신체제독본』, 기원사, 1940, 19~24쪽.(정선태, 같은 글, 132쪽. 재인용.)

27) 상허학회, 같은 책, 266쪽. 참조.

는 수단인 것이다. 이러한 제국주의 논리는 식민지 조선인의 삶을 전적으로 지배하는 일종의 규범으로 자리잡는다. 1940년대 식민지 문인들의 친일 전향의 내적 논리는 이와 같은 일제의 논리에 포섭되는 과정 안에 있다.

일제가 선전한 '동양론'은 식민지 조선인에게 더불어 '근대성의 가치전도'로 새로운 의식과 인식적 장을 형성하게끔 만들었다. 그런데, 가치 전반을 근본적으로 회의하는 것이 아니라 기존 가치의 위계를 전도시킨 채로 근대적 이분법들을 재생하게 된다. 그동안 '서구 근대'에 밀려 억압되어왔거나 대상으로 전락되어왔던 것들이 동등한 권리를 주장하게 되는 것이다. 즉, 식민지 조선에서는 '동양(조선)'과 '과거'로의 가치론적·인식론적 전회가 발생[28]하게 된다. 그에 따라 한편에서는 과거 지향적 관심의 주도에서 비롯된 상상적인 '민족=자아'의 정립과 '조선적인 것=과거적인 것'의 포착이 이루어진다. 흔히 1940년대를 전후한 문인들이 '과거'나 '조선' 등을 문학 소재로 삼았을 경우, 표면적으로 해석되었던 '민족', '전통' 차원의 논의는 사실 거대한 담론의 차원에서 일본에 의해 주도되었던 당대 이데올로기의 문학적 재생산일지도 모른다.

임학수는 "학생 시대로부터 일제 말기에 이르기까지 순수문예 특히 영국 서정시와 자기의 시작에 골몰한 나머지 좌익사상 내지 그 이데올로기 학습에는 눈도 돌린 일이 없"[29]었다고 하지만 식민지 조선의 지식인으로서 제국 안에서 타자이자 지배자인 일본을 인식하면서도, 동시에 그 타자가 자기인식을 위해 개발한 담

28) 차승기, 같은 책, 84~90쪽 참조.
29) 임채문, 같은 글, 65쪽.

론들에서 누구보다 자유롭지 못했다. 일부러 학습하지 않았다 할지라도, 일제의 정규 교육과정을 이수하면서 무의식적으로 동질화될 가능성이 다분하기 때문이다. 그러한 모습은, 작품 속에서 역시 확인할 수 있다. 서정적이고 낭만적 경향의 시편들이 엮여 있다는 평가를 받는 『석류』에는 「조선의 소녀」라는 시가 수록되어 있다. '조선'을 문학적으로 형상화했기에 '민족성'까지 엿볼 수 있다는 기존 해석 이면에는 실상 임학수의 동양론적 사고(思考)가 내포되어 있다고 보아야 할 것이다.

분홍 저구리와 긴 치맛자락
기름도 안바른 머리단과 숫된 마음새,
한마디 묻는말에도 가벼히 낯붉히고
때때로 눈처들면 그맑은 우슴마저
너무나 수집은 조선의 소녀
오직 그대만이 나의 사랑이외다.

원망이란 몰으고 한갓 믿을뿐
몸과팔 연약하면서도 절개ㄹ랑 굳나니,
내만일 조심스레 그손을 어루만지면
양(羊)처럼 고개수기고 다시 들줄을 몰라
너무나 유순한 조선의 소녀
오직 그대만이 나의 사랑이외다.

봄오면 두던에올라 아즈랑이 나는새로
한가히 허리굽혀 나물캐기 노래하며,
가을들 금(金)이랑에 철느진 잠자리 좇아
어린사슴처럼 어여삐 그다리의 뛰노는 양
너무나 천진스런 조선의 소녀

오직 그대만이 나의 사랑이외다.

–「조선의 소녀」

시적화자가 생각하는 상징적인 모습으로서 조선의 소녀에 대한 묘사를 먼저 제시하고 각 연의 마지막 행마다 '오직 그대만이 나의 사랑이외다'라는 구절을 반복하여 시적 안정감을 유지하고 있다. '조선의 소녀'는 순종적, 순진함 등의 모습으로 축약된다. 즉, 이 시에는 현재하지 않는 과거의 '조선의 소녀'를 떠올릴 수 있는 외부적 요소뿐만 아니라 내부적 표상까지 묘사되고 있다. 천진하고 유순한 내면과 소박한 외면은 그 표상 자체로 시적 화자의 유일한 '사랑'의 대상이지만, 서양 문명의 세례를 받게되면서 상실되어버린 '과거'의 '조선'의 '소녀'이다.

나아가, 『팔도풍물시집』에서는 전면적으로 '조선적인 것'에 대한 탐구를 '기행시' 형식을 빌려 보여준다고 할 수 있다. 1930년대 당시, 관광은 일제가 기획한 산업의 일환[30]이었다는 점에서 임학수가 일종의 기행시로 남한산성, 숭례문, 경회루, 석굴암, 만월대, 해금강, 총석정, 낙화암 등 고대의 것을 탐구하고 문학적 형상화를 이룬 것은 자발적인 '민족 역사의 회고'로만 볼 수 없다. 「영국의 애국문학」[31]이라는 글을 썼을 정도로, 서구 낭만주의의 영향 안에서 과거를 동경하며 국가를 생각한 것은 맞으나, 과거의 민족을 유물을 통해 떠올리는 것은 차라리 일제가 유포한 동

30) 일본이 인쇄 매체를 활용하여 조선 내의 문화 유적 관광을 추진한 점에 대해서는 곽승미, 「식민지 시대 여행 문화의 향유 실태와 서사적 수용 양상」, 『일제 시기 근대적 일상과 식민지 문화』, 이화여자대학교출판부, 2008, 17~40쪽. 참조.

31) 허근 엮음, 같은 책, 354~358쪽.(임학수, 「영국의 애국문학」, 『조광』, 1939.)

양론의 차원에서의 융합에 가깝다.

후에 살피겠지만, 『전선시집』 중 「목단」이라는 시의 말미에 임학수는 중국의 장대한 만수산(萬壽山)을 보고서 "휘황하고 찬란하고 엄청나던 것뿐이요 돌아서면 아무것도 없다. 그는 만수산뿐이 아니라 자금성(紫金城)도 천단(天壇)도, 심지어 오히려 측은스럽게 보이도록 정치 세밀하게 조각을 하여놓은 골동품 하나를 보아도 다 그러하였다"고 기술한다. 그리고 "고매한 정신이 빛나고 유현한 정서가 흐르고 향기가 품기는 그러한 것이 아니면 진실로 훌륭한 예술품이 아"니라며 "석굴암의 조상 낙랑고분의 벽화 고려의 자기를 갖인 우리는 얼마나 행복이냐!"고 말함으로써 중국과 조선의 것을 대비시켜 '과거'의 우리의 것을 격상 시킨다. 『팔도풍물시집』의 기행에 수록된 「석굴암」, 「석굴암 관음상의 노래」, 「고려자기부(高麗磁器賦)」 등은 이러한 의식을 기반으로 '중국'과 대비되는 차원에서 '조선'과 '동양'의 것에 주목하여 지어진 것임을 보여준다.

또 다른 예로, 기존 임학수에 관한 연구에서 「남해(南海)에서」는 임진왜란 당시 침략에 민족을 수호했던 이순신을 회고하는 것으로 해석되면서 이 시가 일제에 반(反)하는 감정을 보여주는 것으로 제시되기도 했다.

갈매기 흰구름으로 더부러 날르고
타는 아지랑이 미끄러지는 바람,
제국(諸國)을 회항하는 선박
나가며 들어오며
아득히 망막(茫漠)한 은선(銀線) 넘어로 점(點)되여 사라지는 곳
남해!

(중략)
여기가, 여기가
북울려 기(旗)폭 날려
소스라친 파도를 먹피로 물디리던 곳이어늘!
아, 나는 고도(孤島)의 저믄 봄
나는 이제 무엇으로 이바지할꼬? (밑줄-인용자)

–「남해(南海)에서」 일부

시적화자가 여러 나라를 회항하는 선박을 바라보는 현재의 남해에서 과거 해전(海戰)이 있었던 남해를 떠올리고 있음을 알 수 있다. 더구나 마지막 행의 '나는 이제 무엇으로 이바지할꼬?'라는 시적화자의 탄식은 망국민으로서 한탄에 가깝다. 그렇지만 앞서 언급했듯이 이러한 점이 조선 국가에 이바지 할 수 없음에 대한 한탄, 나아가 반일적 감정이라는 기존 해석은 임학수의 작품에 대한 단순한 접근임을 보여준다. 그렇게 해석된다면 '국가'와 '자신'을 걱정했던 임학수가 친일반민족행위자가 된 이유가 더욱 불분명해지기 때문이다.

오히려, 당대 '국민'문학이라는 차원에서 임학수가 이바지하고 싶어하는 '국가'의 실체가 무엇인지 생각해 보아야 한다. 식민지가 된 지 오래인 땅에서 자라 일본의 정규 제도 교육을 받은 그에게 '일본'과 '조선'의 경계는 모호했을 것이다. 조선인이 "'일본 제국' 안에서 '두 번째 일본인'의 지위를 누릴 수 있었"[32]다는 식민

32) 식민지 시기는 명확한 '굴종'임에도 불구하고 표면적으로는 자발적인 협력을 강요한다는 복잡한 구조가 존재한다. 뿐만 아니라 대동아공영권 안에서 소위 제국의 피해자인 '위안부'조차도 '일본 제국' 안에서 두 번째 일본인의 지위를 누릴 수 있었다. 그에 따라 조선인 위안부들이 '중국인'이나 '인도네시아인'을 부릴 수 있었던 것이다. 이는 조선인과 일본인의 경계가 모호함을 보여주는 하나의 예시가 될 것이다. 자세한 내용은 박유하,

지 모순을 생각한다면 더더욱 그러하다. 그렇다면, 『팔도풍물시집』은 '동양적인 것'에 포섭되어 서구 근대 논리에 반하는 일환으로, 과거의 모습으로 회귀하면서 '조선적인 것'을 기행문 형식에 빌려 이야기하는 것으로 볼 가능성이 충분하다.

제국주의 시선과 『전선시집』

일본은 중일전쟁 이후 총동원체제를 취하면서, 지식인들로 하여금 전쟁 수행에 여러 가지 형태로 협력하도록 했다. 임학수와 각별한 사이였던 최재서는 "전쟁은 무서운 것, 슬픈 것이라는 틀림없는 사실이다. 그러나 일단 전쟁이 된 이상 국민된 자는 이러한 공포나 개인적인 감정을 초월하여 감연(敢然)히 조국을 위하여 일어선다는 것이 고래(古來)로 동서양을 물론하고 명예 있는 민족이 걸어온 길"[33]이라며 식민지 조선인이 '국민'으로서 전쟁에 임해야하는 모습을 역설한다. 여기에 '일본'과 '조선'이라는 '민족'의 경계는 없다. 일단, 동양의 차원에 포섭된 이상, '일본'은 타자가 아니라 주체를 구성하는 일부라 해도 과언이 아니다.

임학수는 최재서와 각별한 사이었다. 임학수가 『팔도풍물시집』에서 보여준 문학적 형상화나 구성 능력이 전선시찰을 통해 『전선시집』을 간행하는 데 적합한 인물이라 사료되었을 것이지만,

---

『제국의 위안부』, 뿌리와 이파리, 2013, 90쪽. 참조.

33) 최재서, 「전쟁문학」, 『인문평론』, 1940, 59~60쪽.(정선태, 같은 글, 134쪽. 재인용.)

한편으로는 김동인, 박영희에 비해 "한참 어린 나이인 28세로 시문단을 대표하여 황군위문작가단의 북중국 전선 시찰을 나갔던 것에는 최재서의 입김이 크게 작용했을 것"[34]으로 추측된다.

> 원체 내 방랑성은 여기서 시작된 것이다. (중략) 1주일이라도 좋으니 마음대로 가보고 살아보자. 그리하여 나는 작년 1년간에 서쪽으로는 황해 동쪽으로는 내지, 남쪽은 조선해협 북은 북만의 하얼빈(哈爾貧)까지 혼자 걸어 다녔던 것이다. 그러나 금년 여름은 이 모양으로 북경으로 꼭 가본다고 마음 먹었다.
>
> 때마침 금차 황군 위문사절로서 뽑히게 되었다. 1개월간의 여행! 물론 나의 성격에는 맞지 않는 일이지만 막상 떠나게 되는 순간 (중략) 황군을 위문하여 동서건설의 도리를 국민에게 보고하기 위해서다. 하물며 반도문단을 대표하야 간다는 생각을 하니 평범한 자기의 재능에 확신을 가지기가 힘들다.[35] (밑줄-인용자)

더구나, '방랑성'을 가진 그에게 황군위문사절은 그리 이질적인 것이 아니었다. 『팔도풍물시집』에서는 '조선'의 과거를 포착한다면, 황군위문사절 및 보고에서는 '동양'의 사상을 포착 해내는 작업이다. 이에 내면적인 반감도 드러나지 않는다. 내선일체(內鮮一體)의 혼동된 시선에서 황군을 위문한다는 것은, 적어도 '조선'의 국민된 자로서 동양의 민족들이 공존하고 번영할 수 있는 거대한 차원의 임무 정도로 인식했을 것이다.

"일제군벌의 강요로 일선 위문 차 대륙을 순회한 일이 있으나, 일제 만행에 대하여는 항상 비판적이었으며 비분강개"[36]했다는

---

34) 김용직, 같은 책, 140~145쪽.

35) 임학수, 「북지(北支)전선에 황군위문 떠남에 제(際)하야」, 『삼천리』 제11권 7호, 1939, 235쪽.(김승구, 같은 글, 200쪽. 재인용.)

임학수에 대한 증언은 재고해야 할 필요가 있다. 왜냐하면 '황군위문작가단의 전선 방문 협조 요청을 위해 김동인이 총독부 학부과에 갔을 때 당국의 반응은 시큰둥'했음에도 불구하고 일정을 강행했기 때문이다. 잦은 위문이나 시찰로 현지군이 귀찮아한다는 것이 첫 번째 이유이고 문인들의 금전적 여유가 없음이 두 번째 이유인데, 황군위문일정은 위문품비, 숙식, 차비를 포함한 경비 일체를 총독부의 지원 없이 전적으로 출판사와 문인들에게 각출까지 하여 진행[37]되었다. 따라서 '일제군벌의 강요'라는 증언은 사실상 신뢰성이 떨어진다.

임학수가 『전선시집』 간행한 것은 우리 문학사에 있어서 지울 수 없는 친일행적의 결과물로 이해된다. 그런데, 실제 중국을 침략한 일본의 행위를 노골적으로 정당화하거나 천황을 찬양하는 방법으로 구호화하여 시를 써내지는 않았다. 때문에 전쟁을 소재로 삼은 단순한 기행시라는 점에서 『팔도풍물시집』의 연장선상이라는 시각, 나아가 강압에 못이겨 탄생한 시 작품이라는 해석도 가능하다. 그러나 일단, 위문을 목적으로 갔던 28일의 일정 중 17일 정도는 북경에서 머무르고 있었기에 전선시찰이 풍경 위주일 수밖에 없었다. 즉, 실제로는 위문 목적은 달성하지 못했고 일종의 간접 경험으로서 전선시찰했음을 문학적으로 형상화할 수밖에 없었던 현실적 제약[38]이 있었다.

---

36) 임채문, 같은 글, 66쪽.

37) 김윤식, 『한·일 근대문학의 관련양상 신론』, 서울대학교출판부, 2001, 286~287쪽. 참조.

38) 황군위문작가단의 일정이 지연된 것에 대한 진술은 박영희, 『전선기행』, 1939, 박문서관 참조; 황군위문작가단은 북경전선기행 일정이 지체된 것에 관한 간단한 설명은 전봉관, 같은 글, 321~323쪽. 참조.

그럼에도 임학수의 시에는 제국주의 일본과 동일화된 시선이 내재한다. 낭자관(娘子關)을 소재로 한 시가 몇 편[39] 있는데, 중국군과 일본군 사이의 접전이 있었던 낭자관의 전투 현장을 보고 쓴 것이다. 여기에서도 역시 직접적으로 중일전쟁을 미화하거나 찬양하기보다는 중일전쟁의 정당성을 은유화하여 나타내고 있다. 비교적 짧은 시인 「낭자관을 넘어서」를 보면 다음과 같다.

> 하늘에 별들과…
> 동해의 자개와…
> 땅[40]에 이 포루(砲壘)
>
> 모든 돌
> 불에 타 재 되고
> 모든 풀
> 피에 자라 살찌다.
>
> –「낭자관을 넘어서」

국토의 영역은 국가의 주권이 미치는 범위로 '영공, 영해, 영토'로 나뉜다. 시적화자가 보기에 '영공'에서 빛나는 것이 '별'이라면 '영해'에서의 그 속성을 공유하는 것은 '자개'이다. 그리고 '영토'에서 지금 현재 빛나고 있는 것은 대포를 쏠 수 있는 '포루'이다. '영토'를 위해 중국의 낭자관까지 와서 이뤄지고 있는 일본의 전쟁은 '반짝'이는 속성을 공유하면서 자연스럽게 합리화된다. 더구

39) 「낭자관(娘子關)」, 「낭자관의 화풍(和風)」, 「추일행군(秋日行軍)」, 「낭자관을 넘어서」.

40) 『임학수 시 전집』에는 '따'로 기록되어 있다. 그러나 문맥상 '땅'의 오기(誤記)로 생각된다.

나, 마지막 연에는 전쟁의 과정에서 모든 것이 불에 타 재가 되지만, 결국 '모든 풀'이 '피'를 통해서 자라고 있음을 이야기하고 있다. 이는 대의를 위해서 희생을 감수해내야 한다는 정당화, 전쟁 이데올로기가 내포되어 있음을 알 수 있다.

또한 임학수는, 시적화자를 통해 일본과의 감정적 동질성을 유지하는 방식을 취한다. 일본군은 곧잘 '동지'로 호명되는데, 시적화자 역시 전쟁을 치른 일본군에게 각별한 감정을 가진다.

> 아침에 낭자관을 넘고
> 저녁에 분하(汾河)를 건너도다.
>
> 정마(征馬)는 소리치고
> 정기(旌旗) 백리(百里)에 연(連)했는데,
>
> 장제(長堤)에 가을 바람이 오니
> 휘드러 우는 장사(壯士)의 넋……
>
> 동모여 삼가 딛으라,
> 눈 안에 든 초원 광야가
> 이 모다 전우의 무덤이다.
>
> –「추일행군(秋日行軍)」

시적화자는 가을날 아침부터 저녁까지 일본군이 전쟁을 위해 걸었던 길을 따라 걷는다. 그 중 시적화자를 각성시킨 것은 긴 둑에서 들리는 가을 바람소리이다. 휘드러 우는 가을 바람소리는 전사(戰死)한 병사들의 울음소리로 치환된다. 전쟁이 눈앞에서 일어나고 있는 것은 아니지만, 장제에서 부는 바람소리는 과거 전쟁의 참혹한 순간을 상기시키는 매개가 된다. 따라서 마지막 '삼가 딛으라'는 진술은 시를 읽는 이로 하여금 무게감을 가지고 다가온다. 동시에 '동무'라는 호칭은 시적화자와 독자간의 심리적 거리를 좁힌다. 그리하여 나라를 위해 죽은 '일본군'에 대해 시적화자가 느낀 감정을 독자에게 비장하면서도 비교적 가깝게 전달할 수 있는 것이다. 이는 나아가 '일본군'이 '일본' 그리고 '조선'뿐만 아니라 더 큰 '동양'을 위해 죽은 것으로 호도될 가능성을 내재하고 있다.

일본(군)과는 반대로, 『전선시집』에서의 중국(군)은 미개하고 후진적인 '타자'로 묘사된다. 이는 과거 조선의 문학과 문화를 '퇴행성, 후진성'의 지표인 중국으로부터 분리시키려는 움직임으로서 조선을 침략하려는 서구 제국주의와 일본 사이에서 지속[41]적으로 이뤄진 결과이다. 일찍이 이광수가 『문학이란 하오』(1916)에서 밝힌 바, 과거의 '정신적 문명'에서 중국문화의 영향을 축출함으로써 조선문학의 범위를 확정하려했던 것은, 구조선 오백 년의 역사를 중국에 속하는 것으로 단정하고 과거를 청산하여 새로운 시작을 도모한 것이다.

> 서양과 중국을 대조하는 것은 전형적인 중국 묘사법에 속했다. 야만적인 존재로 격하됨으로써, 중국은 한국이 '문명화된 서양'을 묘사하는 데 있어 평형추 같은 역할을 했다. (중략) 영국의 민중들은 자국의 군대에게 돈과 각종 보급품을 아낌없이 기증하였고, 군인들은 어떤 곤경에도 굴하지 않고 전투에 참여하였다. 그러나 중국은 스스로

41) 문명화된 일본과의 만남, 중국과의 경계를 만들며 타자화하는 과정은 A. 슈미드, 『제국 그 사이의 한국 1895-1919』, 정여울 옮김, 휴머니스트, 2007, 164~165쪽. 참조.

의 오만함과 역사정신의 부재 때문에 자국의 국토조차 보존하지 못했다. 중국과 서양을 이런 방식으로 비교함으로써, 한국인들은 중국의 자기 파괴적인 길을 답습하지 않으려고 했던 것이다.[42] (밑줄-인용자)

위와 같이 반(反)중국적인 글쓰기에서 중국인들은 종종 '불결한 존재'로 묘사된다. 『독립신문』의 편집장이었던 서재필은 "한국에 거주하는 중국인들은 이미 충분히 더러운 한국의 거리를 더더욱 불결하게 만들뿐 아니라 한국인들을 아편의 유혹으로 이"[43]끄는 존재로 서술하곤 했다. 이렇게 중국 지배의 과거와 단절하는 담론은 거듭되어 1940년에 들어서는 일본의 지배를 긍정하는 결과[44]로 자리잡는다. 임학수 역시 중국을 불결함, 후진성, 낙후됨의 지표로 삼아 문학적으로 형상화하고 있다. 여기 「목단(牧丹)」이라는 시가 적절한 예가 되어준다.

빛이 붉고 붉고
화판(花瓣)이 넓고
해 마다 봄이 오면
내 아버지의 뜰에 피여 만발하던
목단.
(중략)
그러나 오늘
나는 너를 소중히 여기지 않는다,
향기가 없고
꿀벌이 아니 오고
너무나 염려(艶麗)함으로.

---

42) A. 슈미드, 같은 책, 정여울 옮김, 164쪽.
43) A. 슈미드, 같은 책, 정여울 옮김, 165쪽.
44) 차승기, 같은 책, 48쪽. 참조.

아니
그 주(朱)칠을 한 금빛으로 빛나는
엄청나게 큰
나 이제 보고 온 나라의
건축, 조각과 흡사 함으로-

저 요정(妖精)의 무리 날르는 해협
황민(黃民)의 사막에 웃둑 솟은
피라믿, 스핑스 보다도
혹독한 채직 혈한과 눈물이 섞인
그는 오로지 오로지 노예의 예술임으로.

나는 차라리
보잘 것 없는 진달래
길 가에 개나리
이름도 없는 무덤 우에 꼬부라진 할미꽃,
해사하고 연약하나 그러나 어덴지 애닲고 정다운
그들을 사랑한다!

－「목단(牧丹)」

시적화자는 매해 아버지가 가꾸는 뜰에서 봄마다 붉게 피어오르던 목단을 보고 자란다. 아버지 몰래 따서 책 속에 눌러 보관해 둘 정도로 좋아했던 꽃이었다. 그런데, 목단이 '아버지의 뜰'에서 자랐다는 점이 의미심장하다. '아버지'는 중국의 영향에서 분리되지 못했던 과거의 우리 민족과 같다. '오늘 나는 너를 소중히 여기지 않는다'고 선언하는 시적화자는 중국의 영향에서 벗어나 '조선'의 것을 바라보고 나아가 '동양'을 생각할 수 있는 사람이다. 먼저 목단을 소중하게 생각하지 않는 이유로, 그것이 너무 요염

하고 아름답기 때문임을 이유로 든다. 그러나 본질적인 이유는 목단이 중국의 건축, 조각과 흡사하기 때문이다. 중국의 건축과 조각은 겉으로 보기에 우뚝 솟아 크기가 크고 금빛으로 빛난다. 그러나 실상은 '혹독한 채찍', 피와 땀, 눈물로 만들어진 결과물이기에 노예의 예술과 다름없다. 그렇기 때문에 시적화자는 이제 목단이 아니라 이름 없고 소소한 '진달래, 개나리, 할미꽃' 등을 사랑한다고 진술하는 것이다. 후자의 꽃들은 앞서 언급했던 시 「조선의 소녀」와 유사한 속성을 가진다. 화려한 중국의 것과 대비되는 '조선적인 것'으로서 의미를 내포하기 때문이다. 이렇듯, 여전히 지배와 착취가 남아있는 중국문화를 상징하는 '목단'과 연약하고 정다운 '진달래, 개나리' 등의 시어 대립은 곧 중국과 조선적 미의 대립으로 확장 가능하다. "'목단'과 '들꽃'의 미적 대립은 당대 스테레오타입으로 등장하던 동양주의 표상과 관련된다. 동양적 미의 표상은 '자연스러움과 천진함', '시골·농촌·야생' 혹은 '민중적인 생명력'과 연결"[45]되기 때문이다. 그렇다면, '동양'의 표상에서 '중국'이 타자화되는 것은 일제의 영향 아래 식민지 조선인에게 과거 중국의 영향을 지우려는 실천이고, 거기서 더 나아가 위계에 있어서도 '조선'과 비교하여 평가절하되고 있는 것으로 보아도 무방할 것이다.

Ⅲ

오, 내 사랑스러운 / 『만만디』 되는대로 살고 / 『메이파스!』 / 단념하야 다시는 꾸물 꾸물하지 않는 / 자연아(自然兒), 자연의 일편! / 황하 유구한 물굽이에 자라난 풀아 백성아 / 그대로 지구 먼 역사의 축

45) 정종현, 같은 책, 151쪽.

도(縮圖)여, / 아니 범람(氾藍)의 한발(旱魃)의 『고비』 회호리 바람의 아로삭인 / 얕은 코 검은 눈 누른 얼굴 / 삼강(三綱)의 慈悲(자비)의 교의(教義)를 이어 슬픈 마음아!

하루에 두 끼 밀가루 만또오 / 파 비여 먹고 움에 자는 민중아, / 보라 / 이윽고 대지에는 곡식이 얼크러질게다. / 산에는 숫이 나고 기름이 솟는다. / 이 보고(寶庫)! 이 대지! / 그럼에도 일생을 / 몬지와 때와 주림에 보낼거냐?

너의의 기사(技師)는 무엇을 하느냐? / 오란 징세에 착취에 / 제가끔의 군벌의 노리는 모이에 / 덜컥 놀래고 감추고 / 또 불안한 의심스러운 눈초리를 굴리고 / 내 따스한 우정의 손길에도 /좀처럼 너의는 흉금(胸襟)을 열지 않는구나.

이 하늘 알에는 / 메마른 산천 수척한 젓가슴이 있다. / 광이 있것만 팔 곳 없고 / 낫은 있것만 빌 곳 없고 / 그러나 온정과 착한 마음과 / 물 대여 벼 심을 재조도 있다. / 자연을 정복함은 인류의 특권이다! / 양식과 평화와 / 안주의 지(地)를 찾음은 생의 욕구다! / 오라, 손 잡고 새 살림 차리자.

우리의 생을 / 우리를 짓밟고 한가히 누어 / 그믈을 바다 우에 느리는 자 누구냐? / 민중의 적(敵) / 능라(綾羅)와 아편과 색욕과, / 우리 혈한과 눈물과 원망을 / 못 본체 얼굴 돌리는 / 그들을 혈제(血祭)하자, 너도 나도 / 동문의 형제여, 동족의 자매여!

오라, 손과 손 마조 잡고 / 쟁기 메여 바구니 끼여 / 들로 가자 산으로 들자 / 이윽고 올 대륙의 봄을 / 우리 소리 높여 구가(謳歌)하자.

– 「중국의 형제에게」 일부

타자로서 중국을 상정하는 모습은 위의 「중국의 형제에게」에서 특히 잘 드러난다. 1연에서 호명되고 있는 중국의 민중들은 '만만디'라는 말처럼 굼뜨다. 더구나 옛 것의 표상인 '삼강(三綱)'을 이어받아 역사의 발전에 뒤떨어진 다시 말해, 문명화되는 것과는 거리가 먼 그야말로 자연의 아(兒)라고 할 수 있다. 그런 탓에 대지에 양식이 생겨도 그들은 열악하게 생활할 수밖에 없는 존재임이 2연에서 드러난다. 그러한 중국 민중의 상황을 더욱 악화시키고 있는 것은 같은 중국인 '기사'나 '군벌'이다.

시적화자의 의도는 3연에서 보다 직접적으로 드러난다. 중국의 민중에게 '손 잡고 새 살림 차리자'고 말하는 목소리는 분명 '중국인'이 아니다. '인류의 특권'을 누리지 못하고 소외된 타자로서 중국인에게 '따뜻한 우정의 손길'을 내밀고 있는 것은 '중일전쟁'을 합리화시키고 있는 '일본'의 목소리이다. 여기서 중국의 주적은 '능라, 아편, 색욕'으로 이야기되는 게으르고 한가로운 중국의 민족성 자체로 상정되고 있다. 이러한 상황에서 일본에 협력한다면 기본적인 생의 욕구를 충족하는 것은 물론, '동문동족의 형제자매'로 진술되고 있는 것과 같이 오족(五族)이 함께 번영할 수 있는 '대륙의 봄'이 찾아올 수 있다는 것이다. 결국, 중국을 타자로 상정하고 문명화되어야 한다는 진술 속에서 중일전쟁을 일으킨 '일본'의 침략행위는 숨겨지고, 더 큰 번영을 위한 것으로 정당화되고 있다.

이렇듯, 제국주의 시선을 내면화한 식민지 지식인으로서 『전선시집』에 드러난 임학수의 시선은 이분되어 있다. 일본에는 동질감을 느껴 일체화하려는 데까지 나아가려는 한편, 중국과는 거리두기하며 끊임없이 타자화하려는 것이다. 그야말로, 서구의 논리를 내면화하는 과정에서 일본의 동양론에 포섭되는 과정을 그대로 드러낸다고 할 수 있다.

표류하는 텍스트 새김질하기

'민족문학'과 '친일문학' 사이에서 식민지라는 상황은 일종의 '외부적 강압' 정도로 단선적으로 이해될 수밖에 없다. 그러나 실상 '식민지'는 식민지인의 내부 주체를 형성하는 조건 전반으로 복잡한 영향을 미쳤다. 저항과 협력이라는 민족주의적 주체 형성, 그 과정의 민족문학사 쓰기를 다시 성찰해야 하는 이유는 여기에 있다. 단적으로, 식민지 지식인으로서 그 문학적 형상화가 제국주의 담론으로부터 벗어나는 것이 얼마나 힘든 것인지를 임학수를 통해 살필 수 있었기 때문이다.

'친일'과 '저항'의 문학사 쓰기 그리고 인식 전반을 지배하는 단순화된 논리에 벗어나 식민지 지식인의 세계를 재인식하는 작업은 기존에 있었던 인식의 폭력에 대항하는 일이다. 그 작은 일환으로 본고에서는 임학수를 급변하는 행적과 시적 경향을 밝히는 과정에서 식민지 조선인이 일본 제국주의 논리에 포섭되는 양상을 살폈다. 혼란한 식민지 시대를 살았던 시인의 행적과 그 작품을 통해 읽어낼 수 있다고 보았기 때문이다.

서정적 낭만주의자로 일컬어지던 임학수는 사실, 서구 낭만주의를 제도적으로 학습하는 과정에서 식민지 지배논리를 내면화할 수밖에 없었던 인물이다. 그러나 서구의 내부적 위기론을 계기로, 일제가 내세운 '동양론'을 식민지인으로서 일종의 대안으로 받아들여 '보편적 주체'를 구성하는 모습을 그의 작품을 통해 확인할 수 있었다. 일본은 동일자로서 상정하지만, 중국은 타자화하는 구도를 『전선시집』에서 선명히 보여주는 것은 하나의 예가 될 것이다. 부족하지만, 임학수가 보여준 식민지 지식인의 전향 논리에 관해 어느 정도 해명할 수 있었다. 그렇다면 이제 '친일'과 '납북'의 기표 사이에서 표류하던 그와 그의 작품을 다시 검토해야할 의미가 생긴 것이다. 보다 면밀하게 임학수의 문학적 성취 그리고 문학사적 위치를 재조명하는 일은 추후의 과제로 남기는 바이다.

출전
김혜미, 「식민지 지식인 임학수의 전향 논리」, 『비평문학』 제70호, 한국비평문학회, 2018.

참고문헌

❑ 기초 자료

임학수, 허근 엮음, 『임학수 시 전집』, 아세아, 2002.

❑ 단행본

곽승미 외, 『일제 시기 근대적 일상과 식민지 문화』, 이화여자대학교출판부, 2008.

김 철 외, 『문학속의 파시즘』, 삼인, 2001.

김용직, 『한국현대시사』 2, 한국문연, 1996.

김윤식, 『한·일 근대문학의 관련양상 신론』, 서울대학교출판부, 2001.

데이비드 로웬덜, 『과거는 낯선 나라다』, 김종원 외 옮김, 개마고원, 2006.

상허학회, 『한국현대문학의 정치적 내면화』, 깊은샘, 2007.

앙드레 슈미드, 『제국 그 사이의 한국 1895-1919』, 정여울 옮김, 휴머니스트, 2007.

윤해동 외, 『근대를 다시 읽는다』 1, 역사비평사, 2006.

임성운, 『문학사의 이론』, 소명출판, 2012.

임종국, 이건제 교주, 『친일문학론』, 민연, 2013.

정종현, 『동양론과 식민지 조선문학』, 창비, 2011.

차승기, 『반근대적 상상력의 임계들』, 푸른역사, 2009.

❑ 학술논문

구광모, 「'친일반민족문학'에 대한 연구-친일시를 중심으로」, 고려대 박사학위논문, 2013.

김광현, 「시인 임학수의 삶과 문학」, 『남도문화연구』 제11집, 순천대학교 남도문화연구, 2005.

김동식, 「한국 현대문학사 방법론의 반성과 모색 : 한국현대문학사(1973~2000) 기술을 중심으로」, 『현대문학이론연구』 제17집, 현대문학이론학회, 2002.

김승구, 「식민지 지식인의 제국 여행-임학수」, 『국제어문』 제43집, 국제어문학회, 2008.

김헌미, 「임학수의 시세계」, 건국대 석사학위논문, 1992.

박호영, 「임학수의 기행시에 나타난 내면의식」, 『한국시학연구』 제21호, 한국시학연구, 2008.

이명찬, 「'아름다움'에 이르려는 방황 : 임학수론」, 『한국근대문학연구』 제24호, 한국근대문학회, 2011.

임용운, 「임학수의 시세계 연구」, 목포대 석사학위논문, 1997.

임채문, 「나의 아버지 임학수」, 『문예운동』 제87호, 문예운동사, 2005.

전봉관, 「황군위문작가단의 북중국 전선 시찰과 임학수의 『전선시집』」, 『어문론총』 제42호, 한국문학언어학회, 2005.

정선태, 「총력전 시기 전쟁문학론과 종군문학-『보리와 병정』과 『전선기행』을 중심으로」, 『동양정치사상사』 제5권 2호, 한국동양정치사상사학회, 2005.

제3부

남도 시인의 시니피앙

여상현 시의 현실 대응 전략 • 정민구

목일신 동시의 아동 이미지 형상화 • 정다운

이수복 시의 문장 부호 역할 • 김민지

여상현 시의 현실 대응 전략

정 민 구

선/악의 저편과 문학의 문제

고전적인 문학에서 자주 등장했던 권선징악(勸善懲惡)이라는 태도에 익숙한 우리에게 21세기적인 선악(善惡)의 태도를 묻는다면 그것은 무엇이 될까? 아마도 가장 비근한 국제적 정세 안에서 찾을 수 있는 답은 이것일 테다. 최소한 선악의 문제는 확정된 것이 아니며 선을 권(장)하는 태도 자체가 악한 것일 수도 있다는 것 말이다. 비행기 충돌로 인해 세계무역센터가 무너져 내리는 TV 속 장면에서 악의 테러를 떠올리고, 바그다드의 일부 지역이 최첨단 전투기의 공습으로 파괴되는 장면에서 선의 응징을 떠올렸던 것처럼, 사실상 오늘날의 우리는 민주주의와 근본주의에 대한 가치판단에 있어서, 전자를 선의 축(Axis of good)으로 후자를 악의 축(Axis of evil)으로 규정하는 서구식 정치 수사학의 입장에

쉽게 노출되어 있음을 부정하기 어렵다. 지젝(S. Žižek)은 "이런 선택 조건에서 '근본주의'를 선택하기란 그야말로 불가능한 일이 아닌가?"라고 반문하면서, "지배적 이데올로기가 이런 선택을 강요하는 방식의 문제점은 '근본주의'가 아니라 오히려 민주주의 그 자체"에 있으며, "그러한 표현은 '근본주의'에 대한 유일한 대안이 자유주의적 의회민주주의라는 정치체계인 것처럼" 사람들을 기만한다고 꼬집는다.1)

지젝의 지적으로부터 알 수 있는 것은, 선악의 너머에 있는 누군가가 악의 축을 '먼저' 규정하는 것은 오히려 '실체'를 숨기면서 선의 축을 사전에 점유하기 위한 '꼼수'에 가깝다는 사실이며, 그러한 꼼수부리기는 자기 자신에 대한 문제점을 은폐하기 위한 표준적인 방식이라는 것이다. 지젝을 경유하는 이러한 선악 규정에 대한 비판은 정치체계에 대한 문제의식과 무관하지 않다. 만약 우리가 그리스적 전통에서 유래한 '인간의 모든 활동이 곧 정치'라는 상식적 진술을 마땅한 것으로 받아들인다면, 정치체계를 향한(against) 문제의식은 또한 인간의 모든 활동에 대한 문제의식이기도 하다는 점을 인정하지 않을 수 없다. 그래서 악의 축을 규정하고 선의 축을 규정하는 방식이 놓여있던 정치적 행위의 '문제적' 자리를 인간의 행위 속에서 드러나는 양상을 살피는 문학적 행위라는 '비문제적' 자리로 옮겨 놓는 것은 인간적 행위의 기만적인 이면뿐만 아니라 정치체계의 이면까지를 문제 삼는 상호-역동적인 작업이 될 수 있다.

문학 혹은 문학읽기는 시·공간의 제약을 받지 않으면서, 혹은

1) 슬라보예 지젝, 『실재의 사막에 오신 것을 환영합니다』, 이현우·김희진 옮김, 자음과모음, 2011, 14쪽.

최소화하면서 인간 혹은 인간의 '모든/전형적인' 문제적/비문제적 행위를 세세히 엿볼 수 있는 방편의 하나이다. 세계문학전집에 등장하는 주인공들의 이름을 떠올려본다거나 유명 작가나 학자들의 '문학이란 무엇인가'에 대한 언술을 곁눈으로 슬며시 살펴보기만 해도 포착해낼 수 있듯, 문학이란 언제나 인간 혹은 인간 행위의 '전반'을 다루어 왔다. 그러나 그런 의미에서 인간의 제 행위를 살피기 위해 모든 문학 작품을 검토하는 것은 불가능하다. 다만, 이 글에서는 일제 식민지의 일상에 드리워진 악(惡)의 문제를 문학의 영역 안에서 다루고자 했던 시인 여상현(呂尙玄)[2]의 작품 가운데 「칠면조(七面鳥)」라는 시를 대상으로 하여 검토의 첫 걸음을 내딛고자 한다.

외래(外來)한 악(惡)의 시니피앙, 칠면조(七面鳥)

여상현의 시집 제목이자 시 제목이기도 한 '칠면조'는 누구나 알고 있는 것처럼 외래종 새를 가리키는 이름이다. 누구에게나 이름이 중요하듯 문학에서의 제목은 언제나 글자 그대로의 의미 이상의 의미를 갖는다. 그래서 "책의 상징적 얼굴로서의 제목"[3]

2) 여상현의 본명은 呂尙鉉이며 呂尙玄은 필명이다. 여기에서는 작가의 본명 대신 잘 알려진 필명으로 (예컨대 시인 김윤식을 '김영랑'으로) 표기하는 국내의 표준적인 연구 관습을 따라 필명으로 표기한다.

3) 조주관, 『죄와 벌의 현대적 해석』, 연세대출판부, 2007, 25쪽. 그는 제목이 갖는 중요성을 달리 강조하기 위해 "제목의 시학"이라는 표현을 사용하기도 한다.

에 대해 먼저 검토하는 일은 본격적인 읽기를 추동하는 시작이 될 터이다.

브리태니커 백과사전에 수록된 <칠면조> 항목에 따르면, 가장 잘 알려진 종은 들칠면조(Meleagris gallopavo)로 북아메리카 원산의 수렵조류였으나 요리용으로 사용하기 위해 가축화되었다. 칠면조의 가축화는 멕시코에서 시작되었고, 들칠면조는 16세기 초 스페인 사람에 의해 유럽에 도입된 것으로 추정된다. 이 조류가 영국에서 대중화되자, 그전에 터키에서 도입된 호로새와 같은 종류의 새로 혼동하여 '터키닭(turkey-cock)'이라는 이름이 붙여졌다. 그 후 17세기에 영국의 개척자들은 칠면조를 북아메리카 동부에 도입하게 된다. 그러한 칠면조가 언제 어떤 경로로 우리나라에 도입되었는지를 명확하게 설명하는 자료를 찾기는 쉽지 않다. 대신, <어원유래사전>에 의하면, 우리와 가까운 일본에서는 메이지 유신 전기에 도입되었으며, 머리부터 목에 걸쳐 털이 없고 살이 늘어져 있는데 그 색깔이 붉은색, 푸른색, 보라색 등으로 변화하기에 '칠면조(七面鳥)'라는 이름이 붙었다. 더불어 일본의 니카타 현에서는 변덕이 심한 사람을 가리켜 칠면조로 부르기도 했다고 한다.[4)]

우리나라에서도 특정 동물을 가리키는 명칭을 넘어 칠면조라는 용어가 사람의 특성을 가리키는 용법으로 활용된 상황은 마찬가지였던 것으로 보인다. 그 사례의 하나를 살펴볼 수 있는데, 일제 식민지 시기였던 1923년 11월 22일자 『동아일보』는 경성부(京城府) 협의원을 뽑는 선거의 광경을 묘사하면서 이렇게 적고 있다. "각 후보자의 얼굴빛은 웃는 자, 찡그린 자, 푸르러지는 사

4) <語源由來辭典>에서 '七面鳥' 항목(http://gogen-allguide.com/si/shichimentyou.html) 참조.

람, 붉어지는 사람 등 완연히 칠면조의 행렬을 보는 것 같았다."[5] 기사에 등장하는 칠면조라는 용어 속에 부정적이고 풍자적인 어조가 담겨있음을 알아채는 것은 어렵지 않은 일이다. 이렇듯 칠면조는 외래종 새에게 붙여진 이름인 동시에 자신이 지닌 본래의 색을 변화시키는 기묘한 특성으로 인해 사람에게 나타나는 유사한 행동 — 상황에 맞춰 입장을 바꾸는 부정적 행동 — 을 가리키는 문화적 표현이 되기도 했던 것이다. 사실상, 칠면조가 뜻하는 용례는 오늘날의 일상적 상황 속에서 빈번하게 활용되지 않는 것이 되었지만 그 의미는 여전히 유효한 것으로 남아있다.[6]

외래종 새를 가리키는 칠면조라는 용어의 어원과 용례에 대해 간단히 살펴본 바가 그러한 가운데, 이제부터는 여상현의 시 「칠면조」에 등장하는 그것의 문학적 전유에 대해 살펴보기로 한다.

速製의 憂國士와 洋裝女들은
어느새 七面鳥의 習性을 배웠다
낯설은 사람과도 外交가 能해
蓄財의 지름길로만 달리는 것이다

일직이 黑人들이 즐기던 새라
開拓者들이 잘도 먹었었다지
「린컨」氏의 獅子吼가 功을 이루어
解放朝鮮에까지 와준 黑人의 恩惠를 어이 모르랴

---

5) 「府議選擧雜觀」, 『동아일보』, 1923.11.22.

6) 인터넷에서 검색한 결과 어떤 블로거는 "의로운"이라는 주제어에 대한 말-이어가기에서 이렇게 표현하고 있다. "의로운 사람들이 많았으면 합니다. **칠면조**처럼 하루에도 수도 없이 변하는 지조 없는 사람이 아니고 정의와 신념에 불타는 의로운…"(http://cafe.daum.net/whwlsqhr1357. 2011. 12.13.). 강조는 인용자.

昌慶苑에서 돈 내고야 구경한
가지 가지의 異國産 즘생중에도
어른들이 가장 무서워하는 變節의奇鳥
謀利輩들은 무릎치며 歎服하리라

「크리스마스」의 七面鳥料理床ㅅ가에
戀愛도 장사도 政治도 하그리 어려운 일이 아니오매
國民들의 榮養이 좀 좋았으랴
호사스러운 歲月이 연실처럼 풀려나가는것이렸다

메마른 이나라 백성들도
이제 七面鳥料理를 귀떨어진 소반우에 올려놓고
情다운 食口들이 모이고, 四寸성님도 오시래서
獨立이 오느니 가느니 이야기 할건가

–「칠면조」 전문[7)]

이 시의 표제이자 소재인 '칠면조'는 앞서 우리가 살펴본 칠면조의 어원과 용례에서 크게 벗어나 있지 않다. 세 가지 점에서 그렇다고 말할 수 있다. 첫째, 칠면조는 '외래(外來)'한 새의 이름이다. 이 시는 그러한 상식적인 사실을 배제하지 않고 언급하는데, 매 연마다 칠면조에 대한 직접적인 언급과 간접적인 언급이 빠지지 않고 등장한다는 점을 고려해 볼 때, 오히려 '칠면조는 외래종 새'라는 '불변의' 사실 자체를 거듭 강조하려는 것처럼 보인다. 그래서 이 시에서 말하는 칠면조는 國內産이 아닌 "異國産 즘생"이며, 民族이 아닌 "일직이 黑人들이 즐기던 새"였고, 耕作者가 아닌 "開拓者들이 잘도 먹었"던 음식이기도 해서, 우리가 오랫동안

7) 여상현, 『七面鳥』, 정음사, 1947, 28~40쪽.

지켜봐왔던 닭이나 오리와 같은 不變의 새가 아니라 "變節의奇鳥" 즉 본래부터 우리에게 있었던 것이라기보다는 멀리서 외래한 변절/변화를 특성으로 갖는 기이한 새라는 것을 전경화시키고 있다.

둘째, 칠면조는 변절/변화라는 특성을 사람에게 부정적으로 빗대는 문화적 관용어이다. 그런 의미에서, 이 시는 칠면조의 부정적 습성을 인간의 '특정한 행위' 혹은 특정한 행위를 하는 '인간'과 결부시킨다. 예컨대 "速製의 憂國士와 洋裝女들은/ 어느새 七面鳥의 習性을 배웠다." 즉, 기회주의적인 우국지사와 양색이 짙은 모던걸들은 변절이라는 칠면조의 습성과 마찬가지로, 자신의 사리사욕만을 챙기는 "蓄財의 지름길로만 달리는 것이다." 기실 칠면조는 "가지 가지의 異國產 즘생중에도/ 어른들이 가장 무서워하는 變節의奇鳥"인데, 그 변절의 재주가 얼마나 뛰어난 것이었으면 그것을 지켜본 "謀利輩들"조차도 "무릎치며 歎服"을 할 정도라고 한다. 그래서일 것이다. 변절의 재주를 익히려고 혹은 이미 익혀서 "「크리스마스」의 七面鳥料理床ㅅ가에" 모여든 사람들 사이에는 "戀愛도 장사도 政治도 하그리 어려운 일이 아"닌 것으로 간주된다. 칠면조의 습성을 배우기만 하면, "낯설은 사람과도 外交가 能해"져서, 시국의 형편과 관계없이 오롯이 "호사스러운 歲月"을 "연실처럼 풀려"보내는 삶을 누릴 수 있다는 것이다. 사정이 그러한 지경에 이르렀으니, 우국지사나 모던걸도 아니고 모리배도 되지 못하는 "메마른 이나라 백성들도" 이제는 "七面鳥料理를 귀떨어진 소반우에 올려놓고/ 情다운 食口들이 모이고, 四寸성님도 오시래서/ 獨立이 오느니 가느니 이야기"하지 않을 수 없는 암울한 시대가 되고 마는 것은 아닌가라고 묻는 마지막 언술에서 다양한 칠면조'들'을 대면하고 있는 시인을 사로잡은 근심 어린 물음이 드러나고 있다. 이러한 '묻는' 행위야말로 이 시가 차용하고 있는 칠면조에 대한 부정적 용법의 세 번째 수순이다. 칠면조에게서 배운 변절의 습성이 아직은 이 나라의 백성들에게까지 전염되지 않았지만, 메마르고 굶주린 상황이 계속된다면 저 순수한 백성들마저도 부정적인 군상에 포섭되지 않을 방법이 있을까라는 '근본적인' 물음을 마치 그렇게 두어서는 안 된다는 것처럼 '돌려서' 말하는 물음으로, 곧 식민지 지식인이 발화할 수 있는 어떤 가능한 방식의 물음으로서 던져놓고 있는 것이다.

칠면조에 대한 시적 전유에서 나타나는 이러한 세 가지의 방식의 의미화는 앞서 말한 바 있는 사전적 의미가 환기하는 내용과 크게 다르지 않은 것이다. 그러나 그러한 유사성을 다시 확인하는 차원에서만 시-읽기가 마무리된다면, 이 시는 칠면조에 대한 기왕의 사전적 묘사와 문화적 용례를 가져와서 짧은 시행을 특징으로 하는 서정시라는 형식 속으로 옮겨 심은 것, 혹은 그것을 통해 우회적인 방식으로 시적 전언을 파생시킨 것, 예컨대 패러프레이즈(paraphrase)나 패러디(parody)에 가까운 시라는 좁은 의미의 해석에서 벗어날 수 없게 된다. 시집의 표제이자 여상현의 시들 가운데 중요한 작품으로 늘상 거론됨에도 불구하고, 정작 「칠면조」라는 시는 자신의 주요 소재이자 시어인 '칠면조'가 환기하는 저와 같은 통상적인 의미망 때문에 텍스트 분석의 진척도가 다른 시들보다도 더딜 수밖에 없다는 점은 자못 흥미롭다고 할 것이다. 여상현의 시를 다룬 글들이 많은 것은 아니지만, 여기에서 살펴본 기존의 연구들[8])에서 「칠면조」는 확실히 여상현의 사상적 지향에 따른 시적 풍자의 방식을 환기시키는 측면에서만 주요하게 인용되고 있을 뿐, 구체적인 분석 과정에서는 다루어지지 않았고, 분석이 이루어졌다 해도 예시의 차원에서 확인이 가능한 지점을 단편적으로 재확인하는 데에 그치고 있다. 만약「칠면조」읽기가 그러한 지점에서 결코 완결될 수 없으며, 완결되어서도 안 된다는 '전복적' 의견을 인정할 수 있다면, 그리고 인정(recognition)이라는 방식을 우리가 '아는 것(cognition)'을 '다시 아는/알아가는 것(re-cognition)'이라는 라캉(J. Lacan)적 전언 안에서 이해한다면,「칠면조」를 읽기/다시-읽기 위해서는 이상의 논의들을 다시 처음으로 되돌려 재(re)-시작할 필요가 있다. 이렇게 재-시작하려는 읽기는「칠면조」의 시적 의미를 재-구축하려는 기대와 맞닿아 있는 것이기도 하다.

우선, 이 시의 중요 제재가 되고 있는 칠면조에 대해 우리가 확인할 수 있는 표준적인 정보에서부터 시작해 보기로 한다.

① 칠면조는 외래한 새이다.
② 칠면조는 변절/기회주의라는 인간의 부정적 습성을 빗대는 표현으로 사용된다.

두 가지의 정보는 ① → ②라는 순차적인 방식으로 텍스트 안

8) 최학출,「자기성찰과 시적 현실주의: 呂尙玄論2」,『울산어문논집』제7집, 1991.
박홍원,「呂尙玄論」,『한국시문학』제5집, 1991.
유성호,「呂尙玄 시 연구」,『연세어문학』제27집, 1995.
전영주,「呂尙玄 硏究」, 수원대 석사논문, 1995.
최라영,「呂尙鉉 연구」,『한국시문학』제15집, 2004.
전동진,「여상현 시의 '여럿주체'와 근대적 시선」,『호남문학과 근대성 연구1』, 심미안, 2007.

에서 발생하고 이어진다. 그리고 ①②를 글자 그대로 온전히 형상화하고 있는 시가 「칠면조」라고 인식되는 ③이라는 분석/해석 과정이 덧붙여진다. 그렇다면 ③의 인식이 발생하면서 구축된 시적 의미를 재-구축하기 위해서는 저 순차적인 방식의 정보를 역으로 거슬러 올라갈 필요가 있다. 이것은 기호화의 과정을 역으로 기호화하는 방식과 유사하다.

먼저, 이 시에서 부정적 인간의 전형으로 지목되고 있는 대상은 우국지사("憂國士")와 모던걸("洋裝女"), 그리고 모리배("謀利輩")들이다. 그들은 일제 강점이라는 암울한 상황, 곧 사회적이고 정치적인 변혁기의 시류에 빠르게 편승하여 정당한 역사 발전의 흐름을 왜곡하고 자신들의 안위와 이익만을 추구함으로써 사회윤리적 규범을 교란시키는 기생충에 다를 바 없는 존재들이다(최학출:122). 이때, 우국지사와 모던걸, 모리배들의 출현, 그리고 그들을 가리키는 유사 표현의 시적 차용은 일제 식민지라는 특정한 시대적 정황과 결부되어 있다. 당시 신문지면에 사용된 기사의 용어를 살펴보면, 이러한 정황의 근거를 엿볼 수 있다.

가령 우국지사("憂國士")의 경우에는 보통 나라를 위해 헌신하는 지사적 인물을 가리키는 말이지만,

> 금회 서미사령관이 내지(內支)하야 시국수습과 함께 널리 우국사와 적극적으로 제휴하고 동심협력, 도의를 기초로 하고 신중국건설에 당하게 된 것은 오인(吾人)의 평화주장 즉 유신정부가 종래 실행하여온 방침과 전혀 일치하는 것으로…이것은 오로지 일지(日支) 양국의 행복일뿐 아니라 또 전세계의 복지이기도 하다[9]

9) 「西尾司令官聲明 維新政府大歡迎」, 『동아일보』, 1939.10.4. 강조는 인용자.

에서 보는 것처럼, 당시의 정황에서는 일제의 제국주의적 야욕에 합세하는 자들을 가리키는 용어로'도' 사용될 수 있었으며, 모던 걸의 경우에는 보통 신여성을 가리키는 것이지만,

> 살님사리 부녀는 물론 아니고 그러타고 여학생인가하면 그것도 아니고 기생인가 하면 역시 기생답은 곳이 업고 불량녀인가 하면 전연히 그럿치도 아니하니 행동과 사상의 성격파산자라고 할 것이 제일 적당할 듯하다[10]

는 비난 섞인 평가 '또한' 받고 있었으며, 모리배의 경우에는 표준적인 의미에서 대개의 사기꾼을 뜻하는 말이지만,

> 먹을 죽물도 업서 몃끼를 굶고 한벌 낡은 옷도 업서 추음과 주림에 밤낫 우름으로 량식 삼고 지내는 자가 몃만…이 슬품 속에서 죽어가는 자의 죽엄을 드듸고 좃타고 춤추는 악한이 곳곳에…온갓 수단을 다 써가면서 돈이 귀한 이틈을 타서 사리를 도모[11]

하는, 다시 말해 식민치하의 혼란 속에서 활개를 치며 같은 나라의 동포들을 협잡하는 인물을 묘사하는 데에'도' 사용되었던 것이다. 이처럼 우국사-양장녀-모리배는 모두 외래적인 것을 가리키는 말이면서 동시에 그것과 결부된 존재의 특성을 부정적으로 가리키는 말이었다.

칠면조의 어원과 용례를 통해 알 수 있는 것처럼, 당대의 시대적 정황과 언어는 상호-역동적인 관계 속에 놓여있다. 그런 점에

---

10) 「"毛斷껄"과 "男性解放聯盟"」(2), 『동아일보』, 1927.8.23.
11) 「謀利輩暗中飛躍」, 『동아일보』, 1924.10.9.

서, 문학에 사용된 언어 역시도 그 문학이 만들어진 시대적 정황과 깊은 관련성을 맺을 수밖에 없다. 앞서 살펴본 "우국사", "양장녀", "모리배"라는 시적 표현은 따라서 당시의 상황 속에서 실제로 부정적 행위를 일삼는 인물들을 대리-표상하는 시니피앙(signifiant)이라고 말할 수 있다. 이러한 시니피앙은 그 대상이 보여주는 부정적 행위가 당면한 현실 속에 존재하는 악의 축과 맞닿아 있다는 점을 명료하게 보여주는 언어적 근거가 되는 동시에, 문학이라는 영역 속에서의 확장된 언어적 용법을 통해 실제 항일에 앞장선 우국지사와 전통을 버리지 않으려 고군분투했던 도학자와 굶주리고 헐벗은 동포들을 위해 교묘/애매하게 행동했던 회색지대의 사람들에 대한 윤리적 판단에 대한 재고를 요청하는 언어적 실천이 된다. 마땅히 '선의 축'으로 규정할 수 있거나 '악의 축'으로 규정할 수 있는 명확한 기준이라는 것이 사실상 존재하지 않는 상황에서 무엇보다도 필요한 것은 직면한 상황에 적절한 자기-물음일 터이다.

악의 축으로 명명될 법한 변절자들에 대한 고발이라는 차원에서 시적 전언을 구축하기 위해 「칠면조」는 일방적으로 말하지 않는다. 대신 악의 축에 해당하는 인물과 선의 축에 해당하는 인물 사이에서 '변절의 기조(奇鳥) 혹은 기조(基調)'를 전면으로 형상화하는 방식을 취하고 있다. 분명 표층적으로 악에 대한(against) 시적 전언을 구축하고 있음에도 불구하고 그 비판의 칼날이 어떤 의미에서 아주 예리하거나 날카롭지 않은 구석이 애매하게 엿보이는 까닭은, 이 시가 그 전언을 외래종 새의 이름인 칠면조에서 파생한 아주 친숙한 관용적 의미(①+②)에 실어 우회적으로 전달하는 전략을 취하고 있기 때문이다. 이러한 시적 전략은, 시작(詩

作)에 개입하는 일제 강점기의 시대적 제약을 염두에 둔 방식일 수도 있겠거니와, 다른 측면에서는 변절이라는 악한 행위를 일삼는 우국지사, 모던걸, 모리배와 같은 인물들을 향해 던지는 <변절자는 매국노다>라는 일상적인 메시지에 담긴 비판적 의미를, <변절자는 외래한 칠면조다>라는 시적 전언을 안으로 옮겨 실음으로써 그 비판적 의미를 더욱 강화시키려는 방식으로도 볼 수 있는 것이다.

악의 고발/폭로에서 악의 고백으로

한편, 칠면조를 닮아 변절의 재주에 능숙한 우국지사, 모던걸, 모리배들이 아무리 당시에 만연한 시대적 악을 대리-표상하는 대상들이라 하더라도, 그러한 악의 근원은 칠면조가 외래한 것처럼 본래적인 것이 아니라 맥락 그대로 '외래한' 것이라고 가정해볼 수 있다. 어떤 측면에서, 국가적 힘이 온전하지 않은 상황에서 피식민자인 저들과 우리는 '저항할 수 있는 아무런 힘조차 가지고 있지 않다'는 논리에 기대어 이런 존재들의 행위에 선/악을 판단하는 것은 어려울 수 있다는 자기-우회적 태도가 나타날 수 있다. 말하자면 이것은 적은 철저하게 외부'에서' 오고 외부'에만' 존재한다는 사고에 기반한 것이다. 실제로 이러한 태도는 나약한 인텔리들 대부분이 식민치하에서 때때로 전유하고 있던 표준적인 자기-위안의 방식이기도 했다. 가령, "프롤레타리아도 아니면서 혁명적 프롤레타리아의 의식을 소유한 자, 사회주의 지식인에게 있어서는 환경(존재)로부터 분리된 이 '의식' — 마치 유체이탈을 연상시키는 — 의 정당성을 증명하는 것이 자기정의의 최대 관건이었는지도 모른다."[12] 다시 말해, 부정적인 것이나 그것의 원인을 자신의 바깥에서 찾으려고 하는 인물은 식민지 시대를 살아갔던 나약한 인텔리들의 한 면모이었으며, 그러한 인텔리들이 문학을 창작하는 작가일 경우, 그들의 작품에서 '실천 가능한' 하나의 기법으로써 바깥에 대한 '고발'이나 '폭로'라는 문학적 전략을 발견하기란 그다지 어려운 일이 아닌 것이다.

바깥의 현상에 대한 고발이나 폭로는 그것이 가급적 현실(리얼)에 입각해 있으면 있을수록 효과를 얻는다. 그런데 거기서 얻게 되는 효과가 결코 긍정적인 것만은 아니다. 일례로, "일체의 것을 고발한다는 부정의 정신으로 현실을 리얼하게 재현하고자 했던, 그가[김남천이] 이후 발자크 류의 관찰 문학론으로 정식화한 묘사의 리얼함은 '리얼함' 내지 '리얼리티'에 대한 근본 문제를 제기한다. 리얼하게 재현함으로써 진짜 현실이 존재하고 있음을 끊임없이 상기하는 것은 실은 그 현실을 바라보고 창조하는 발화자의 시선/욕망을 은연중에 삭제하거나 망각하게 하는 서사 효과를 창출하기 때문이다."[13] 말하자면, 진짜 리얼하게 고발하는 전략을 택할 경우, 그 과정 속에서 발화자/작가가 실제 현실에 대한 리얼한 감각을 망각해 버릴 수 있다는 것이다. 대상에 대해 비판적 태도를 갖는 자기-우회의 방식이 필연적으로 부딪칠 수밖에 없는

12) 이혜령, 「지식인의 자기정의와 '계급'」, 『상허학보』 제22집, 2008, 139쪽.
13) 공임순, 「식민지 소설에 나타난 사회주의자의 형상 연구」, 『한국근대문학연구』 제7권, 2006, 206쪽.

문제는 바로 거기에 있다. 「칠면조」의 시적 전략 속에서 우국지사, 모던걸, 모리배들에 대한 고발/폭로의 제스처를 충분히 엿볼 수 있으면서도, 그 제스처의 강도는 묘할 정도로 느슨하게 여겨지는데, 그 까닭은 바로 고발/폭로의 제스처가 종국에는 희화화되면서 발화자로서 시인의 현실에 대한 감각을 상실하도록 만들기 때문이다. 발화자의 고발만이 남고 정작 발화자가 사라져버린 자리에서 독자로서의 우리는 웃을 수밖에 없는 희극적 상황을 보면서도 오히려 허탈한 웃음을 짓게 되고 마는 것이다.

사회적 부조리의 일체를 칠면조에서 본뜬 변절의 습성을 지닌 세 가지 부류의 인물로 대리-표상하여 고발/폭로하고 있는 시인 여상현은 잘 알려져 있는 것처럼 "노동자도 농민도 아니었다. 명문인 延專출신이요, 유수한 일간신문인 서울신문 기자로서 버젓한 知識人이었다. 또한 父親이 1개의 面의 행정을 맡은 面廳의 長이었다. 물론 부친이 영농을 하였지만 2백여평의 대지에 안채, 바깥채, 사랑채가 있었고 상당히 많은 농토를 소유한 大農家였다고 한다. 그런데 그의 詩의 題材에 노동자 농민에 관한 것이 많을 뿐만 아니라 그들과의 동류의식 속에 그들의 빈곤상을 리얼하게 표현하는가 하면 호흡을 같이 하는 시정신을 견지했던 까닭은 무엇일까."(박홍원: 84) 이러한 물음은 여상현의 생애 자료를 검토하는 가운데 노동자들의 실생활을 직접 관찰할 수 있었던 농촌과 탄광촌이 고향집 근처에 자리하고 있었다는 점과 할아버지와 아버지의 젊은 시절이 그러한 노동자 계층의 삶과 결부되어 있었다는 점에서 어느 정도의 답을 얻을 수 있게 된다.

그러나 여상현의 전기적 사실에서 엿볼 수 있는 주변 환경 및 父系 경험의 사례를 통해, 그가 보여준 소위 反계급적 시-쓰기의 원인 자리를 메꾸어버리기에는 다소 미흡한 지점이 없지 않다. 물론 이것은 어디까지나 논의의 과정 중에 있는 것이다. 그러한 심층적 차원에서 제기된 원인을 규명하려는 시도는 이후에 개진될 여상현의 전기적 사실과 시적 경향의 관계에 대한 논의에서 수정·보완될 필요가 있다. 이런 차원에서 여상현의 전기적 사실에서 비롯된 기존의 논의들을 검토하면서 "전기적 사실과 관련하여 여상현을 이해하고자 하는 입장에서 볼 때 '아버지의 뼈골과 어머니의 치마끈으로 가방을 멘 중학생', 혹은 '산골 탄광으로부터 가족의 줄행랑' 등으로 표상된…묘사[에서]처럼 그의 집안이 실제로 신산하지는 않았다는 사실을 지적"하면서, 여상현의 시에 대해 이야기할 때 "어느 정도 '주의자'로서 해방 후 그의 사상적 입장이 윤색되어 다루어진 측면"(최라영: 93-94)이 있음을 지적한 논의는 분명 적실한 것이었다.

명백하게 「칠면조」는 우국지사, 모던걸, 모리배로 표상되는 부정적 인간 군상을 우회적으로 고발/폭로하고 있는 시이다. 이러한 우회적인 방식은 부정적인 현실에 대응하려는 시인의 시적 전략의 일환이라고 말할 수 있다. 그런데 피식민자로서 인텔리 지식인이 취한 우회적인 발화의 방식은 리얼한 현실에 대한 "발화자의 시선/욕망"을 외려 망각하게 만드는 효과 또한 산출하게 된다. 고발의 방식이 희화화되면서 시인의 목소리가 느슨해지는 효과가 「칠면조」에서 또한 발생하고 있음을 보았다. 그로부터 우리는 <시인=발화자는 어디로 갔는가?>라는 물음과 직면하게 된다. 시인은 어디로 갔는가? 다시 말해 시인의 목소리는 어디를 향해 발화되고 있는 것인가?

여상현의 출생과 활동 상황을 살펴보았을 때, 그는 프롤레타리아 작가보다는 인텔리 작가에 가깝다. 그러나 그는 자신이 실제로 보고 느낀 현실이 어떻든 간에 현실에 '문학적으로' 대응하기 위해서는 그것을 '사상적으로' 윤색해야할 필요성이 있었으며, 「칠면조」가 취한 간접적인 고발/폭로의 시적 전략 역시 지식인의 책무라는 측면에서 고려된 방식일 수 있다. 그런데 "메마른 이나라 백성들"에 대한 시인의 시선은 고발/폭로의 태도보다는 도리어 염려의 태도에 가까워보인다. 어떤 의미에서 '고발'에서 '염려'로 전환하는 바로 그 지점은 우회적인 희화화의 정점으로 읽힐 수 있다. 고발을 시적 전략으로 취하고 있는 여상현의 시에 있어서 "오히려 이례적 독설처럼 여겨지는 냉소와 풍자가 이 작품에 가득하다"(유성호: 141)는 지적이 나오게 되는 것은 그러한 시적 전략 자체가 무엇보다도 문제적인 것일 수 있음을 말해주는 것이다.

그렇다면 「칠면조」에서의 시인의 태도는 왜 그토록 이례적인 방식으로 표출되어야만 했을까? 우리가 '이례적'이라는 다소 나이브한 용어로 지시하고자 하는 것, 서로 전혀 소통되지 않는/않을 것 같은 두 가지의 사회적-상징적 세계의 장벽이 일시적으로 중지되는 것을 가리켜 지젝은 "그것은 마치 어떤 또 다른 세계, 유령적인 세계로부터 손 하나가 불쑥 빠져나와…일상적 현실로 들어온 듯한 사건"[14]이라고 언급하면서, 그것을 "마술적 마주침(magic encounter)"이라고 명명한 바 있다. 고발에서 염려로 전환하는 「칠면조」의 시적 사건, 일상적 현실에서 문학적 가상으로 나아갔다가 다시 일상적 현실로 들어오는 시적 인식의 과정을 저

14) 슬라보예 지젝, 『탈이데올로기 시대의 이데올로기』, 김상환 외 옮김, 철학과현실사, 2005, 8쪽.

'마술적 마주침'에 비견할 수 있다면, 이러한 사건은 표준적인 서정시 독법에서 말하는 "환상에서 빠져나오는(disenchanted)"[15] 과정이기도 할 것이다. 그렇다면 우리는 어떠한 환상에서 빠져나오게 되는 것일까? 그것은 <시인의 태도는 왜 그토록 이례적인 것이어야만 했을까?>라는 앞의 질문에 대한 우회적인 판본에서 더 잘 드러날 수 있다. 즉 <우리가 처한 식민지 현실은, 현실의 사람들은 왜 그토록 이례적인 것이어야만 했을까?>

인텔리 지식인이자 시인이었던 여상현에게 주어진 물질적인 환경은 프롤레타리아의 것이 아니었으나, 작품 속에 투영된 그의 정신적인 환경은 프롤레타리아의 그것과 매우 가까운 것이었다고 말할 수 있다. 전자의 경우, 그는 인텔리 시인의 시선에서 악의 행위를 일삼는 부정적 인간의 전형으로 우국지사, 모던걸, 모리배들이라는 특정한 인간들을 호명하여 그들을 고발/폭로의 단두대 위에 올려놓는다. 그 발화의 방식은, 그것을 풍자로 간주하더라도, 매우 희화적이어서 칠면조라는 동물 자체를 포함한 짐승 전반에 대한 고발/폭로처럼 여겨질 수도 있다. 그러다가 시인의 시선은 이제 악의 행위를 행하지는 않았으나 그렇게 될 수밖에 없는 비극적 상황에 처한 "이나라 백성들"에게로 향한다. 그때의 시선은 도저한 고발/폭로라기보다는 "메마른 이나라", "귀떨어진 소반우에", "情다운 食口들이 모이고", "四寸성님도 오시래서"에서처럼 시인이 배려하여 덧붙인 시적 언술들에서 보듯, 어떤 안타까운 여운("獨立이 오느니 가느니 이야기 할건가") 속에서 다분히 염

15) Jonathan Arac, "Afterword: Lyric Poetry and the Bounds of New Criticism", *Lyric Poetry: Beyond New Criticism,* ed. Chaviva Hosek & Particia Parker, Ithaca: Cornell Univ. Press, 1992, 347쪽.

려스러운 심상으로 전환하고 있다. 그 지점에서 우선적으로 '악의 축'을 전제했던 시인의 시선이 거꾸로 돌아와 '선의 축'과 교차하게 되고, 현실적 마주침은 마술적 마주침으로, 곧 실재적 마주침으로 이행하게 된다. 시인은 이제 변절의 악인들을 고발/폭로하는 것을 대신하여 "메마른 이나라"의 백성들을 염려할 수밖에 없는 인텔리 작가의 나약함과 함께, 그 자신 또한 "메마른 이나라"의 백성일 수밖에 없을지도 모른다는 불편한 사실과 마주하지 않을 수 없게 된다. 거기에서 고발/폭로의 방식은 고백의 방식으로 전환되며, 시인은 변절 혹은 기회주의라는 당면한 문제적 행위에서 자신도 마찬가지로 자유롭지는 못하리라는 '실재의 감각'을 인식하게 되는 것이다.

리쾨르(P. Ricoeur)는 언젠가 인간의 분노와 인간의 결백이 결부되어 있다는 점을 이야기하면서 오이디푸스와 프로메테우스의 사례를 든 적이 있다.[16] 살인과 간음이라는 오이디푸스의 비극적 여행은 알려진 사실로부터 출발한다. 또한 프로메테우스의 비극은 부당한 고통에서 시작된다. 그 둘은 회상이라는 과정을 통해 이야기의 시초/근원에 다다른다. 거기에서 불을 훔친 것은 선한 일이었음이 밝혀진다. 그러나 그것은 어디까지나 훔친 것이었다. 오이디푸스와 프로메테우스는 처음부터 결백하면서 허물이 있었다. 그것을 가리켜 리쾨르는 "결백한 교만"이라고 불렀다.

<결백은 [처음부터] 교만이다>라는 신화적이고 종교적인 하지만 사소한 개념적 은유로부터, <선은 [처음부터] 악이다>는 근본적인 개념적 은유를 유추해 내는 것은 어렵지 않다. 「칠면조」를

16) 폴 리쾨르, 『악의 상징』, 양명수 옮김, 문학과지성사, 1999, 215~214쪽.

쓰던 당시의 여상현 또한 고발/폭로라는 교만한 결백에서 시작하여 자기-고백이라는 결백한 교만에 이르게 된 것일지 모른다. 이 글은 그러한 방식을 시대적 상황 속에서 악의 축에 대응하기 위해 나약한 인텔리 시인이 현실적으로 취할 수밖에 없었던 시적 전략의 하나로 이해하고자 한다. 이러한 이해에 따를 때, 악에 대한(against) 현실적 대응으로서의 「칠면조」 쓰기/읽기는 변절자들에 대한 고발/폭로라는 언표내적(illocutionary) 전언을 우리=독자들을 향해서 돌려주는 실천적 행위가 될 수 있다. 다시 말해 "메마른 이나라 백성들"에 여지없이 해당하기에 저와 같은 변절자들과 마찬가지로 악과의 대면(對面)에서 쉽게 유혹-당할 수밖에 없는 우리=독자들 또한 칠면조의 습성을 '이미' 지니고 있을 수도 있다는 점을 우리 스스로가 언제나 재-인식(re-cognition)해야만 한다는 언표외적(perlocutionary) 전언으로 돌려주는 반성적 작업이 되는 것이다.

「칠면조」 이전과 '칠면조' 이후

지금까지의 논의에 더하여 '반성적으로' 덧붙여야할 사실이 하나 있다. 「칠면조」의 창작 연도는 『칠면조』의 시집 후기를 참조할 때, '해방 후'(1945년 이후)가 된다. 그러나 후기에서 연유한 그러한 정황이 결코 정확한 것은 아니다. 가령, 후기에서는 최근의 작품에서부터 습작의 순서로 작품들을 수록했다고 밝히고 있지만, 실제로 여상현의 작품들이 잡지에 발표된 연도와 시집에 수록된 순서는 서로 일치하지 않는다.[17] 더군다나 「칠면조」의 경우에는 시집에 실리기 이전에 다른 지면에조차 발표된 적이 전무하기 때문에 정확한 창작/발표 연도를 헤아릴 방도가 없다. 이것은 「칠면조」의 시적 배경을 추정할 때, '미군정'이나 "해방조선(解放朝鮮)"이라는 텍스트 내적 조건을 제외한다면, 해방이전의 체험에서 비롯된 것이거나, 그것이 해방이후의 체험과 혼효된 것일 수도 있다는 가정을 가능케 한다. 앞서의 본론에서 「칠면조」를 분석하기 위해 제시한 자료나 진술들이 식민지 시기인 '해방 이전'(1945년 이전)을 염두에 두고 있는 것은 바로 그런 가정을 염두에 두었기 때문일 것이다. 요컨대, 「칠면조」의 창작 연도가 정확하지 않다는 점과 시에서 부정적으로 형상화되는 인물 유형이 식민지 시기의 전형적인 인물 유형과 맞닿아 있다는 두 가지의 정황으로부터 이와 같은 논의가 촉발될 수 있었던 셈이다.

한편, 이 글을 촉발시킨 원인 가운데 가장 우선적이었던 것은 시집의 표제이자 시의 표제로 전경화된 '칠면조'가 "昌慶苑에서 돈 내고야 구경한/ 가지 가지의 異國産 즘생중에도/ 어른들이 가장 무서워하는 變節의奇鳥"라는 시적 언술 때문이다. 주지하다시피 창경원은 대한제국의 황실이었는데, 1907년 일제의 은밀한 계획에 의해 그 안에 동물원이 설립된다. 그리고 몇 년 뒤 일제의 야욕이 대한제국의 황실을 짓밟았을 때, 우리의 황제는 그곳에서 "異國産" 동물들과 함께 망국의 설움을 달랠 수밖에 없었다. 당시 그곳에 실제로 칠면조가 있었는지 없었는지는 덜 중요한 사실이

17) 작품 발표 연도와 수록 순서의 불일치 및 작품 연보는 유성호(1995: 123~124), 최라영(2004: 86~88)을 참고할 수 있다.

될 것이다. 오히려 여상현의 「칠면조」라는 시 안에 '칠면조'가 존재함으로써 발화되는 현재적인 시적 언술이 더 중요해 보이는데, 그것은 '창경원'과 '칠면조'와 망국의 설움을 유발한 식민지 시대의 '부정적 인간 군상'을 시간적·공간적 제약의 너머에서 적나라하게 현현해내고 있는 시적 시니피앙이기 때문이다. 이것을 더욱 구체화하기 위해서는 『칠면조』에 수록된 다른 시들에 대한 동일한 맥락에서의 후속적인 논의가 요청되는 바, 향후 과제로 남겨두기로 한다.

출전
정민구, 「악(惡)에 대처하는 시적 전략의 한 가지 -여상현의 칠면조(七面鳥)를 중심으로」, 『용봉인문논총』 제40권, 전남대학교 인문학연구소, 2012.

참고문헌

❑ 기초 자료

呂尙玄, 『七面鳥』, 正音社, 1947.

「府議選擧雜觀」, 『동아일보』, 1923.11.22.

「謀利輩暗中飛躍」, 『동아일보』, 1924.10.9.

「"毛斷껄"과 "男性解放聯盟"」(2), 『동아일보』, 1927.8.23.

「西尾司令官聲明 維新政府大歡迎」, 『동아일보』, 1939.10.4.

❑ 여상현 관련 논문

박홍원, 「呂尙玄論」, 『한국시문학』 제5집, 1991.

유성호, 「呂尙玄 시 연구」, 『연세어문학』 제27집, 1995.

전동진, 「여상현 시의 '여럿주체'와 근대적 시선」, 『호남문학과 근대성 연구 1』, 심미안, 2007.

전영주, 「呂尙玄 硏究」, 수원대 석사논문, 1995.

최라영, 「呂尙鉉 연구」, 『한국시문학』 제15집, 2004.

최학출, 「자기성찰과 시적 현실주의: 呂尙玄論 2」, 『울산어문논집』 제7집, 1991.

❑ 국내논문 및 저서

공임순, 「식민지 소설에 나타난 사회주의자의 형상 연구」, 『한국근대문학연구』 제7권, 2006.

이혜령, 「지식인의 자기정의와 '계급'」, 『상허학보』 제22집, 2008.

조주관, 『죄와 벌의 현대적 해석』, 연세대출판부, 2007.

❑ 해외 논문 및 저서

슬라보예 지젝, 『탈이데올로기 시대의 이데올로기』, 김상환 외 옮김, 철학과현실사, 2005.

__________, 『실재의 사막에 오신 것을 환영합니다』, 이현우·김희진 옮김, 자음과모음, 2011.

폴 리쾨르, 『악의 상징』, 양명수 옮김, 문학과지성사, 1999.

Arac, Jonathan, "Afterword: Lyric Poetry and the Bounds of New Criticism", *Lyric Poetry: Beyond New Criticism*, ed. Chaviva Hosek & Particia Parker, Ithaca: Cornell Univ. Press, 1992.

목일신 동시의 아동 이미지 형상화

정 다 운

동시와 아동 이미지

목일신[1)]은 전라남도 고흥 출신으로 1930년대 가장 활발하게

1) 목일신은 전라남도 고흥군 고흥읍 행정리 425번지에서 5남매 중 장남으로 태어났다. 그는 1928년 3월 14일 고흥의 흥양보통학교를 16회로 졸업하고, 순천매산학교에 입학하였다가 1929년 4월 8일 전라북도 전주에 있는 신흥학교로 전학하였다. 이후 일본으로 유학하여 관서대학을 졸업하였고 평생을 교직에 종사하였다. 그의 호는 은성이며 필명으로 목옥순, 기소영, 김부암, 임일영 등을 쓰기도 하였다. 그가 주로 동시·동요를 발표한 지면은 『동아일보』, 『조선일보』, 『매일신보』, 『아이생활』이다. 작품 발표 시기를 살펴보면 1929년부터 1937년까지 활발하게 발표하였다. 1929년은 전주 신흥학교에 다니던 때로 18편을 발표하였고, 퇴학을 당한 1930년은 가장 많은 작품을 발표했던 해이다.그의 작품에 윤이상, 안기영, 홍성유 등 당대의 유명한 작곡가들이 곡을 붙였다. 목일신의 작품 편수가 정확하게 몇 편이나 되는지는 알려진 바가 없지만, 그는 생전에 400여 편의 작품을 썼다고 밝힌바 있다. 현재까지 발굴되어 전집에 실린 작품은 동요는 201편, 산문은 54편, 시와 대중가요와 신민요 등의 노랫

활동했던 시인 중 한 명이다. 1930년 『동아일보』 신춘문예에 「참새」가 당선되었고, 1931년 『조선일보』 신춘문예에 「물레방아」가 2등으로 당선되며 독자들에게 작품이 회자되기 시작했다. 당대 유명한 작곡가들이 곡을 붙인 「자전거」, 「비눗방울」, 「누가누가 잠자나」 등의 동요는 오늘날까지도 많은 아동들이 애창하는 목일신의 대표 작품이다.

그동안 목일신의 동시는 명랑하고 건강한 내용을 지닌 생동감 넘치는 작품으로 평가되어왔다. 기존 연구[2]들은 다채로운 의성어

말은 44편으로 확인되고 있다.

2) 목일신에 관한 연구는 지금까지 주로 '이동순, 이정석, 황수대'(가나다순)에 의해 이루어져 왔다. 기존의 연구 성과는 다음을 통해 확인할 수 있다.

이동순, 「자전거를 타고 오는 사람, 동요작가 목일신」, 『문학들』 제30집, 문학들, 2012.

_____, 「동요작가 목일신의 문학적 생애」, 『한국문학이론과비평』 제58집, 한국문학이론과비평학회, 2013.

_____, 「광주전남 근현대 시문단의 형성사 연구 2－동요, 동시를 중심으로」, 『현대문학이론연구』 제57집, 현대문학이론학회, 2014.

이정석, 「찌르릉! 목일신(睦一信) 동요 연구」, 『한국아동문학연구』 제20집, 한국아동문학학회, 2011.

_____, 「목일신(睦一信) 동요연구」, 『문학춘추』 제78집, 문학춘추사, 2012.

_____, 「1930년대 대표 동요시인 목일신의 문학 특성」, 『아동문학평론』 제39집, 아동문학평론사, 2014.

황수대, 「목일신 동시 연구」, 『한국아동문학연구』 제23집, 한국아동문학학회, 2012.

_____, 「1930년대 동시 연구 : 목일신·강소천·박목월을 중심으로」, 고려대학교 박사학위논문, 2013.

이동순은 목일신의 문학적 생애를 추적하고 정리하여 문학사적 위치를 해명하고 있다. 항일운동가의 아들로 태어나 동요를 창작하게 된 동기를 부친의 우리말 글쓰기 교육에서 찾고 그의 동요가 민족적 성격이 강하다고 밝히고 있다. 더불어 목일신이 어린이를 주체적인 타자로 설정하고 '어린이-되기'로서의 동요를 썼다고 분석한다. 그의 동요에 당대 유명한 작곡가들의 곡이 많이 붙여졌고, 그가 신민요와 유행가의 가사도 썼음을 밝히며 아동문학사 내에서 합당한 위치를 부여해야 함을 강조하고 있다.

와 의태어가 등장하고, 구체적인 이미지가 선명하게 묘사되는 목일신 문학의 특징을 여실히 드러냈다. 본고에서는 수사학적 관점을 넘어 목일신 동시에 내포되어 있는 아동 이미지 형상화 구조를 이해하는 시도를 하고자 한다. 이를 위해 알랭 바디우(Alain Badiou)의 "동일자의 생산은 그 자체가 동일자의 법칙 내부에 있다"[3]는 사유체계를 빌려와 『목일신전집』[4]에 수록된 동시 201편을 분석한다. 이는 목일신 동시의 아동 이미지 형성 과정이 비동일자를 동일화 혹은 균질화하는 근대 이미지 형성 과정과도 닿아

또한, 이동순은 「광주·전남 근현대 시문단의 형성사 연구2」에서 광주전남의 아동문단 형성이 1920년대와 30년대 동요운동과 밀접한 연관이 있다고 이야기한다. 동요운동을 어린이를 항일담론의 주체로 부상시키면서 전개된 항일운동이자 문학운동으로 규정지으며 광주·전남지역 동요·동시의 제1세대 문단의 주역으로 '김태오, 목일신, 조종현, 정태병'을, 1950년대 제2세대 문단의 주역으로 '여운교, 김일로, 김신철, 고재승, 허연'의 활동을 주목했다.

이정석은 목일신의 동요 98편을 표현 대상별로 분류한다. 생활 중심인 '자전거'형 동요와 자연 중심인 '비눗방울'형 동요, 공존 중심인 '누가누가 잠자나'형 동요로 나눈다. 이러한 목일신 동요의 특징으로 명랑하고 건강한 내용이 많고, 의성어와 의태어를 빈번하게 사용하며, 자장가 형태의 동요가 많고, 독특한 시행 배열을 시도한다는 점을 들었다.

황수대는 동요의 황금기라 불리었던 1930년대 작품 활동을 펼쳤던 목일신의 삶과 작품을 소개하고 있다. 목일신의 동요가 1920년대를 풍미했던 노래 중심의 정형 동시의 맥을 이어가며, 밝고 건강한 동심을 담아내고 있다고 보았다. 또 1930년대 한국 동시의 성격을 가장 잘 보여주는 작품으로 목일신과 강소천, 그리고 박목월의 동시를 이야기한다. 그중에서도 목일신을 그동안 한국 동시문학에서 크게 주목받지 못한 시인이라고 밝히며, 1920년대 정형 동시의 틀을 유지하면서도 밝고 건강한 동심의 세계를 담아내고, 음성 상징어와 대구를 활용하여 경쾌한 리듬을 조성하며, 다양한 행갈이와 연갈이를 통해 그 나름의 형식미를 추구한다는 것에서 목일신 동시의 의의를 찾았다.

3) 알랭 바디우, 『사도바울-'제국'에 맞서는 보편주의 윤리를 찾아서』, 현성환 옮김, 새물결, 2008.

4) 목일신, 『목일신 전집』, 이동순 엮음, 소명출판, 2013.

있음을 발견하는 작업이 될 것이다.

바디우에 따르면 보편적 사유는 다수의 타자가 하나의 동일자로 포섭되는 결과 속에서 산출된다. 개인의 정체성 탐색이 보편성을 지향하며 그 안에서 진리치를 발견하는 과정인 것이다. 다시 말해 동일자의 생산은 소수의 특질을 가지고 있는 개개인이, 자신의 특이성을 버리고 보편적 틀 안으로 포섭될 때에 극대화된다. 이때 동일자는 자신의 정체성을 주체적으로 규정지었다고 믿게 된다. 그리고 이 모든 과정이 인위적인 과정이 아닌, 보편적인 진리 추구의 자연스러운 탐색 과정이었다고 합리화하게 된다.

근대 이후 발견된 아동은, 세계가 요구하는 동일자로 성장하기 위하여 끊임없는 사회화 과정을 거친다. 이때 '동일자의 내부에 존재하는 법칙'의 영향을 받게 되는데, 동시 혹은 아동문학이 적지 않은 역할을 담당한다. 아동문학은 문학이라는 친숙한 도구를 통해 특별한 '무엇'을 일반적인 혹은 보편적인 것으로 둔갑시킨다. 아동은 동시를 읽으며 또 동요를 부르며, 개별적 체험 이미지가 집단의 보편적 일상으로 둔갑하는 과정을 경험하게 된다. 그리고 아동은 이렇게 습득한 사유를 주체적으로 획득한 자신의 정체성이라고 믿게 된다.

사실 아동문학이 근대 기획의 결과물이라는 논의는 이제 보편적 인식으로 받아들여진다. 근대 이후 미성숙한 '아동'이 발견되었고 이들을 사회 구성원으로 성장시키기 위하여 '아동문학'이 효과적인 도구로 활용되었다는 주장 역시 더 이상 새로운 견해가 아니다. 하지만 지금까지 아동문학의 근대성 논의는 피상적으로만 설명되어왔다. 본고에서는 목일신 동시에서 형상화되는 아동의 이미지를 추적하여, 비동일자를 동일화시키는 근대성 양상을 드러내보고자 한다. 이는 동일자 생산 법칙이 '미성숙한 아동으로의 인식을 촉구'하고 '아동의 규칙을 확산'하는 단계적 공정으로 진행되고 있음을 확인하는 작업이 될 것이다. 그리고 근대성을 내재하고 있는 아동문학의 특질을 구체적인 작품 안에서 확인할 수 있는, 양적 연구로의 확대로 이어지는 디딤돌이 될 것이라 기대한다.

자연물의 재현과 아동-동일자 이미지 생산

목일신의 동시 중 대중에게 가장 익숙한 작품은 1932년 『아이생활』에 발표된 「자전거」이다. 시인의 이름을 모르는 사람들도 작곡가 김대현이 곡을 붙인 동요 「자전거」는 잘 알고 있을 정도로, 오늘날까지 국민동요로 자리매김하고 있다. 지금 우리가 부르고 있는 노랫말도 당대에 발표된 목일신의 동시와 유사한 기본 토대를 가지고 있다.

찌르릉 찌르릉 빗켜나셔요
자전거가 갑니다 찌르르르릉
저기가는 저영감 꼬부랑영감
어물어물 하다가는 큰일납니다.
**
찌르릉 찌르릉 빗켜나셔요
자전거가 갑니다 찌르르르릉
오불랑 꼬불랑 고개를넘어

비탈길을 스르륵 지나갑니다.
- 「자전거」 일부

동시 「자전거」에는 아버지가 사 오신 자전거를 신나게 타는 아동의 모습이 그려져 있다. 자전거를 타고 있는 현장의 생동감을 구체적인 상황 묘사로 재치 있게 표현하고 있다. 동시에서 가장 먼저 눈에 띄는 부분은 각 행의 첫 구절에 드러나는 '찌르릉 찌르릉'이라는 의성어이다. 오늘날 불러지고 있는 동요 가사의 '따르릉 따르릉'과는 다른 의성어가 구현되고 있다.[5)]

사실 '따르릉 따르릉'이라는 의성어는, 의성어가 가지고 있는 무한한 가능성으로 동요 「자전거」의 가사를 쉽게 바꾸어 부르는 일련의 확장된 문학 생산을 가능하게 한다. 가사는 주로 운동회 등의 체육행사에서 바뀌어 등장한다. '따르릉 따르릉 전화왔어요. ○○팀이 이겼다고 전화왔어요. 아니야 아니야 그건 거짓말. ●●팀이 이겼다고 전화왔어요'라는 식으로 '따르릉 따르릉'이라는 의성어가 자전거 벨소리 뿐만 아니라 전화 벨소리와도 비슷하다는 점에서 착안하여 동요 가사를 바꾸어 부르게 된다. 의성어의 닮은 꼴이 재미있는 변용을 일으키는 것이다.

ᄯᅡ르릉 ᄯᅡ르릉 ᄯᅡ르르르릉
전화가 왓습니다 ᄯᅡ르르르릉
밥먹다가 말고서 ᄯᅱ여갓지요
**

5) 실제 목일신은 '따르릉 따르릉'보다는 '찌르릉 찌르릉'이 자전거 실제의 소리를 보다 더 잘 구현하고 있다고 생각했던 것 같다. 목일신의 또 다른 동시에서는 의성어 '따르릉 따르릉'을 전화 벨소리로 사용한다.

네!네 여보서요 누구십닛가
" · · · · · · · · · · · · · ·"
네!네! 잠간만 기다려줍소
우리언니 불러서 대여주엇죠

–「전화」 일부

1933년 조선일보에 발표한 「전화」에도 '따르릉 따르릉'이라는 의성어가 등장한다. 사실 '따르릉 따르릉'은 대중들이 생각해 낸 재미있는 변용이라기보다는, 이미 많은 동시에서 혹은 일상에서 사용되고 있는 관습화된 표현이다. 이렇듯 '주체적인 나'가, 혹은 '개성 넘치는 나'가 생각해 낸 사유나 가치관이 사실은 일련의 습득 과정을 통해 체화되었을 가능성과 마주하게 된다. '따르릉'이라는 의성어를 자전거의 벨소리로 또 전화기의 벨소리로 연상하게 된 데에는 문학작품이 일련의 역할을 수행한 것으로 볼 수 있다.

사회에서 원하는 아동이라는 동일자를 생산해 내기 위하여 가장 먼저 선행되는 것이 '아동-동일자'의 틀을 규정짓는 것이다. 목일신의 동시는 이러한 역할을 매우 분명하게 수행하고 있는데, 이는 주로 '어린' 이미지를 함축한 자연물들을 제시하는 것으로 드러난다. 다양한 자연물의 반복적 재현은 일정한 이미지의 연상을 훈련시키고, 이를 바탕으로 '아동-동일자'의 이미지가 선명하게 형성된다.

은하수/강물가에/어린별들이//
옹기종기/모혀안저/무엇을하나//
버레까지/잠자는/깁흔이밤에//
수군수군/모혀안저/무슨말하나//

캄캄하고/무서운/깁흔이밤에//
말업시/가만가만/솟곱질하나//
—「어린별」 전문

위에서 인용된 「어린별」에서는 저녁 하늘의 별들에게서 어린 이미지를 연상하게 한다. 어린 별들이 위치하고 있는 공간은 어둡고 캄캄한 밤하늘이다. 화자는 모두가 잠자는 깊은 밤에 함께 모여 앉아 있는 어린 별을 바라보며 '무엇을 하나', '무슨말 하나'라는 궁금증을 부여한다. 그리고 어린 별을 향한 호기심은 동시의 마지막 시행에서 '캄캄하고/무서운/깁흔이밤에//말업시/가만가만솟곱질하나'라는 구절에 도달하게 되는데, 이는 '깊은밤-밝은아침', '말업시-말하다'라는 대칭어를 연상시킨다. 그리고 앞으로 성장하여 제 역할을 하기 전 단계에 위치해 있는 미성숙한 이미지를 어린 별의 묘사를 통하여 무의식적으로 받아들이게 한다. '솟곱질' 역시 어른들의 일상을 모방하는 행위라는 것을 생각해보면, 미성숙한 아동의 모습을 인식하는 하나의 수단으로 자연물을 활용하고 있는 것으로 볼 수 있다. 이처럼 별에서 어린 이미지를 형상화하는 것은 또 다른 동시 「반짝반짝」, 「달과 별」, 「누가 누가 잠자나」, 「별」에서도 발견된다. 그리고 어린 별의 이미지 외에도 어린 동물을 동시 속에 등장시키며, 또 다른 어린 이미지 형상화를 꾀하고 있음을 살펴볼 수 있다.

문풍지 우루릉
잠안오는밤
보실보실 이밤엔
눈이옵니다

뒷동산 숲속에
어린산토긴
눈오시는 이밤엔
어디서자나

—「눈오는밤」 일부

인용된 동시 「눈오는밤」에서는 어린 산토끼가 어린 이미지의 형상화로 등장하고 있다. 동시 속에 등장하는 산토끼는 '보실보실' 눈이 오는 밤의 공간에 위치해 있다. 아동 화자는 잠이 오지 않는 밤에 밖에서 떨고 있을 토끼를 걱정하고 있다. 화자의 목소리를 따라가다 보면, 어느새 아동과 어린 산토끼를 동일한 선상에 놓게 된다. 그리고 화자 역시 눈이 오는 어두운 밤에 잠을 자지 못하고 있다는 것을 확인하게 된다. 여기에서 또 다른 미성숙한 아동의 형상화가 이루어지고 있다. 산토끼를 걱정하고 있는 아동 역시 아직은 보호가 필요한 존재라는 것을 무의식적으로 받아들이게 하는 것이다. 또한, 아직은 미성숙한 존재가 잠을 이루지 못하는 이유를 산토끼에 대한 걱정 때문이라고 제시하며 아동은 이처럼 순수해야 한다는 의미망을 '아동-동일자' 생성의 틀 안으로 가져오게 된다. 어린 동물들을 호명하는 양상은 '아동다움'을 생성시키는 과정과도 연결되는 것이다. 물론 동시를 읽고 노래하는 아동은 이와 같은 정체성 형성 과정이 주체적 사유의 결과라고 굳게 믿는다.

오양깐엔 음메음메 어린송아지
젓달라고 음메음메 우는송아지
배고프고 엄마그려 우름운단다
어미소만 기다리며 우름운단다.

**
하로종일 일만하는 우리암소야
어서어서 일다하고 집에돌아와
어린새끼 정다웁게 안어주어라
송아지의 주린배를 채워주어라.
–「소야! 소야!」 일부

동시「소야! 소야!」에서 화자는 자신의 집에서 기르는 암소에게 말을 건네고 있다. 하지만 울고 있는 어린 송아지를 동시의 전반부에 먼저 제시하며, 엄마를 애타게 기다리는 송아지에게 시선을 가게 한다. 암소에게 말을 걸고 있지만, 동시를 읽는 아동에게는 송아지가 사유의 전면에 배치가 되는 것이다. 동시 속에서 송아지가 '음메 음메' 울며 엄마를 기다리는 이유는 배가 고프기 때문이다. 주린 배를 채우는 행위는 성장과 직결되는 것으로, 목일신 동시의 목적 의식이 우회적으로 드러나는 부분이라고 할 수 있다. 성장은 자연스럽게 미성숙한 존재와 성숙한 존재라는 이분법적 사유를 전제하게 한다. 위의 동시에서는 '어린 송아지가 미성숙한 존재'로 '어미 소가 성숙한 존재'로 드러나고 있는데, 어린 송아지에게 향해 있는 화자의 마음쓰임에서 아동의 성장을 걱정하는 시인의 흔적을 유추해낼 수 있다. 이 외에도 어린 동물들의 모습은 「어린새」, 「겨울의산새」, 「산새」 등을 통하여 새의 모습으로도 형상화되고 있다.

사실 동시 속에서 화자가 관심을 주는 모든 행위의 목적은 '아동-동일자'가 바르게 성장하게 하는 데에 있다. 이러한 작가의 목적의식은 아래에 인용된 동시 속에서도 확인할 수 있다.

잔디위에 오슬보슬
　　은실같은 이슬비
잠자는싹 놀랄가봐
소리없이 내리네
어린새싹 눈뜨라고
　　보슬보슬 내리네
　　　　　　–「보슬비」 일부

위의 동시 「보슬비」에서는 은실 같은 이슬비가 잔디 위에 조심스럽게 내리고 있다. 이슬비가 내리는 이유는 앞으로 눈을 뜰 잠자는 싹을 위한 것이다. 이는 '아동-동일자'의 틀을 제시함과 동시에 '아동-동일자'가 바르게 성장하기를 기원하는 시인의 목적의식이 드러나고 있는 부분이다. 다시 말해, 잠자고 있는 어린 새싹을 위해 은실 같은 비를 내리고 있는 것이 바로 목일신 동시의 전제 요건이 되는 것이다.

일상의 묘사와 아동의 내부 규칙 확산

목일신의 동시에서는 '아동-동일자' 틀을 규정짓기 위하여, 어린 이미지를 반복적으로 활용하여 다양한 아동의 모습을 형상화하였다. 어린 이미지의 형상화는 주로 '어린 산토끼, 어린 송아지, 어린 새싹, 어린 별 등'의 어린 이미지의 자연물, 동식물을 작품 전면에 소환하는 것으로 구체화된다. 목일신 동시는 어린 동식물들의 미성숙한 이미지를 반복적으로 보여주며 앞으로 성장해야 할 존재로서의 아동의 이미지를 재인식하게 만든다. 또한, 자연물이 반복적으로 재현되는 것은 아동이 지니고 있어야 할 미덕으로 자연과 같은 마음을 습득할 것을 무의식적으로 강요하고 있는 것이라고 볼 수 있다. 이러한 '아동-동일자' 틀은 미성숙한 아동을 규정하는 것과 동시에 동일자 규칙을 수용할 것을 촉구하는 역할을 한다.

산에사는산ㅅ새는 가여운새는
비비배배노래하며 어데로가나

가도가도긋업는 깁흔산속에
외로히울다울다 쉬고잇겟지

산에사는산ㅅ새는 처량한새는
어둠캄캄이밤엔 어데서자나

느러진어린날개 고단하여서
가다가다숩헤서 자고잇겟지
—「산새」 전문

위에 인용된 동시에는 구체화된 어린 이미지로 '산새'를 제시하고 있다. '어리다'라는 명확한 수식어는 동시의 후반부 '느러진어린날개'에만 명시되어 있지만, 동시 전반에 걸쳐 형상화된 '가엽고 외로운 산새' 이미지가 자연스럽게 '아동-동일자'의 틀을 연상하게 한다. 이는 보호가 필요한 미성숙한 아동과의 유사성이 확장되어 작품 전반의 이미지를 구축하고 있기 때문이다. 그리고 이 산새에 중첩되어 있는 사유는 '자고잇겟지'에서 마무리되고 있음을 확인할 수 있다. 사실 목일신의 동시에는 유독 자장가나 자고 있는 이미지가 많이 구현된 작품들이 많이 있다. 이는 '잔다'라는 단어에 내포된 의미망 분석으로 그 이유를 유추해 볼 수 있다.

동쪽하날붉으래
        밝아오면은
참새들이 짹짹짹
        날새엿다고
옹기종기나무에
        모혀들안저
날새엿소날새여
        일을하시요
**
서쪽하날붉으래
        날이저물면
참새들이 짹짹짹
        해가젓다고
오골오골숩속에
        오혀들안저
해가젓소해가저
        편히쉬시요

—「참새」 전문

인용한 동시 「참새」는 동아일보 신춘 현상에 당선된 작품이다. 작품에는 '짹짹짹' 노래하는 참새들이 중심에 있다. 참새들은 '동쪽하날붉으래' 해가 뜨면 날이 새었으니 일을 하라고 노래를 하고, '서쪽하날붉으래' 해가 지면은 날이 졌으니 일을 그만하고 들어가 편히 쉬라고 노래한다. 이는 다시 생각해 보면, '잔다'라는 행위가 '일을 한다'라는 행위의 전제 조건이라는 것을 확인할 수 있다. 즉, 자장가를 듣고 잠을 자는 아동은 일을 할 수 있는 내일을 위해 준비를 하는 존재라는 것을 유추할 수 있다. 아동이 내일을 위해 준비해야 할 것은 주로 아동보다 조금 더 성장한 누나나 오빠의 모습을 통해 전달된다.

글읽는 어린누나
　　학교갓다와
왼종일 가갸거겨
　　글만읽어요
*
쌜-간 토수끼고
　　코ㅅ물흘려도
학교에 선생님께
　　칭찬만밧네
　　　　　　－「글읽는누나」 전문

동시 「글읽는누나」에 등장하는 누나 역시 아직 콧물을 흘리는 미성숙한 존재이다. 하지만 그럼에도 불구하고 학교에 다녀와서 열심히 글자 공부를 하며 학교 선생님께 칭찬을 받는 누나의 모습은 매우 정겹고 대견하게 느껴진다. 명랑성을 앞세운 일상을 묘사하면서 동시에 아동이 습득해야 할 규칙을 누나의 모범적인 생활을 제시하며 강조하고 있다. 이를 통해서 아동은 자신도 어리지만 누나처럼 열심히 공부해야겠다는 결심을 체화시키게 되고, 이는 '아동-동일자'의 성장에 큰 영향을 미치게 된다. 이렇게 목일신의 동시는 아동보다 조금 더 성장한 누나나 오빠를 동시의 전면에 내세우며, '아동-동일자'가 습득하게 될 규칙을 전달한다.

양복쟁이 우리옵바 나는조와요
멀리멀리 공부하다 도라오시면
고흔선물 만히만히 갓다주어요

키장다리 우리옵바 나는조와요
과자사고 사탕사고 노리개사서
내동무까지 만히만히 사다주어요

영어하는 우리옵바 나는조와요
나도나도 배웟지요 에이쎄씨디
남몰으는 영국말을 나는아러요
—「우리옵바」 전문

인용된 동시의 중심에는 '우리옵바'가 있다. 화자가 천진난만하고, 명랑하게 소개하고 있는 '우리옵바'는 화자의 눈으로 보기에 매우 긍정적인 요소를 복합적으로 지니고 있는 인물이다. 먼 길을 다녀올 때면 화자에게 '고은선물'을 많이 가져다주는 인물이고, 자신의 친구들에게까지 '과자, 사탕, 노리개 등'을 아낌없이 나누어주는 인물이다. 긍정적인 이미지가 점층된 인물의 행위는 자연스럽게 긍정적인 것으로 인식하게 된다. 이는 자연히 아동이 세계의 규칙을 형성하는 데 모범 사례로 받아들이게 한다. 즉, 양복을 입고 키가 큰 '우리옵바'가 먼 곳에서 공부를 하고 왔다는 것, 특히 영국말인 영어를 한다는 것은 아동이 앞으로의 성장 목표를 무의식적으로 설정하도록 만든다. 비록 위의 동시에는 '아동이 어떻게 해야 한다'같은 규범이 전면에 구체적으로 명시되어 있지는 않지만, '우리옵바'에 관한 구체적인 이미지를 제시하며 열심히 공부해야 한다는 규칙을 자연스럽게 내면화시킬 수 있도록 한다.

할아버지심부름은 담배심부름
앞집의쇠돌이네 가개에가서
담배사다드리면 고만이지요
*
어머니심부름은 외가에가기
맛조흔것가저가고 날러다주고
주고밧고하면은 고만이지요
*
형님의심부름은 실흔심부름
머나먼길보내여 물건사오기
골나는심부름은 형님심부름
*
누님의심부름은 귓속심부름
날몰래숙은숙은 짓거리는말
오날밤옥희다려 놀러오라죠
–「심부름」 전문

동시 「심부름」에는 심부름을 하는 아동의 재미있는 상황들이 생생하게 묘사되어 있다. 명랑성을 앞세운 일상 묘사가 눈에 띄는 작품이다. 할아버지의 담배 심부름과 어머니의 외가댁 심부름을 하는 아동을 그리며, '아동은 어른의 말씀을 잘 들어야 한다', '아동은 심부름을 즐겁게 해야 한다'는 내부 규칙을 습득하게 만든다. 그뿐만 아니라, 형님의 심부름은 '실흔심부름'이라고 표현하고, 누님의 심부름은 '귓속심부름'이라고 비유하면서 좋은 심부름이 갖추어야 하는 요소를 무의식적으로 습득하도록 하는 내부 규칙이 생성되는 순간을 확인할 수 있다.

아동-동일자의 생산 너머

본고에서는 알랭 바디우의 사유를 바탕으로 목일신 동시 다시 읽기를 시도하였다. 바디우의 사유는 근대성을 지닌 아동문학에 내재되어 있는 아동-동일자의 흔적을 읽을 수 있는 틀을 마련해 준다. 지금까지 문학은 체제가 지향하는 구성원을 생산하는 데 있어서 매우 유효한 역할을 수행해왔다. 특히, 아동문학은 미성숙한 아동을 사회가 원하는 성인으로 생산하는 데 큰 역할을 하였다. 아동들은 다양한 교육현장과 가정의 성인들에 의하여 반복적으로 동요·동시를 접하며 성장의 자양분으로 삼았다.

목일신 동시 역시 시대와 사회가 요구하는 아동을 생산하는 데에 일정한 역할을 수행하였다. 생생한 현장의 이미지를 다양한 의성어·의태어의 반복과 비유적 표현으로 동시 속에 구현해내며 거부감 없이 동시를 받아들이게 하였다. 그뿐만 아니라 많은 동시들이 작곡가들에 의해 동요로 재배열되면서 더 많은 아동들에게 영향력을 행사하는 주요 매체로 진화하였다. 우리에게 많이 알려진 동요 「자전거」, 「비눗방울」, 「누가누가잠자나」 등이 그 예가 될 수 있다.

목일신 동시의 아동 이미지 형성화 과정은 '아동-동일자' 이미지 생산과 '동일자 내부-법칙' 학습, 두 단계에 거쳐 이루어진다. 먼저, 동시 속에서 다양한 자연물의 반복적 재현을 통하여 아동-동일자의 이미지 생산이 이루어진다. 작품의 중심에는 '어린 산토끼, 어린 송아지, 어린 새싹, 어린 별 등'의 어린 이미지의 자연물, 동식물이 소환된다. 동시는 어린 동식물들의 미성숙한 이미지를 반복적으로 보여주며, 앞으로 성장해야 할 미성숙한 존재로서의 아동 이미지를 인식하게 만든다.

다음으로, 목일신 동시에서는 성장을 목적으로 하는 아동의 내부 규칙이 발현된다. 일상의 명랑함을 노래하는 동시에서는 사회에서 아동에게 요구하는 '웃어른을 공경해야 한다, 열심히 공부해야 한다 등'의 요구 사항이 포함되어 있다. 특히, 작품 속에 아동 성장의 모범적 기준으로 '누나, 오빠 등'의 행동을 제시하여 동일자의 내부 규칙을 습득하도록 유도하는 방식은, 동일자의 법칙 내부에서 동일자를 생산한다는 바디우의 사유가 문학 작품으로 구체적으로 실현되고 있음을 확인할 수 있는 지점이다. 다시 말해, 목일신의 동시는 어린 이미지의 반복을 통해 구현된 아동-동일자에게 일련의 동일자 규칙을 습득하도록 자극한다. 이는 아동보다 조금 더 나이를 먹은, 성장에 성공한 누나, 오빠의 모습을 긍정적으로 미화시키며 구체화된다. 아동들은 동시를 접하고 노래를 부르며 나도 모르게 동일자 규칙을 습득하게 되고, 이는 아동의 정체성 및 가치관을 형성시키는 데 큰 영향을 미친다.

목일신의 동시에는 아동의 가치관이 사실은 아동문학이라는 제도 혹은 도구를 통하여 형성되었음에도 불구하고, '주체로서의 나'가 사유하고 형성했다고 믿게 만드는 근대적 사유가 숨어있다.

다시 말해, 목일신 동시는 미성숙한 아동의 인식을 촉구하여 일련의 '동일자-아동'을 생산해내고, 사회가 희망하는 아동의 성장을 전제한 아동의 규칙을 확산시키는 데에 일조하고 있는 것이다. 이를 통해 아동문학의 장르적 특성을 다시 한 번 주지하며, 문학이 가지고 있는 정치적 힘을 확인할 수 있다.

출전 정다운, 「목일신 동시의 혁명적 이미지 고찰」, 『어문논총』 제26호, 전남대학교 한국어문학연구소, 2014.

참고문헌

❑ 기초 자료

목일신, 『목일신 전집』, 이동순 엮음, 소명출판, 2013.

❑ 논문 및 단행본

가라타니 고진, 『일본근대문학의 기원』, 박유하 옮김, 도서출판b, 2004.

알랭 바디우, 『사도바울-'제국'에 맞서는 보편주의 윤리를 찾아서』, 현성환 옮김, 새물결, 2008.

이동순, 「자전거를 타고 오는 사람, 동요작가 목일신」, 『문학들』 제30집, 문학들, 2012.

______, 「동요작가 목일신의 문학적 생애」, 『한국문학이론과비평』 제58집, 한국문학이론과비평학회. 2013.

______, 「광주전남 근현대 시문단의 형성사 연구 2－동요, 동시를 중심으로」, 『현대문학이론연구』 제57집, 현대문학이론학회, 2014.

이정석, 「찌르릉! 목일신(睦一信) 동요 연구」, 『한국아동문학연구』 제20집, 한국아동문학학회, 2011.

______, 「목일신(睦一信) 동요연구」, 『문학춘추』 제78집, 문학춘추사, 2012.

______, 「1930년대 대표 동요시인 목일신의 문학 특성」, 『아동문학평론』 제39집, 아동문학평론사, 2014.

필립 아리에스, 『아동의 탄생』, 문지영 옮김, 새물결, 2003.

황수대, 「목일신 동시 연구」, 『한국아동문학연구』 제23집, 한국아동문학학회, 2012.

______, 「1930년대 동시 연구 : 목일신·강소천·박목월을 중심으로」, 고려대학교 박사학위논문, 2013.

이수복 시의 문장 부호 역할

김 민 지

문장 부호와 시적 의미

시는 음악적 요소로 운율을 가지며, 회화적 요소로 심상과 이미지, 의미적 요소로 사상 또는 정서를 담고 있다. 시에서 이러한 요소들을 읽기 위해서는 '시어', 더 나아가서는 '언어'에 집중해야 할 필요가 있다. 연구자들은 이를 '시어'의 선택과 결합의 문제 등으로 보다 섬세하게 구분하기도 한다. 이것은 시 언어 자체를 예술 차원으로 보는 데서도 읽어낼 수 있듯이, 시와 언어는 필연적인 관계이기 때문이다. 물론, 행갈이나 시행의 형태적 배열 역시 모더니즘과 포스트모더니즘의 유입 이후 적지 않게 언급되어 왔다. 그러나 시에 있어 '언어'의 영역에 속해 있지만 여전히 논외의 대상이 있는데, 그것은 다름 아닌 '문장 부호'다.[1] 애초에 '시어'가 '선택'된 결과라는 것이 자명한 만큼 문장 부호 역시 '선택'된 '시어'임은 당연한 사실이지만, 결코 '시어' 수준의 대우를 받는다고 말할 수는 없다. 문장 부호의 '시어적 해석'이 쉽지 않기 때문이기도 하겠지만, 그동안 시 독법에 있어 문장 부호는 공백과 마찬가지였다는 점은 부정할 수 없는 것이다.

문장 부호는 "음성 언어가 지닌 어조, 속도, 고저, 억양 등을 텍스트에서 구체화할 수 있도록"[2] 돕는 역할을 한다. 일단 문장 부호를 쓰는 것에 글쓴이가 전달하고자 하는 바를 보다 명확하게 하기 위한 목적이 있다는 점에서 의도성의 정도가 비교적 높은데, 이는 '선택된 시어'가 갖는 일반적인 의미와 크게 다르지 않다. 따라서 의도적으로 사용된 문장 부호는 텍스트 의미를 구체화하기 위한 특정 효과를 발현하는 '시어'[3]인 셈이다. 시에 나타난 문장 부호를 살핀 연구는[4] 문장 부호의 수사학적 기능을 살펴보고 있어 주목되

---

1) 문장의 뜻을 돕거나 문장을 구별하여 읽고 이해하기 쉽도록 하기 위하여 쓰는 여러 가지 부호. '.', '?', '!', ',', ':' 따위가 있다.(표준국어대사전), 1988년 「한글 맞춤법」 부록으로 제시되다가 2014년 문화체육관광부에서 문장 부호 개정을 주요 내용으로 하는 「한글 맞춤법 일부 개정안」 고시, 글쓰기 환경에 따라 세로쓰기 항목이 삭제되고 가로쓰기 위주와 실제 언어생활에서 널리 쓰이는 부호와 용법을 반영하였다.

2) 이정찬, 「근대적 구두법(句讀法)이 읽기와 쓰기에 미친 영향」, 『작문연구』 第7호, 한국작문학회, 2008, 266쪽.

3) 본고에서 언급하는 '시어'는 소통을 전제로 하되 '낯설게 하기'를 통해 문학성을 잃지 않는 '시에서 쓰인 언어'를 의미한다. 즉 일상 언어와 단절되거나 그로부터 떨어져 나온 어떤 실체로서의 특수한 언어라기보다 일상 언어에 뿌리를 두고 '시'라는 텍스트 내의 맥락에서 시적 의미, 미감(美感)을 획득하는 것으로 바라본다. ("이를테면 '문학 언어'가 실로 있어서, 표현할 때 이를 채용함으로써 일상적 담화와 다른 언어적 미감이 드러나는 것이 아니라, 모종의 언어 운용 기제를 통해 문학적 효과가 생성된 것이라 할 수 있다." 장일구, 「문학 언어의 미감과 문체 영향 - 『혼불』을 단서로 한 시론」, 『현대문학이론연구』 제43집, 2010, 5~26쪽. 참조.)

4) 전영근, 「현대시에서의 문장부호의 수사학적 활용」, 『중국조선어문』 제140호, 길림성사무민족위원회, 2005.

나, 일반적인 문장 부호의 의미망에서 벗어나지 못하고 시 해석과의 연관성을 다루지 않았다는 점에서는 아쉬움을 남긴다.

본고는 시어로서의 문장 부호에 대해 고찰하기 위해, 이수복[5]의 시에 특히 주목하고자 한다. 시집 『봄비』의 34편을 비롯하여 시집에 미수록된 발표작 81편 거의 모두에도 문장 부호가 포함되어 있다는 점은, 이수복이 그의 시에 있어서 문장 부호를 남달리 적극적으로 사용했다는 반증이 된다. 따라서 이수복 시에 나타나는 문장 부호를 읽어내는 것은 그의 작품을 이해하는 데 일조할 뿐만 아니라, 더 나아가 문장 부호의 시어적 효과를 밝히는 데도 유의미할 것으로 판단된다.

이수복의 시에 대한 연구는 전통 서정성에 초점을 맞춘 백수인과 우재학의 연구[6], 전통 서정성과 모더니즘 영향을 함께 살핀 이민호의 연구[7], 그리고 사조 논의를 벗어나 작품 자체를 들여다본 문호성의 연구 등이 있다[8]. 그런데 이수복의 시에서의 문장

임유종, 「시의 문장 부호 사용에 관하여」, 『한민족문화연구』 제2호, 한민족문화학회, 1997.

5) 이수복은 1924년 전라남도 함평에서 태어나 50년대 초반 광주에서 교사 생활을 시작했다. 1954년에는 『문예』에 「동백꽃」으로 추천, 55년 『현대문학』에 「실솔」과 「봄비」로 세 차례 모두 서정주에 의해 추천완료 되어 등단했다. 그리고 1968년 시집 『봄비』를 출간했고 80년대에 이르러 그의 「봄비」는 교과서나 지도서 등에 실렸다. 그는 교직에 계속 몸담다가 86년 재직 중 순직했다. 서정주의 추천을 받아 등단한 만큼, 그의 작품들은 50년대의 전통 서정시의 맥을 잇는 것으로 주로 언급되고 있다.

6) 우재학, 「이수복 시의 정서 구현 양상과 생태 지향」, 『국어교과연구』 제22호, 국어교과교육학회, 2013.
백수인, 「이수복 시 연구」, 『국어국문학』 제157호, 국어국문학회, 2011.

7) 이민호, 「전후 '전통서정시'의 이접성 연구 – 이수복·이원섭의 시를 대상으로」, 『시학과 언어학』 제12호, 시학과 언어학회, 2006.

8) 문호성, 「이수복 시의 텍스트성」, 『한국문학이론과 비평』 제12호, 한국문학이론과 비평학회, 2001.

부호에 대한 설명은 『이수복 시전집』(현대문학, 2009)에서 엮은이 장이지가 "이수복은 유포니를 고려한 시어의 개발과 말줄임표를 활용한 여운의 강조 등을 통해 시의 음악성을 고양하려고 했다."[9]라고만 간단히 언급될 뿐이다. 그는 이렇게 장이지가 지적했듯이 말줄임표('……')를 빈번히 사용하고 있을 뿐만 아니라 줄표, 괄호, 화살괄호, 온점, 반점, 낫표 등도 적극적으로 활용하고 있지만, 상대적으로 이에 대한 본격적인 연구는 소략한 실정이다. 따라서 이수복 시의 문장 부호에 대한 연구는 그 필요성이 절실하다.

그러나 여기에서 살펴볼 문장 부호는 말줄임표와 줄표, 괄호에 한정하고자 한다.[10] 다른 문장 부호도 시어적 의미를 밝힐 수 있겠으나 이수복의 시 세계를 읽어내기에 보다 직접적이고 상당한 역할을 가진 문장 부호를 다루는 것이 문장 부호의 시어로서의 성격을 파악하는 데 더 적절하리라 판단하기 때문이다. 시 세계, 그리고 시에 있어 시어를 살펴볼 때 그에 해당하는 모든 시어에 의미를 두고 살펴보는 것은 한편으로 과한 해석을 불러일으킬 가능성이 높다. 따라서 본고는 이수복의 시 세계에 큰 비중을 차지하고 있다고 판단되는 문장 부호를 선택해 분석하고자 한다.

본고에서는 이수복 시에 나타난 문장 부호의 시어적 성격을 밝

9) 장이지, 「기질적 우수와 세정의 리리시즘-이수복 시에 대하여」, 이수복, 『이수복 시전집』, 현대문학, 2009, 173쪽.

10) 『봄비』 수록 34편 중 말줄임표, 줄표, 괄호가 사용된 시는 각각 29편, 6편, 4편이다. 그리고 각 문장 부호의 사용횟수는, 말줄임표 56회, 줄표 6회, 괄호 4회로 줄표와 괄호는 한 편의 시에서 한 번 사용된 반면 말줄임표는 하나의 시에서 빈번히 사용되고 있음을 파악할 수 있다. 줄표와 괄호의 경우 그 횟수가 적으나 시의 의미 형성에 중요한 역할을 하고 있으므로 논의가 필수적이다.

히고, 이수복 시에 나타나는 문장 부호의 경향을 나눠 분석할 것이다. 이를 위해 이수복 생전에 발간된 유일한 시집 『봄비』[11]에 수록된 시를 다룰 것인데, 이는 범주를 좁혀 해석의 정확성을 높이기 위함이다. 이처럼 시에 나타난 문장 부호를 시어로 규정하여 접근하는 시도는 시 창작 과정에 있어서의 시인의 의도를 보다 면밀히 살피며, 시 해석 과정을 풍부하게 만드는 기회를 제공할 것이다.

점과 선을 도입한 서정의 소묘(素描)

기존 연구들은 이수복 시의 음악성을 두고 주로 3음보 또는 4음보 등의 전통적 율격에 입각하여 주목했다.[12] 그렇게 이수복의 시는 전통적 율격을 바탕으로 한 음악성을 갖춘 것으로 판단됨으로써 서정시와의 연관성 속에서 그 가치를 평가 받기도 하였다. 아울러 이수복 시의 서정성은 시각적 이미지의 사용이나 자연에 대한 정경 묘사로 구현된다고도 연구된 바 있다.[13] 그러나 전통적 율격이 바탕이 되는 음악성과 서정시와의 연관성을 묶어 '전통적 정서'라고 결론내리는 것은 다소 충분치 못한 해석이라 판단된다. 음악성, 그리고 이미지들이 서정성과 관련된 정서를 구현하는 데 문장 부호의 역할을 빠트려서는 곤란하기 때문이다.

11) 이수복, 『봄비』, 현대문학사, 1968.
12) 백수인, 앞의 논문, 173~177쪽.
13) 우재학, 앞의 논문, 227~237쪽.

시의 수용 과정에 있어서 문장 부호는 '여운'과 같은 분위기(mood)를 조성하는 데 큰 역할을 할 뿐만 아니라, 시청각 이미지를 보다 명확하게 하고 리듬을 형성하는 데도 관여함으로써 독자들의 시 해석에 도움을 준다. 반면 문장 부호가 없는 시에서의 운율과 여운, 그리고 시청각 이미지 등은 관습적 내재율이나 행갈이 또는 시어가 그려내는 이미지를 통해 형성된다. 말하자면 시의 수용 과정에 비언어적인 또는 관습상 내재화된 요소들이 작용하는 것이다. 그렇기 때문에 문장 부호의 사용은 서정성을 구성하는 요체로서 결국 시의 정서를 독자로 하여금 보다 분명히 구현하게 만든다고 할 수 있다. 문장 부호는 말 그대로 '부호', '기호'의 특성을 갖고 있기 때문에 화자와 청자 간 의사소통에 있어 본의의 탈락 또는 오해의 소지가 상대적으로 적다.

그렇다고 해서 문장 부호가 '죽은 은유' 또는 관습적 상징에만 머무는 것은 아니다. 그것은 '시어'로서, 시 맥락 안에서 어떤 작용을 하는지 혹은 어떠한 의도로 운용되고 있는지에 따라 중요한 의미를 발현할 수 있기 때문이다. 시의 문장 부호는 그것이 갖고 있는 도형적 성격 때문에 시청각 이미지를 표현하고 그로써 시의 분위기를 심화시키는 역할을 할 수 있다. 이수복의 시에서는, 예를 들어 조용히 떨어지는 눈을 제시하는 장면에서의 거리감이나 깊이감, 지속의 여운 등이 각각 말줄임표와 줄표 등으로 형상화된다.

사랑한다는 말은 가슴 밑에 끝내 묻어버린 채 가、
아무도 이뻐하잘 게 없다고
神經에 가시처럼 쥐가 나는 子正、
모조리 내주라며 번득 천둥쳤던가
薔薇가 말없이 붉게 피게——。

불씨 묻듯 끝내 묻으면서만 가、
어쩌다가

–「장미가 말없이 붉게 피게」 부분

저—아래
한여름 流星들이 날아 묻히던 빈 골짜기가
금방 천둥 울듯 뒤시일 성싶어져
간절한 애끊임이여。

–「외로운 시간」[14] 부분

두 작품에서 줄표는 여운과 연장된 음을 나타내고 있다. 문장 부호를 제시하지 않았을 때의 여운과 연장된 음은 문맥에 의존하거나 독자 개개인의 관습적 독법에 따라 형성될 수밖에 없다. 그래서 여기서 문장 부호의 사용은 "시인의 의식적인 리듬감, 즉 개성적인 운율의식의 표출로써 서정적 자아의 호흡률에 의거한 독법"[15]을 제시하는 좋은 방법이 된다. 그리고 상기 인용된 시에서 알 수 있듯이, 문장 부호는 여운의 청각적 이미지뿐만 아니라 시각적 이미지까지도 구현하고 있다. 「외로운 시간」에서 사용된 줄표는 화자와 "빈 골짜기" 간의 거리감을 시각적 차원에서 인지시

14) 이수복, 앞의 책, 14쪽. 본 논고의 작품 인용은 이수복의 『봄비』로 한정하며, 이하 작품 인용의 쪽수 표기는 생략한다.

15) 전영근, 앞의 논문, 21쪽.

킨다. ‘저 아래’와 ‘저 — 아래’가 갖는 거리감은 확연히 다르다. 그리고 이 거리감은 빈 골짜기와의 물리적 거리감과 한여름에 유성들이 날아 묻히던 ‘과거의 빈 골짜기’와의 시간적 또는 심리적 거리감을 함의한다. 다시 말해, 화자의 시선으로부터 “저 — 아래”에 있는 빈 골짜기는 화자로부터의 물리적·심리적으로 먼 거리에 있는 것으로, 작품 전반에 깔려있는 고요하고 외로운 정서를 보다 심화시킨다.

이때 결코 지나쳐서는 안 되는 문제가 바로 ‘세로쓰기’에 관한 것이다. 『봄비』에 수록된 시는 모두 세로쓰기로 배열되어 있고, 이수복 또한 그의 습작 노트를 보면 줄곧 세로쓰기로 시를 써온 것을 알 수 있다. 전집이 새로 엮이면서 세로쓰기로 창작된 시들은 모두 가로쓰기로 바뀌게 되었지만, 세로쓰기와 가로쓰기는 시의 의미 형성과 해석에 있어 그 차이가 극명하기 때문에 중요한 문제다.[16] 본고에서도 ‘저 — 아래’를 가로쓰기 형태로 표기하면서 분석하고 있지만, 시 원본은 위 인용한 것과 같이 줄표가 수직으로 표기되어있다. 이때 ‘수직 형태의 줄표’는 ‘수평 형태의 줄표’에 비해 ‘고저(高低)’와 관련된 시적 분위기와 심상의 형성에 있어서 매우 큰 영향을 미친다.[17] 이수복의 시에서는 이런 수직 형태

16) 세로쓰기와 가로쓰기 간의 의미 차이는 불가피하다. 그 이유는 다음과 같이 약술할 수 있다. 첫째, 세로쓰기와 가로쓰기는 창작자나 독자 모두에게 있어 그 인지체계가 매우 상이하다. 둘째, 당시의 시인들에게 있어 세로쓰기 형태의 시 창작은 일반적인 것으로 문장 부호의 사용이나 행갈이 등 모두 세로쓰기를 전제로 실현되고 있다. 셋째, 세로쓰기의 시를 단순히 가로쓰기로 바꾸었을 때 발생하는 형태의 차이는 곧 의미의 차이로 연결된다. 예컨대 시어의 배열을 통해 형태를 표현한 시의 경우, 그것이 본래 세로쓰기였든 가로쓰기였든 의미의 변화가 불가피하다.

17) 수직 형태의 줄표와 “아래”라는 단어, 그리고 그것들이 빚어내는 그리움과 고독의 정서의 관계는 지향적 은유 개념을 통해 자명해진다. 인지언

의 줄표가 특히 깊이를 묘사하고 그에 따른 그리움의 정서, 고독의 정서 등을 드러낼 때 사용되고 있다. '저 — 아래'는 빈 골짜기의 깊이감을 정서화시키는 데 기여하는 것이다.

이렇듯 문장 부호가 일차적 의미에서 나아가 시적 분위기를 전달할 수 있는 이유는, 문장 부호 역시 시에 사용된 다른 단어들처럼 '시어'로 작용하기 때문이라고 할 수 있다. 「장미가 말없이 붉게 피게」에서도 줄표는 '여운'을 증폭시키는 기능을 한다. 특히 주목할 것은 여기에서도 줄표가 깊은 그리움과 고독감을 내포하고 있다는 점이다. 이 작품은 가슴 '깊이' 묻어 둔 "사랑" 또는 "불씨"를 통해 화자의 현실에 불현듯 반복적으로 등장하는 회한의 정서를 그린 작품이다. "가슴 밑에 끝내 묻어버린" 그것은 화자의 시선에서 붉은 "장미"로 재인지된다. 이 과정에서 회한은 과거에 끝나버린 것이면서 현재에도 지속되는 것으로, 종결과 지속의 속성을 동시에 지니게 된다. 이는 화자의 시선에 포착된 장미를 묘사하는 구절에서도 함축적으로 드러난다. "장미가 말없이 붉게 피게 ——."라는 구절에서 장미의 '말없음'은 과거 종결의 현재진행을 의미하고, 동시에 붉게 피는 장면을 묘사하는 데 일반 줄표보다 긴 줄표를 사용(지속의 의미를 부가)함으로써 이러한 성격을 강화시키고 있는 것이다. 여기서도 역시 세로쓰기에서 나타나는

어학에서 지향적 은유는 "상호 관련 속에서 개념들의 전체 체계를 조직하는 은유적 개념"을 의미한다. 이러한 은유는 공간적 지향성과 연관된다. 즉 어떤 개념에 대해 공간적 지향성을 부여하는데, 예컨대 "행복은 위, 슬픔은 아래"가 대표적이다. 대체적으로 우리는 이 같은 지향적 은유를 바탕으로 언어를 운용하고 있다. '기분이 가라앉는다'거나, '분위기를 돋운다'거나 하는 표현들이 단적인 예를 보여준다. (조지 레이코프·마크 존슨, 『삶으로서의 은유』, 노양진·나익주 옮김, 박이정, 2006, 37~57쪽. 참조.)

수직 형태의 줄표는 화자의 정서가 마음 속 깊은 곳으로 침잠하고 있음을 보여준다. 그리고 화자는 마침내 온점을 통해 종결된 과거를 다시금 정서화하는 것으로 나아간다. 이렇게 볼 때 "사랑한단 말은 가슴 밑에 묻어버린 채 가,"와 "장미가 말없이 붉게 피게 ――."는 서로 동일한 의미구조를 갖는다고 할 수 있다.

문장 부호와 리듬감 조성의 결부는 사실 필연적이라고 볼 수 있다. 근대에 이르러 읽기 방법이 낭독에서 묵독으로 변화하면서 "'시각적 효과'를 통해 의미를 구체화하는 방식"[18)]을 요구함에 따라 문장 부호가 발전되었기 때문이다. 묵독이 강조되면서 "소리는 겉으로 드러나지 않을 뿐, 여전히 읽는 이의 의식 속에서는 존재"[19)]하도록 문장 부호가 제 역할을 수행하게 된 것이다. 시에서

능금나무 가지를 잡아휘이는
능금알들이랑
함께 익어가는 깊어드는 맑은 햇볕에

다시 씻어 발라메는 門扉곁으로
故鄕으로처럼 날아와 지는……
한 이파리 으능잎사귀

――깊이 산을 헤쳐오다 문득 만나는
어느 髑髏 우에 蜃氣하는 娥眉와도 같이
자취없이 흐르는 세월들의
기인 江물이여!

옥색 고무신이 고인 섬돌 엷은 그늘에선
唧唧 季節을 뽑아내는
적은 蟋蟀이여。

―「실솔」 전문

18) 이정찬, 앞의 논문, 269쪽.
19) 위의 논문, 270쪽.

의 문장 부호도 화자의 어조와 리듬감을 옮겨 놓았다는 측면에서 그것은 독자에게 운율을 전달하고 동시에 화자의 심상에 동화되도록 돕는다. 특히 직선의 상을 가진 줄표는 시청각적으로 '유지' 혹은 '나아감'의 인식을 준다.

이 작품 역시 줄표를 기준으로 극적 구조가 잘 드러나는 작품으로, "능금알"이 익어가는 풍경의 1연과 "으능잎사귀"가 날리는 풍경의 2연으로 서정적 장면 묘사가 심화되는 구조를 보여주고 있다. 긴 줄표로 시작하는 3연은 정서의 표현을 중심으로 하고 있으며, 4연은 다시 장면 묘사를 중심으로 두면서 마무리하고 있다. 이는 '선경후정(先景後情)'의 구조라 할 수 있다. 1, 2, 4연은 '경'에, 3연은 '정'에 해당한다.

이러한 시의 극적 흐름은 문장 부호와 함께 두드러진다는 점에서 주목할 만하다. 이 시에서는 줄표와 말줄임표가 함께 사용되었으며, 줄표는 정서가 극대화되고 있는 3연에서, 말줄임표는 정서가 극대화되기 바로 직전의 2연에서 사용됨으로써 그 분위기를 고조시킨다. 말줄임표는 잎사귀가 "날아와 지는" 장면 묘사에 기여하고 있는데, 이수복 시에서 발견되는 말줄임표는 주로 천천히 낙하하는 물체의 묘사에 사용된다. 이는 말줄임표가 줄표처럼 수직 형태를 가지면서 여러 개의 점으로 이루어진 것에서 기인한다고 할 수 있다. 이 말줄임표가 사용됨으로써 2연에서 조성되는 시적 분위기는 정적으로 변한다. 그리고 이어지는 3연에서 보이는 긴 줄표는 앞선 분위기를 강조, 전환시키면서 화자의 정서가 보다 잘 전달되도록 한다. 다시 말해 긴 줄표는 연이 시작되기 전, 호흡을 길게 줌으로써 시상의 심화를 유도하면서 청자가 함께 호흡을 수용하여 화자와 정서적으로 동화하도록 돕는 것이다. 한편

3연 마지막 구절의 느낌표는 긴 줄표와 조화를 이루면서 3연 화자의 고양된 어조를 마무리하는 데 일조한다.

이 시에서도 줄표는 시각적 정보를 담고 있는 바, 이러한 정보는 시어 "깊이"와 연속적으로 배열됨으로써 '깊이'의 정도를 강화시키는 데 기여한다. 한편 여기서 말줄임표는 "문비곁으로/ 고향으로처럼 날아와 지는……" 으능잎사귀를 수식하고 있다. 말줄임표는 떨어지는 잎과 시각적 대응을 갖는 것과 동시에 이 부호가 가지고 있는 점차적으로 소리가 작아지는 독법과 함께 "한 이파리 으능잎사귀"의 조용한 낙하와 어우러진다. 수직 형태의 줄표와 수직 형태의 말줄임표의 차이는 줄표의 경우 직선적이면서 깊이감을 가지는 반면, 말줄임표는 섬세한 운동성을 띤다는 것이다. 섬세한 운동성은 수직적인 운동에만 국한된 것은 아니다. 여기서는 세로쓰기의 말줄임표의 특성 이외의 말줄임표 자체가 갖는 음향의 변화에 영향을 받는다. 이 음향의 변화가 시각적으로 변용

안엣 것이 차고 넘칠 때
은은히 들려오는
동트는 反響……
두다리는 소리。
(…)
볼룩 불러오르던 풋풋한 아랫배가……

–「석류」 부분

되면서 급속한 상태의 변화보다는 일정 시간 시선을 두어야 변화를 알아챌 수 있는 정도의 속도를 가진 변화로 독해된다.

「석류」는 여름의 시작과 함께 충만해지는 자연의 에너지를 석류에서 발견하고, 이에 기대어 육체미와 풍족함을 묘사한 작품이다. "안엣 것이 차고 넘칠 때"는 "첫여름 진초록이/ 바다처럼 출렁"대는 이미지와 상응한다. "동트는 반향……"은 "은은히 들려"온다. 말줄임표는 이에 대응하여 소리의 미세한 흔들림을 반영한다. 이 미세한 "반향……"은 섬세함 속 자연의 웅장함으로, "두다리는 소리."와 같다. 그리고 이 소리는 "불룩 불러 오르던 풋풋한 아랫배가……" 구절과 대응하여 청각적 이미지의 시각적 이미지로 전환 또는 병치되어 「석류」의 풍만함을 발산한다.

등에 따사로운
十二月을 가는 햇발、……
귀한 인정같은。

사철나무 裂果
불싸라기들、
입술연질 안으로 짓이겨 찍는
으스스……
홋한 辰砂。

– 「사철나무 裂果」 전문

VO……
뱃고동소리。
모통이의 밤물결을 박차고 航行하는
디젤機關車의。

– 「詩魂」 부분

말줄임표는 「시혼」과 「사철나무 열과」에서 확인되는 것처럼 단순한 소리의 장음("VO…")을 나타내거나 침묵의 소리("햇발, …")

를 표현하기도 한다. 이는 분명 문장 부호를 시어로 보는 본 연구와 같은 시도 이전부터 규정되어 온 말줄임표의 일상 언어적 기능 면모다. 그러나 '시적 언어'의 기반 및 출발점이 어디까지나 일상 언어인 것과 마찬가지로 문장 부호 또한 이러한 일상적인 기능을 기반으로 삼아 시에 활용되면서 시의 미적 분위기를 조성한다. 나아가 화자가 말하지 않으려는 배면(背面)의 의도까지 조성해내어 의미를 보다 풍부하고 복합적으로 만든다는 점이 곧 이것을 '시어로서의 문장 부호'로 보게 할 이유가 되고 있다.

괄호 사용을 통한 역설의 서정

앞서 말한 대로 일반적인 경우에 문장 부호는 텍스트의 의미를 구체화하는 데 도움을 주는 다소 부차적인 역할을 맡고 있다. 그러나 시에 사용된 문장 부호는 오히려 중심을 향해 있다. 시는 시어를 '선택'하고 '배열'하는 과정에서 생겨나는 의미에 중점을 두고 있는 장르다. 그렇기 때문에 시에서 어떤 문장 부호가 명시적으로 사용되었다는 것은, 시가 해석상 그 부호의 의미에 크게 의존한다는 뜻이다. 거꾸로 말하면 문장 부호가 나타나는 경우는 시어만으로 표현되지 않는 다른 것을 표현하고자 하는 의도가 있음을 의미한다. 그리고 이수복의 시에 나타나는 문장 부호는 역설적으로 중심과 주변의 위치를 환기(喚起)시킴으로써 그들 관계를 전복시킬 수 있는 잠재력을 안고 있다. 이것은 배경화와 전경화의 작업을 문장 부호가 수행하면서 가능해진다.

大전돗부인 아주머니의 姓氏는 大氏、
수척하나 眉間에 주름은 아니 잡힌……。
大전돗부인 아주머니의 영감님은 평생을
카랑카랑 굶주리면서도 漢詩를 썼다。
(時方은、 죽은 사람들이 말짱 덜 넘어가 살고 있다는 잔등
너머 共同墓地
—저 不寐의 꿈나라에서
할미새나 듣노라며
消日하지만)

大전돗부인 아주머니는 결곡하여 餘念이 없다
天國끝서 이따금씩
마른 막대기와 密會하는 迷夢 말고는……。
金曜日의 해질녘을 심방 돌고、 돌아와
발바닥에 못질하는 티눈이 아려 앓다 자다

—「……아려 앓다 자다」 전문

「……아려 앓다 자다」는 "대 전돗부인 아주머니"를 중심으로 이루어져 있다. "영감님"은 "대 전돗부인 아주머니"의 삶의 한 부분으로서 나타나고 있다. 여기에서 괄호의 사용은, "영감님"에 대한 부가적인 설명을 괄호 안으로 배치시킴으로써 "영감님"에 대한 설명이 "대 전돗부인"의 삶을 설명하기 위한 것임을 알 수 있다. 그래서 괄호를 기준으로 "대 전돗부인 아주머니"가 중심으로, "영감님"이 주변의 위치를 획득하게 된다. 동시에 "영감님"의 상태는 괄호에 의해 시에 드러났다고 말할 수 있다. 괄호 안의 내용은 화자의 속마음이라 할 수 있기에 괄호의 삭제는 단순히 기호의 삭제가 아니라, 괄호 안 내용의 삭제, 즉 '언술행위 층위의 의

미의 의도적 소거'로 이어진다. 다시 말해 주변의 위치도 갖지 못하고 전면에 드러나지 않을 가능성을 더 높게 가지고 있던 '완전한 주변'이 괄호에 의해 배경화된 것이다. 그리고 괄호에 의해 주변의 위치가 환기됨으로써 괄호 바깥의 이야기의 중심 역할은 보다 강조된다.

한편 "영감님"에 대한 이야기는 "대 전돗부인 아주머니"의 현재 상태의 결정적 원인일수도 있다는 암시를 가지면서 중심을 지배하는 주변으로 자리하고, 전경화의 경계에 서게 된다. 주변의 위치를 획득함으로써 독립적인 의미장과 시상(詩想)을 시 전반으로 확산시키게 되는 것이다. 정신분석학은 '무의식'을 의식 아래 잠재되어 있으면서 의식에 중요한 영향을 미치는 요소로 바라본다. 이수복의 시에서 괄호는 정신분석학의 무의식과 같은 맥락에 놓인 것이라 말할 수 있다. 현재를 살고 있는 "대 전돗부인 아주머니"의 아려 앓는 모습은 "영감님"의 부재로부터 비롯되는 것인데, 괄호 안의 "영감님"은 저승에서 다소 평온해 보인다. '생명의 유지-고통과 고독, 죽음-평화'라는 역설 구조의 겹침은 시가 자아내는 정서를 복잡하게 만든다.

괄호의 유무는 이 역설 구조의 상당한 영향 관계에 있다. 괄호의 사용은 괄호 안에 놓인 내용을 배경화하면서 괄호 밖 내용의 숨은 이야기, 즉 '배면'임을 밝힌다는 점에서 위와 같은 역설 구조를 가능하도록 만들기 때문이다.

괄호 안의 내용은 복숭아꽃 움에 대한 부가설명이면서 앞선 2연의 "희멀겋기만 한 밋밋한" 이미지와 대조를 이루고 있어 2연과 3연 모두에 기대어 있다고 할 수 있다. "바늘 끝을 꽂으면 쩌릿...... 핏방울이 아니 맺힐까"라는 구절은 괄호 안에 들어감으로

오 오랜 寺院의 긴 낭하에서처럼
黑檀빛 壁時計가
춘분의 열두 점을 깊이 울린다。

참새만 두세 마리 날아나갔을 뿐
아직도 희멀겋기만 한、
밋밋한 하늘 밑인데

(바늘끝을 꽂으면 찌릿…… 핏방울이 아니 맺힐
까)
紅桃나무 가지마다
젖꼭지같은 움들을 담뿍 실었다。

봄 물이 먼 連巒의 分水嶺을 넘듯
마을에선 낮닭들이 울어오는 한참、
나에게 새삼 죽음보다 무서운 誕生을 일깨우
다。

–「무서움」 전문

써 화자의 내적 목소리로 들리게 된다. 여기에서도 괄호 안 내용은 2연과 3연에 기대 "희멀겋기만 한, 밋밋한 하늘"과 "홍도나무 가지마다 젖꼭지같은 움들"의 시각적 이미지를 연결시킨다. 그리고 나아가 복숭아꽃 움이 하늘을 바늘로 찔러 나온 핏방울이라고 이해할 때, 이 이해는 시의 전체 의미의 이해로 연결된다.

봄이 시작되고 있는 시점을 계절적 배경으로 하고 있는 이 시는 일반적으로 봄이 갖고 있는 '생명이 생동하는 서정'에 초점을 맞추지 않는다. "사원의 긴 낭하"나 "밋밋한 하늘"은 봄이라는 계절에 낯선 고요함을 표현하고 있다. 화자는 봄과 "탄생"에 대해 경계하는 듯한 자세를 보이는데, 이러한 화자의 심리는 고요함의 배면에 "바늘끝을 꽂으면 찌릿…… 핏방울"이 금방이라도 맺히고야 말 것 같은 긴장이 자리하고 있는 데에서 비롯된다. 즉 이 시의 밋밋한 하늘과 홍도나무의 움들은 바늘 끝에 찔리는 그 반대

편의 거대한 '무엇' 아래에 존재하며, 탄생은 그 반대편(혹은 전제)에 '불가피한 죽음'을 갖고서 존재한다는 아이러니를 포함한다는 점을 화자는 의식하고 있는 것이다. 특히 4연의 "나에게 새삼 죽음보다 무서운 탄생을 일깨우다"라는 구절은 "바늘 끝", "핏방울"과 연계되면서 "봄"과 "탄생", "무서움"을 하나의 이미지로 묶어 낸다. 이렇게 괄호는 '괄호의 안/밖'이라는 기제에 기대어 중심 내용을 보완하면서 새로운 의미까지 확산시킨다. 거듭 강조하지만 이러한 효과는 문장 부호인 괄호를 통해서 명시적으로 가능하게 된 것이다. 괄호의 사용으로 인해 '배면'이라는 '의도성'이 함께 작동하게 되기 때문이다.

눈에 깊은 두메 가잿골
나는 미련하디 미련한 한 마리 곰이거니
(여겨운 杜鵑꽃이여……)
꽃빛 혀로 싹싹 발바닥도 핥으다가
통째 구워 뜯어먹고 났을 때처럼
기름묻은 罪業을 다시 입맛다시며
눈 궁게 굶주린 사나운 食慾으로
三月의 젖무덤을、
丘陵같이 肉迫해오는 험벅지를……

–「迎春賦」 부분

「영춘부」의 화자는 자신을 "미련하디 미련한 한 마리 곰"으로 비유한다. "지뢰선 내외를 백치처럼 밟"았다고 밝히는 화자의 진술과 "미련한 곰"은 서로 유비 관계를 맺고 있다. 봄이 되어 겨울잠에서 깨어나 본능적으로 입맛을 다시는 "미련한 곰"은 고통이

나 고뇌를 수반하는 삶이 아닌 욕구를 채워가며 수동적으로 그저 살아가는 인간형을 의미하면서 화자의 반성으로 이어진다. 사이에 삽입된 괄호는 봄을 상징하는 두견꽃, 그리고 "꽃빛 혀"와 연결된 이미지를 갖고 있으며 시의 주제를 함축적으로 표현해내고 있다. 이 "역겨운 두견꽃이여……" 구절은 계절에 따라 멋모르고 피어나는 "두견꽃"을 '역겹다'고 말하는 진술로서, 본능 또는 자연의 섭리에 따라 잠에서 깬 "미련한 곰"과 상호 은유적인 관계를 갖는다. 주제를 함축적으로 드러내고 있는 괄호는 화자와 청자 사이의 연결 고리이자 청자에게 직접적으로 시의 의미를 전달해주는 목소리 역할을 한다.

갈매기구름 거느리고 날아드는
무지개 나라 여인들은
향기론 핏줄들이 모여서 켜 놓은 토끼눈같이
고운 산호를 따 물곤 떠나가곤 합니다。

(어쩌면
눈이 청대들을 휘던 지난겨울 어느 한밤을
번득……날아옌 외기러기 찬눈 묻은 외마디 울음이
지레 주름잡아둔 시상詩想일지도 모릅니다)

玲瓏한 꽃열매 뚝…… 뚝…… 망울지는게
地下에는 정녕 어느 너그러운 가슴있어 숨쉬나봅니다。

―「和解」 전문

「화해」는 1연과 3연 사이에 괄호로 묶인 2연이 자리한 구조이다. 2연은 1연에 대해 "…외기러기 찬눈 묻은 외마디 울음이 지레 주름잡아둔 시상일지도" 모른다고 설명하고 있다. 이는 「영춘부」에 나타나는 괄호처럼 시의 이해를 돕는 역할을 하고 있다. 그리고 「화해」의 구조 또한 괄호가 사용된 시에서 공통적으로 나타나는 역설적 구조임을 확인할 수 있다. 시의 전반적인 중심 내용은 부제('……석류꽃에 부쳐')에서 드러나듯이 봄과 초여름 사이의 배경을 전제한 화자의 정서를 다룬 내용이다. 그런데 괄호 내용은 지난 겨울에 화자가 느낀 심상(心想)으로, 괄호 밖 내용과 표면적인 대조를 이루고 있음을 알 수 있다. 화자에게 있어 석류꽃이 망울지고 있는 이 계절은, 지난겨울을 떠올리게 하는 계기가 되면서 「무서움」과 같이 생명의 탄생이 죽음 뒤에 찾아온다는 것을 인식하는 바탕이 되는 것이다. 이에 대해서는 「화해」의 괄호 내용 뒤에 이어지는 "지하에는 정녕 너그러운 마음이 있어 숨쉬나봅니다"를 통해서도 표현되고 있다. 이처럼 다른 시구를 통해서도 역설적 언술은 드러나지만, 괄호의 사용은 괄호 바깥과 괄호 안을 동시적으로 긴밀하게 연결시킴으로써 역설의 의미를 배가시킨다.

전통 서정과 모더니티의 공존

지금까지 이수복 시에 나타난 문장 부호 중 시상에 직접적인 영향관계에 놓인 '줄표'와 '말줄임표', '괄호' 등을 '시어'의 관점에서 살펴보았다. 이수복 시인의 주된 시적 대상은 자연의 소박한 모습이라고 할 수 있다. 시인은 자연 그대로의 미묘한 변화를 포착하여 거기에 시적 의미를 담아낸다. 그 자연의 작은 변화에는 그리움이라는 정서가 함께 묻어있다. 이수복 시의 문장 부호 중 말줄임표와 줄표는 여운을 형성할 뿐만 아니라 시각적 효과를 도모함으로써 섬세한 운동성과 지속의 이미지를 전달하는데, 이와 같은 문장 부호의 역할은 그의 자연을 보는 시각과 일맥상통한다. 자연의 미묘한 변화나 움직임은 말줄임표와 줄표를 통해 시각화되어, 포착에 따른 가치의 발견과 서정적 분위기의 심화를 실현시킨다. 또한 말줄임표와 줄표는 본연의 생략의 기능을 동시에 수행하여 그리움 정서에 여운을 더하는 효과를 낳는다.

한편 그의 시가 가진 정서를 '그리움', '수줍음', '망설임' 등으로 요약한다면,[20] 앞에서 살펴본 것처럼 문장 부호는 이러한 정서에 기여한다고 정리할 수 있다. 그리움이 주가 되는 시에서는 낙하하는 꽃이나 눈, 낙엽의 이미지나 고요한 여음(餘音)이 표현되고 수줍음과 망설임의 경우에는 문장의 압축성을 중심으로 구성되는 차원에서 문장 부호가 등장하면서 그러한 이미지의 형상화를 주도하고 있기 때문이다.

이수복 시의 또 다른 특성은 자연에 대한 그리움에 시적 화자가 갖고 있는 '괴리감'이 함께 포함되어 나타나는 것이라 할 수 있다. 자연의 소박한 전경은 화자의 눈을 거쳐 이른바 '역설적 서정성'으로 거듭난다.[21] 순리에 따라 변하고 다시 일 년을 거쳐 예의

20) 우재학, 앞의 논문, 227~237쪽.

21) 역설은 모순되는 항들이 공존할 때 발생(이율배반)한다. 삶 속에 죽음이 있고, 죽음 속에 삶이 있다는 것은 삶과 죽음이라는 상호 모순적인 항이

모습으로 돌아오는 자연이지만, 그 과정 속에는 죽음과 이별이 있다. 이는 자연이 갖는 탄생과 소멸의 '자연스러운' 이치이지만, 화자에게 있어 이 '자연스러운' 이치는 한편으로 역설적, 다시 말해 '이율배반적'인 것이다. 이것은 일반적인 그리움을 낯설게 함으로써 그리움의 정서를 보다 심화시키는 데 일조한다. 괄호의 제시는 이와 같은 이수복의 시 세계를 보여주는 단초라 할 수 있다. 괄호는 그 제시 자체가 '괄호 없는 내용'과의 차이를 두게 함으로써 '낯설게 하기'의 효과를 높이는 역할을 하고, 역설이 존재함을 직접적으로 드러낸다는 점에서 그렇다. 일반적으로 전경화되어 있는 전통적인 서정과 애상에는 배면이 없는 반면, 이수복은 문장 부호를 사용하여 전경과 배경의 차이를 표현하고, 화자가 느끼는 서정적 자연 또는 애상에는 그 반대항이 존재함을 극명하게 나타낸 것이다.

결론적으로 문장 부호로의 표현은 '언어로 표현되지 않는 배면'과 그것이 존재함을 동시에 드러낸다. 문장 부호는 생략과 표현의 역할을 동시다발적으로 수행하고, 따라서 이수복 시가 추구하는 '현실 이면 세계의 시화(詩化)'를 달성해낸다. 줄곧 이수복이 전통 서정시와 모더니즘의 두 가지 면모를 가지고 있다고 평가되는 것은 이와 같은 맥락에 근거한다. 전통적인 자연을 세밀하게 묘사하고 그에 대한 그리움과 애상, 한을 그리는 데 역설을 이용하는 그의 특성으로 인해 현대적인 시각과 전통적인 서정성이 맞물리고 있는 것이다. 전통 서정시가 애상과 한의 배면을 은폐하거나 합일시키는 데 그 특성을 가지고 있다면, 이수복의 시는 서

공존하고 있기 때문에 역설적인 효과를 낳는 것으로 받아들여진다. 임석진 외, 『철학사전』, 중원문화, 2009, '역설' 항목 참조.

정성을 주된 정서로 하고 있으면서도 문장 부호의 적극적인 사용을 통해 은폐된 배면의 역설과 간극을 소박하게나마 표현하고 있어 모더니즘적 면모를 획득하고 있기 때문이다.[22]

그러나 위와 같은 이수복 시에서의 문장 부호의 의미가, 말 그대로 '모든' 시에서 나타나는 문장 부호를 대표한다고 말할 수는 없다. 그것은 거듭 강조하듯이 문장 부호는 시 안에서 시어로 역할을 하기 때문이다. 어떤 시의 어떤 단어는 일상적으로 사용자들에게 공통된 의미를 갖고 있기 마련이다. 하지만 그렇다고 해서 모든 시에 등장하는 그 어떤 단어가 같은 의미를 갖지는 않는다. 시어의 의미는 맥락에 따라 낯설게 등장하기도 하고 때로는 일상적 의미와 다르지 않기도 하다. 다만, 문장 부호는 그것이 가지고 있는 기호적 특성으로 말미암아 여타의 시어보다 분명하고도 특수한 의미를 전달한다. 서두에서 언급한 바와 같이 시어와 마찬가지로 문장 부호는 의도적인 사용을 함의하고 있으며, 다시 말해 창작자의 본의와 수용자의 해석이 보다 일치되기를 바라는 목적이 전제되어 있고 실제로 그것이 시적 의미로서 실현되고 있는 것이다.

출전 김민지, 「시어로서의 문장 부호 연구 — 이수복 시를 중심으로」, 『용봉인문논총』 제50권, 전남대학교 인문학연구소, 2017.

22) 모더니즘은 근대적 시각을 틀로 삼아 양가성(ambivalence)과 같은 모순 감정을 포착하는 예술 양태를 보인다. 페터 지마, 『모던/포스트모던』, 김태환 옮김, 문학과지성사, 2010, 298쪽. 이하 참조.

참고문헌

• 기초자료

이수복, 『봄비』, 현대문학사, 1968.

• 논문 및 단행본

김균형, 「코러스의 필요와 역할에 대하여」, 『연극교육연구』 제4호, 한국연극교육학회, 1999.

김기종, 「문장 부호의 수사학적 활용」, 『중국조선어문』 제45호, 길림성사무민족위원회, 1989.

문호성, 「이수복 시의 텍스트성」, 『한국문학이론과 비평』 제12호, 한국문학이론과 비평학회, 2001.

박재완, 「그리스의 비극적 코러스, 그 극적 기능이 암시하는 연기 양식: 하나의 스타일로 통일 가능한가?」, 『한국연극학』 제9호, 한국연극학회, 1997.

백수인, 「이수복 시 연구」, 『국어국문학』 제157호, 국어국문학회, 2011.

우제학, 「이수복 시의 정서 구현 양상과 생태 지향」, 『국어교과연구』 제22호, 국어교과교육학회, 2013.

이민호, 「전후 '전통서정시'의 이접성 연구 – 이수복·이원섭의 시를 대상으로」, 『시학과 언어학』 제12호, 시학과 언어학회, 2006.

이정찬, 「근대적 구두법(句讀法)이 읽기와 쓰기에 미친 영향」, 『작문연구』 제7호, 한국작문학회, 2008.

임석진 외, 『철학사전』, 중원문화, 2009.

조지 레이코프·마크 존슨, 『삶으로서의 은유』, 노양진·나익주 옮김, 박이정, 2006.

전영근, 「현대시에서의 문장 부호의 수사학적 활용」, 『중국조선어문』 제140호, 길림성사무민족위원회, 2005.

페터 지마, 『모던/포스트모던』, 김태환 옮김, 문학과지성사, 2010.

제4부

서정의 힘,
의미 작용의 미래

지향과 의식의 작용, 범대순 시론의 의미구조 • 김동근

의식과 의미의 양립, 문병란의 구성적 발화 • 최혜경

광주의 봄을 위한 엘레지 • 김청우

지향과 의식의 작용, 범대순 시론의 의미구조

김 동 근

시론을 말하는 시인

현대시론이 전개되어 온 과정에서 시인들이 직접 자신의 시론을 말하는 경우는 드물었다. 시인들은 다만 시를 통해 그의 세계관이나 시론을 피력해 왔다. 그러나 범대순은 자신의 시론을 적극적으로 펼치면서 시 창작의 미학적 근거를 마련하고자 한 몇 안 되는 시인 중 한 사람이다. 따라서 그의 시세계 전모를 밝히기 위해서는 시 작품 연구와 별도로 그의 시론, 즉 창작과정에서 그가 끊임없이 개진해 온 시적 담론에 주목하고 그 의미구조를 이해할 필요가 있게 된다. "시는 형이상학적 추상성과 현실적인 구체성이 서로 만나 충돌과 삼투를 거듭하다가 하나의 언어로 육화되는 공간"[1]이기 때문이다.

범대순(1930.6.16~2014.5.21)은 1954년 첫 작품 「불도오자」를 쓴 이래 10여 년간의 노작들을 모아 1965년 시집 『흑인고수 루이의 북』으로 등단하였으며, 이후 2014년 작고하기까지 열여섯 권의 시집[2]을 출간하였다. 또 시론집 『백지와 기계의 시학』(1987, 사사연), 『현대시론고』(1994, 전남대출판부), 평론집 『트임의 미학』(1998, 사사연)을 집필하였으며, 그밖에도 여러 권의 연구서와 번역시집, 수상록 및 에세이집을 세상에 선보였다. 이처럼 방대한 량의 저작을 남겼다는 사실에서 알 수 있듯이, 범대순은 남다른 열정과 재능을 가진 시인이었으며, 한편으로는 전남대학교 영문학과 교수로서 새로운 시의 가능성과 자신의 시학을 탐색하고 연구해온 학자이기도 했다.

지금까지 시집평이나 단평 중심으로 이루어져왔던 범대순의 시와 시론에 대한 관심은 그의 타계와 더불어 최근에 종합적이고 구체적인 학술담론의 장으로 확장되는 추세에 있다. 그것은 범대순이 지역에서 활동한 시인임에도 불구하고, 그의 시와 시론이 한국 현대시의 전개 과정에서 범상치 않은 문제의식을 제기하고

---

1) 오정국 편, 『현대시 창작시론-보들레르에서 네루다까지』, 시인동네, 2016, 5쪽.

2) 『흑인고수 루이의 북』(1965, 시사영어사), 『연가 I II 기타』(1971, 한국현대시인협회), 『이방에서 노자를 읽다』(1986, 예전사), 영문시집 『Selected Poems of Bom Dae-Soon』(1989, 전남대출판부), 『기승전결』(1993, 문학세계사), 『백의 세계를 보는 하나의 눈』(1994, 문학아카데미), 『유아원에서』(1994, 전남대출판부), 『아름다운 가난』(1996, 문학예술), 『세기말 길들이기』(1997, 문학예술), 『북창서재』(1999, 시와사람), 『파안대소』(2002, 전남대출판부), 『나는 디오니소스의 거시氣다, 전남대출판부』(2005), 『산하』(2010, 문학들), 『가난에 대하여』(2011, 문학들), 『무등산』(2013, 문학들), 유고시집 『백년』(2015, 문학들)

있기 때문일 것이며, 좁게는 호남의 시인이자 학자로서 문화시학적 측면에서의 무게가 적지 않기 때문이기도 할 것이다.

범대순은 자신의 시집 말미에 해설이나 발문 대신 <시론>이라 이름 붙인 별도의 글을 자주 수록하고 있다. 이는 그가 그의 시집에서 시인이자 학자로서의 시적 담론을 펼치고자 했음을 보여준다. 이런 점에서 그의 시 텍스트는 메타시의 성격을 갖는다. 또한 그의 시론이 창작과정의 시론으로서 끊임없이 시적 실천을 견인해 왔다는 점에서, 범대순 시론의 의미구조를 밝히는 일이야말로 그의 시세계를 온전히 이해하기 위한 첩경이라 아니할 수 없는 것이다. 따라서 이 글은 그의 시적 담론을 대표하는 기계시론[3], 백지시론[4], 기승전결시론[5], 야성론[6] 등의 담론 텍스트가 무엇을 지향하는지, 또 그 의미가 무엇인지 탐색함으로써 범대순 시정신의 면모를 해명하고자 하는데 궁극적인 목적이 있다.

'기계'와 '백지' 지향의 전위의식

범대순의 초기시론은 등단시기부터 1980년대까지 개진된 것으

3) 「기계가 한 편의 시가 되기까지」, 「기계시에 대하여」, 「기계시에 대한 결론적 인식」을 분석 텍스트로 함.

4) 「백지가 한 편의 시가 되기까지」, 「백지시에 대하여 Ⅰ」, 「백지시에 대하여 Ⅱ」를 분석 텍스트로 함.

5) 「기승전결에 대하여」, 「트임의 미학-절구시집 『아름다운 가난』을 위한 담론」을 분석 텍스트로 함.

6) 「시적 진실인 나의 야성(野性)」을 분석 텍스트로 함.

로, 흔히 기계시론과 백지시론으로 불린다. 이는 그 스스로가 '기계시'와 '백지시'를 지향하고 있음을 언명하고 있기 때문에 붙은 명명이기도 하다. 1965년에 펴낸 범대순의 첫 시집 『흑인고수 루이의 북』 제1부에는 기계를 주제로 한 시 8편[7]이 수록되어 있다. 고려대학교 영문과에 재학중이던 1954년 5월에 착상하고 1957년 6월 '고대 문학의 밤'에 낭송 발표한 「불도오자」를 비롯해서 1950년대 중후반에 쓴 작품들을 이 시집의 맨 앞부분에 배치한 것이다. 따라서 범대순의 기계시가 시집이 출판된 1960년대 작품이 아니라 1950년대 전후 복구 상황과 4·19혁명이라는 사회적 격변기에 쓰인 작품이라는 점에 주목할 필요가 있게 된다. 즉 범대순은 시적 대상이 된 기계에 대하여 그것에 덧씌워진 잔인하고 파괴적인 전쟁 괴물의 이미지를 벗겨내고 그 자리에 국토 건설의 의무를 실천하는 순수한 재건 주체의 이미지를 새롭게 기입하려 했던 것이다.

그렇다면 기계시의 이론적 토대가 되는 기계시론의 입각점은 무엇인가? 이는 구체적인 작품 속에서 기계가 내적 현실의 재건 주체로서 어떻게 형상화되고 있는가에 대한 분석을 요구한다. 또 그것이 기계와 전쟁으로 인해 황폐화된 외적 현실에 대해 다시 기계 자체를 통해 극복하려는 역동적인 시적 논리의 제출 행위임을 규명할 필요가 있다. 사실 범대순이 「불도오자」를 쓸 때에는 기계를 주제로 시를 쓴다는 의식을 갖고 있지 않았다. 6.25전쟁 후 처음 본 기계가 엄청난 힘으로 폐허의 상처를 복구하는 것을 보고 기계에 대한 관념적인 적의(敵意)를 품었다기보다 오히려

7) 「불도오자」, 「방송탑」, 「싸야렌」, 「랏쉬 아워」, 「안테나」, 「싸야렌 序」, 「기계는 외국어」, 「핵분열 사건에 부치는 서시」

친근감과 애정으로 불도저의 인상과 동작, 목소리, 그리고 그 강렬한 '힘'을 시로 형상화시켜보고자 했을 뿐이었다.

다이나마이트 폭발의 5월 아침은 快晴
아까시아 꽃 香氣 그 微風의 언덕 아래
황소 한 마리 入場式이 鬪牛士보다 오만하다.

처음에는 女王처럼 조심스레 주위를 살피다가
스스로 울린 청명한 나팔에 氣球는 비둘기
꼬리 쳐들고 뿔을 세우면 洪水처럼 신음이 밀려
이윽고 바위돌 뚝이 무너지고.

그것은 희열
사뭇 미친 瀑布같은 것
짐승 소리 지르며 목이고 가슴이고 물려 뜯긴 新婦의 남쪽
그 뜨거운 나라 사내의 이빨같은 것.

그리하여 슬그머니 두어 발 물러서며
뿔을 고쳐 세움은
또 적이 스스로 무너짐을 기다리는 智慧의 자세이라.

–「불도오자」 일부

기계에 대한 관심이라는 측면에서 볼 때, 이 시에서의 '불도오자'라는 기계는 위풍당당한 한 마리의 황소로 형상화되어있는 시적 제재이다. 그리고 그것은 기계문명을 대하는 지성적 의미보다는 '홍수'와 '폭포'처럼 거대하고 '짐승'과 '사내의 이빨'처럼 거친 이미저리를 통해 강력한 원시적 힘과 건강한 생명력의 의미를 연상시킨다. 불도저를 보면서 "나의 형님, 또 저수지 공사 때의 많은 인부들, 그리고 사나웠던 우리 집의 부사리 황소, 이 엄청난

인격적 동물 앞에서 나는 이상하게 정조를 바쳐도 좋을 하나의 훼미니즘(Feminism)을 느꼈던 것"[8]이라는 시인의 말에 미루어 볼 때, 이즈음의 기계는 범대순에게 하나의 시적 제재이자 인격화된 모티프였음을 알 수 있다. 이처럼 시적 제재에 머물렀던 기계가 시의 중심 주제가 된 것은 영국의 시인 오든과 스펜더를 접하면서부터이다. 특히 스펜더의 시 「급행열차(The Express)」를 비롯해 기계를 주제로 한 일련의 시를 통해 기계에 대한 나름의 개념을 형성한 후, 1969년의 논문 「기계시에 대하여」에서 본격적으로 기계시론을 수립하게 된다. 그는 고려대 영문과 대학원 재학시절 지도교수였던 이호근 교수의 지시로 스티븐 스펜더에 대한 논문을 준비하는 과정에서 기계에 대한 이론적 근거에 관심을 갖기 시작했다고 밝히고 있다.[9] 그렇다면 스펜더의 기계를 주제로 한 시에서 그가 발견한 기계에 대한 이론적 근거는 무엇일까?

> 인간 자신이 성취해 놓은 기계문명의 세계에서 예술가는 왜 저주를 자초하고 있는 것인가? 기계와 인간정신의 대립은 예술이 기계와 대립되는 것으로 생각하는 불성실에서 오는 것이고, 그것은 기계와 예술 쌍방의 정신적 태만과 관련되어 있는 것이다.......기계가 악하다면 그것은 융통성이 없는 기계, 즉 상상력이 결한 이용이 악할 뿐이다. 가장 상상력이 넘치는 기계, 그것의 주인은 결코 인간이 아니다.

---

8) 범대순, 「기계가 한 편의 시가 되기까지」, 『백지와 기계의 시학』, 사사연, 1987, 29쪽.

9) 같은 책, 29~30쪽.
"기계시 - 이 말은 『이호근, 조용만 교수 회갑기념 논문집』(1969, 고대 영문학회간)에 수록하기위하여 내가 기고한 논문의 제목이 「기계를 주제로 한 시에 대하여- Stephen Spender의 'The Express'를 중심으로」라고 되어 있던 것을 그 편집의 책임자였던 김종길이 「기계시에 대하여」로 개제해 버린 명칭에서 유래함 - 의 이론적 근거에 관심을 갖기 시작했던 것이다."

그것은 인간의 이상이요, 꿈이지 않으면 안 된다. 내가 기계시 「불도오자」에서 추구하고자 했던 것은 실로 이 인간의 이상이요, 꿈으로서의 기계였던 것이다.[10]

이 글에서 보듯이 범대순에게 기계는 상상력의 산물이어야 한다. 그러한 기계는 곧 예술과 대립되지 않는 것이며, 인간의 이상과 꿈을 실현해주는 선한 것이 된다. 범대순은 1930년대 초 유럽에서 히틀러의 전쟁 위협에 직면한 젊은 시인들이 강력한 힘을 요구하게 되고, 그 강력한 힘이 기계의 이미지와 연결되었다고 전제한다. 그리고 스펜더의 「급행열차」가 단순히 기계를 묘사하는데 그쳤다면 그것은 기계의 노후와 더불어 버려질 수도 있었다고 말한다. 하나의 시가 대상의 묘사에 그치지 않고 대상을 통하여 그 대상이나 시대를 초월하는 정신상황에 이를 때, 즉 대상을 통시적인 메타포로써 시화할 때 그 시는 고전으로 살아남는 것이며, 「급행열차」가 그 좋은 예라는 것이다.

근대 과학의 성립이 인류사상 예수의 탄신에 비길 만한 큰 사건임에도 불구하고 시는 그것에 대하여 무관심하거나 적의를 가져왔다. 특히 현대시가 가지고 있는 두 개의 큰 주제, 즉 신념의 상실과 사회로부터의 예술가의 소외가 같이 과학의 발전과 관련되고 있음에도 불구하고 시인들은 그것을 극복하는 길을 과학이나 기계를 극복함으로써 찾으려 하지 않고 오히려 그것들로부터 도피하려 들었던 것이다. 시인은 기계의 위험을 자각해야 한다. 그러나 시인은 그 위험에서도 피해서는 안 된다. 왜냐하면 기계문명이 가져온 발명품 가운데 유해한 것이 있다 하더라도 그 원인은 선한 것도 악한 것도 아니며, 우리들의 생활은 그것들로 가득 차 있다는 사실을 잊어서는 안되기 때문이다.[11]

---

10) 같은 책, 34쪽.

전 지구적으로 유행하던 실존주의나 휴머니즘의 시대적 문학적 상황 속에서 범대순이 기계를 옹호하는 시 쓰기를 수행한 것은 당시의 상황에 대한 저항의 제스처로 읽힌다. 그는 실존주의나 휴머니즘에서 보인 기계에 대한 부정의 논리를 거부하면서, 반대로 긍정의 논리 안에서 기계를 새롭게 인식하려 했으며, 이는 당시 등장했던 실험시 계열의 시인들과는 사뭇 다른 관점에서 또 하나의 전위적 실험을 수행하려 한 것이다. 테러리즘의 표상인 기계 안에서 그것을 재발견하고 반-지배적이고 반-현대적인 기계 개념을 통해 전위적인 기계시학을 정립함으로써 시적 인식의 전환을 도모한 것이다.[12] 결국 범대순에게 있어서 기계가 지니는 시적 대상으로서의 의의는 바로 현대적인 예술적 태만에 대한 거부의 연장선상에 놓이게 된다. 그렇게 볼 때, 기계시학의 방점은 기계의 대상적 본질을 규정하려는 데에 있는 것이 아니라 기계라는 대상의 재인식 과정에서 이루어지는 시적 성찰을 실천하는 데에 있다고 말할 수 있다.

한편, 범대순의 기계시론은 서구 전위예술의 기원으로서 미래주의의 기계미를 수용하면서도, 당대에 필요한 기계주의 세계관을 어떻게 변용할 것인지에 대한 시적 담론이기도 하다. 그의 기계시론은 인간의 존재감과 사물의 유용성을 동시에 강화하기 위해 필요한 실천적 탐색의 예로 적절할 것이며, 거기에는 기계주의를 통한 초월성이나 저항성보다 기계미를 반추하는 인간의 낭

---

11) 범대순, 「기계시에 대하여」, 앞의 책, 1987, 41쪽.

12) 정민구, 「범대순의 기계시학 연구-기계는 어떻게 '악마'에서 '영웅'이 되는가?」, 『한국지역문학연구』 제9집, 한국지역문학회, 2016, 15~19쪽. 참조.

만성이 두드러져 있다. 그리고 그 낭만성은 인간성이나 인간정신에 방점이 있는 나머지 기계가 없는 삶으로 회귀하려고 하는 기계 저항적 세계관이라 할 수 없다. 그것은 지치지 않는 통렬한 사유와 '힘 있는 인간'의 주체적 변용으로 무감성의 한계를 극복할 것을 제언한 결과물이다. 그의 제언은 단지 대안적 메시지 혹은 경험적 결과라기보다, 이후 사회가 인간으로 초점을 되가져와야 하는 필요와 가치를 나타내는 '기계 이후 인간'에 대한 새로운 쟁점의 전초로 읽혀야 한다.[13)]

기계시론 이후 범대순의 시적 관심은 백지시론으로 전환된다. 범대순은 1973년 ≪현대시학≫ 10월호에 발표한 작품 '「 」'와 여기에 부기한 '시작노트'에서부터 백지시에 대한 관심을 드러냈으며, 이를 그만의 시적 논리로 정립해가는 과정이 시론집 『백지와 기계의 시학』(1987)이라 할 수 있다. 그의 백지시론에는 기계에 대해 보여줬던 전위적 관심이 본격적인 전위의식으로 확산되어 있음을 볼 수 있다. 시 텍스트로서의 백지시는 1973년의 '「 」' 단 한 편으로 그치지만, 상대적으로 그가 심혈을 기울였던 백지시론은 이후의 시론으로 확장되면서 범대순 시학의 요체를 이루게 된다. 그 정황에 대해 범대순은 이렇게 회고한다.

> 그 시는 13개로 구성된 시 중에 하나였고 어느 다른 시들보다도 중요하게 생각하는 것을 보여주기 위해 시리즈의 첫 장에 수록했었던 것입니다. 그 시는 백지 그대로였습니다. 나의 백지시에 대한 판권을 주장하는 내 서명 외엔 타이틀도 문자들도 없으며 완전히 아무것도

---

13) 최혜경, 「기계 이후, 자율적인 인간의 행복 찾기-범대순의 기계시론에 나타난 감성 인식의 견지에서」, 『건지인문학』 제20집, 전북대학교 인문학연구소, 2017, 261~270쪽. 참조.

없습니다. 백지 대신에 나는 다른 페이지에다 이 고안이 실제적인 시이며 내 스스로의 창작적 독창성에서 나온 것이라는 변호를 전개하면서 그리고 이 고안이 표현을 포기하는 것이 아니라는 것을 분명히 했습니다.[14]

범대순 스스로 밝힌 이 백지시 창작 동기에 대해 김형중의 논의[15]는 의미심장한 문제의식을 제공한다. 김형중의 글은 범대순 자신의 시도와 달리 "그 시는 백지 그대로"가 아니었고, "타이틀도 문자들도 없으며 완전히 아무 것도" 없지 않았던 것이 아닐까라는 역추론으로 시작한다. 왜냐하면 1970년대의 문학장에 속한 채로 그 문학장의 이러저러한 의식적/무의식적 규약에 따라 그것을 읽게 되는 독자들에게는 틀림없이 문장부호 '「 」'이 시 작품을 지시하는 식별 기호이기 때문이라는 것이다. 김형중은 문학장 및 제도의 규약과 출판상의 관례, 서명과 제목 및 그에 따른 저작권을 두루 갖추었으므로 범대순의 백지가 시가 되었다고 본다.

그렇다면 그 '시'의 의미는 어떻게 해석해야 하는가? 백지에서 어떤 의미를 찾을 수 있을까? 이 물음에 답하기 위해 김형중은 데리다의 '에르곤(ergon)'과 '파레르곤(parergon)' 개념을 도입한다. 에르곤이 완성된 작품의 중심이라면 파레르곤은 그 가장자리, 곧 경계다. 이에 따라 범대순의 백지시 의미는 정작 백지 내부(에르곤)가 아니라, 백지 바깥(파레르곤)에 '시작노트'의 형태로 존재한다는 점을 갈파한다. 김형중은 이 시작노트가 없었다면 백지시가 '의미없는 시'의 다른 이름이 되고 말았을 것이라고 본다. 시적 의

14) 범대순, 「백지시에 대하여 Ⅱ」, 앞의 책, 1987, 20쪽.
15) 김형중, 「'백지'의 의미-범대순의 '「 」'(1973)에 대하여」, 『어문논총』 제28호, 전남대학교 한국어문학연구소, 2015, 71~92쪽.

미의 중심이 시의 바깥, 곧 해석 행위에 있다는 역설을 범대순의 백지시와 시작노트가 여실히 보여준다는 것, 그리고 이 시작노트야 말로 외부에서 백지시에 부여된 최초의 의미라는 것이다.

> 나는 어렸을 때부터 늘 전위이고자 하였지만 한 번도 전위이지 못했다. 그래서 전위이고자 하는 나의 마음은 늘 미결한 채로 남아있다. 시를 쓰게 된 이유도 사실은 그런 마음에서였으리라고 생각한다. 시작에 있어서도 나는 한국 최초의 기계를 노래하는 시인으로 시단에 데뷔했다. 한국의 문화적 풍토에 기계를 노래하여 성공시키기 위해서는 나로서는 피나는 전위적 투쟁을 겪지 않으면 안 되었다. 그러나 그 전위는 무시되어 나의 마음속에서 전위이고자 하였던 갈망은 역시 미결한 채로 남아 있었던 것이다.
>
> 나는 나 자신뿐 아니라 주위의 모든 흔적을 청산하고 부정하는 데서 나의 미진된 욕구를 채우려 했다. 이것은 나의 정신상황 속에서 부득이한 것이다. 생각하면 예술이란 건 끊임없이 자기 파괴, 자기 부정의 연속일는지 모른다. 이 예술의 본질적 정신을 시로 표현하기 위해서 나는 고민하였다. 그 결과가 이 백지의 시다.[16]

위의 글은 백지시의 시작노트인 「백지가 한 편의 시가 되기까지」이다. 여기에서 범대순은 자신의 초기 시작 태도를 의식적으로 전위적이고자 했음을 말하고 있다. 그러나 기계시 단계에서는 자신의 전위적 태도가 문단의 관심을 그다지 끌지 못했던 까닭에 그 전위로서의 미진한 욕구를 채우기 위해 탄생한 것이 백지시라는 것이다. 이후 「백지시에 대하여 I」에 와서 범대순은 자신이 백지시를 주장한 이유, 즉 백지시론의 전위의식을 다섯 가지로 구체화한다. 이를 요약하면 다음과 같다. 첫째는 언어에 대한 회

16) 범대순, 「백지가 한 편의 시가 되기까지」, 앞의 책, 1987, 14쪽.

의이다. 그것이 곧 자신의 시정신을 결점 많은 언어가 아닌 혼백을 불어넣은 백지로 '표현'한 것이다. 둘째는 예술의 본질적 정신으로서의 자기부정의 정신을 백지 안에 '표현'하기 위해서이다. 셋째는 산문시에 도전하기위해서이다. 산문시대는 잡문시대 또는 속물시대이며, 이에 대한 강력한 도전이 백지시이다. 넷째는 백지시야말로 무한한 가능성으로서의 언어, 문자, 자유, 생명력을 지닌다. 이를 통해 자신의 낙관적 인생관이 부활한다. 다섯째 백지시는 생명력, 자유, 진리 등 절대적 가치를 통찰하고, 그것들이 살 수 있는 계시의 장이다.[17)]

백지시를 정의하는 이러한 언명은 물론 비판적 논지에 직면할 수 있다. 예술의 본질적 정신을 과연 자기부정이라 할 수 있는지, 그것은 근대 이후 예술의 한 양상으로 설명되어야 하는 것이 아닌지 반박될 수 있다. 또 백지 상태를 굳이 강조부호를 사용하면서까지 시정신의 '표현'이라고 하는데, 이는 오히려 시적 방기가 아닌지 의심될 수도 있다. 그러나 그렇다 하더라도 이러한 백지시 지향이 범대순의 시적 전위의식을 실천태로 보여주고자 한 것임은 분명하다 하겠다.

'기승전결'과 '트임' 지향의 주체의식

범대순은 그의 생의 후반기이자 가장 활발한 창작 활동을 보여

17) 범대순, 「백지시에 대하여 I」, 앞의 책, 1987, 17~19쪽. 참조.

줬던 1990년대 들어 시적 방법론이 명징하게 드러나는 '절구'의 형식과 자신이 '트임의 미학'이라 이름 붙인 기승전결시론을 펼친다. 1993년 출간한 제5시집 『기승전결』에 발문을 대신해서 '시론'이라 제하여 붙인 「기승전결에 대하여」가 그 출발점이라 할 것이며, 1998년의 평론집 『트임의 미학』에서 그 집대성을 이루게 된다. 이 과정에서 기승전결시론의 실천태로 발간한 시집이 제9시집 『세기말 길들이기』(1997)까지 다섯 권에 이른다. 알다시피 '기승전결'은 동양시학에서 의미전개의 방식을 가리키며, '절구'는 기승전결의 네 구로 이루어진 중국 한시의 근체시를 가리키는 용어이다. 따라서 범대순의 시론이 초기의 기계시론과 백지시론에서 이 시기에 이르러 기승전결 또는 절구의 시론으로 변모되었다는 것은 획기적이라 아니할 수 없다. 그것은 기계에서 인생으로, 전위에서 전통으로, 서양에서 동양으로의 전환이기 때문이다.

그렇다면 이러한 시적 태도의 전환은 범대순의 시론에서 어떻게 의미 작용하는 것일까. 기계와 백지를 지향했던 전위적 태도가 기승전결과 절구라는 고답적 태도로 전환되었음에도 불구하고 그의 시론에 일관되게 흐르고 있는 기조는 무엇인가. 백지는 "있는 것과 없는 것, 그리고 보이는 것과 보이지 않는 것 사이의 고리를 연결해주는 공간이다. 그래서 백지에서 차츰 극도로 절제된 언어가 생겨나기 시작했고"[18] 범대순은 그것을 기승전결의 절구시로 형식화한다. 그가 기승전결에 관심을 갖게 된 직접적인 동기는 선친의 한시집 『취강유고(翠崗 遺稿)』(1991)를 간행한 사실에서 찾을 수 있다. 이후 1994년 8월 전남대학교 교수직을 정년

18) 김성곤, 『글로벌 시대의 문학』, 민음사, 2006, 246쪽.

퇴임하고 1995년 미국 에모리대학에 연구차 체류한다. 이 시기에 당시(唐詩)와 영시(英詩)의 운문형식을 현대적으로 결합하고자 시도하였고, 그 결과 동양과 서양 운문형식의 공통적인 지배소인 기승전결의 물질적 조직체를 시의 형식으로 선택했을 것으로 추론할 수 있다.

> 나의 어린 시절에 대한 기억은 가친에게서 해방되는 환상적인 것으로 그것은 나의 시집 『아름다운 가난』의 주제이기도 합니다. 그러나 역설적이게도 예순이 된 뒤로는 나의 시는 그 형식이 기승전결을 따르고 있었습니다. 아마도 아버지의 영향, 곧 한시의 영향일 것입니다. 나는 가친의 한시 유고시집을 출판하기도 했고, 나 자신도 『기승전결』이라는 표제의 시집을 내기도 했습니다.
>
> (중략)
>
> 절구는 나의 시집 『아름다운 가난』에서 실험한 새 형식을 말하는 것으로 단숨에 읽을 수 있는 4절 20문자 또는 시라블의 형식으로 그것은 기승전결의 형식을 밟아 신절구라는 이름으로 내가 성공시킨 형식입니다. 이 시집은 미국에 체류하면서 쓴 것으로 미국의 크고 강하고 넓은 것에 대한 나의 생존 양식으로 작고, 약하고, 좁은 것의 아름다움을 제시한 시집입니다. 그래서 이들 시의 형식은 작지만 그 속에 다 들어 있어 절묘(絕妙)하다는 뜻을 말하고 싶었던 것입니다.[19)]

위의 언급으로 볼 때, 기승전결시론은 점차 '절구'시론을 거쳐 '트임의 미학'에서 그 정점에 이른다. 범대순은 중국 한시의 기승전결 구성법이 사계절의 원형에서 착안된 것으로 이해한다. 따라서 기승전결은 자연의 표현이자 인생의 표현이어야 하며, 예술적

---

19) 이은봉, 「대담: 문명 혹은 기계의 시에서 자연 혹은 무등의 시로」, 범대순유고집편찬위원회, 『범대순논총』, 문학들, 2015, 372~375쪽.

종합성을 표현하는 사상인 것이다. 이 시기 범대순에게 기승전결은 철학이며 종교이고 과학 그 자체로 인식된다. 만일 문학이 이 사상을 잘 표현한다면 그 문학은 위대한 문학이 된다고까지 주장한다. 그렇다면 이처럼 완전체를 지향하는 기승전결시론이 전 단계에서 전위적이었던 백지시론과는 어떻게 연결되고 있는가? 그는 그 백지시론 속에도 기승전결 사상이 곁들여 있었다고 강변한다. "백지시를 인식하는 통찰력이 기승전결의 정신이었고, 그 백지를 표현하는 용기와 힘이 기승전결의 정신"[20]이었다는 것이다. 이는 그가 이때에 이르러 전위와 전통 또는 무형식과 형식을 아우르고자 했음을 알게 한다. 나아가 그러한 주장이 결코 한시의 형식을 부활시키자는 것이 아니라, 시를 담을 그릇으로 오래 사용해오고 믿을 수 있는 기승전결을 사용해서 생활과 사상을 담고자 한다는 것이다. 이는 전 단계에서의 자신의 전위적 태도가 얼마간 주체적이지 못했었다는 자기 고백과 함께 한다.

나무랄 수 없이 완벽한 하늘을
평생에 한번만이라도 그려봤으면,
우러러보는 것만으로는 어림없고
고개를 떨어뜨리고 생각한다.

아버지가 장군을 지고 나간 뒤에
통시깐에 짚다발이 그대로 널린 것을
어머니는 맨손으로 서슴없이 쥐었다.
한줌씩 조심조심 두엄자리에 버렸다.

20) 범대순, 「기승전결에 대하여」, 『트임의 미학』, 사사연, 1998, 46쪽.

옆에 놀다가 나는 코를 싸고 달아났다.
또랑에서 손발을 대강대강 씻고
저고리 치맛자락에 묻은 것도 닦고
어머니는 부리나케 부엌으로 들었다.

생각지도 않은 일인데 글을 쓰다가
늦은 가을 온 들이 푸른 하늘에 닿는
아버지가 장군을 지고 가는 모습과
뒤를 치우고 부엌에 드는 어머니를 본다.
—「기승전결」 전문

범대순의 언급을 전제할 때, 이 시에서 "나무랄 수 없이 완벽한 하늘"은 무엇일까? 그것은 곧 완벽하게 차 있으면서도 아무것도 없는 것, 곧 '백지'라고 읽어내도 무리가 없을 것이다. 여기에는 무형의 백지를 지향했던 시정신이 기승전결이라는 유형의 시 형식으로 결합되어있다. "통시깐(옛 농가의 변소 겸 두엄더미 장소)"에서 장군을 등에 지고 들로 나가는 아버지와 널브러진 짚더미를 아무렇지 않게 치우는 어머니의 모습은 자연과 완벽하게 하나가 되어있다. 따라서 <기>의 단락에서 아무것도 없던 하늘은 <결>의 단락에 오면 아버지와 어머니 그리고 화자 자신의 모습으로 가득찬 '완벽한 하늘'이 되고 있다. 이는 인간과 자연이 하나라는 것, 삶과 죽음은 사계절 순환의 원리라는 것, 시작이 끝이고 끝이 시작이라는 우주론적 사유의 결과이며, 형식과 정신이 종합된 기승전결의 시상인 것이다.

이 시에서처럼 범대순은 동양적 시문의 전통적인 구성법인 기승전결을 통해 현대시가 상실한 시적 구성에 완벽성을 가져올 수 있다고 보았으며, 서구지향의 현대시 또는 자유시에 대한 일정한 반감과 저항의 세계인식을 보여주고자 시도하였다. 즉 기승전결의 시도는 서양적 개념인 '열림'에 대한 대항담론의 일종으로서 서구문학 또는 서구문화에 대한 주체적이고 자각적인 수용태도와 연결된다. 나아가 이러한 시적 태도는 지배문화를 형성하고 있는 서양문화에 맞서 인식주체이자 창작주체의 능동성과 적극성을 강조하는 그의 '트임의 미학'으로 자연스럽게 연결된다.[21]

> 우리가 열린 시대에 살고 있는 것은 사실이다. 그러나 그 열림은 너무 맹목적이고 너무 종속적이고 위험하고 마약처럼 중독성이 있기 때문에 그 열림 현상을 직시하고 그것에 무엇인가 의미와 방향과 비전, 우리 자신의 정체성을 제시하고 그 열림에 우리가 주인이어야 한다는 것이 나의 주장이다.
>
> (중략)
>
> 나는 '열린'사람이 아니라 '트인'사람을, '열린'시가 아니라 '트인'시를 추구하고자 하는 것이다. 그리하여 그 '트인 시' 추구의 한 방법으로 내가 창안한 대담하고 모험적인 그리고 독창적인 하나의 틀을 제시하고자 하는 것이다. 나는 나의 틀인 나의 절구시집 『아름다운 가난』으로 몇 가지 문제를 제기하려고 한다.[22]

범대순은 '열린 시'가 아닌 '트인 시'를 추구한다고 말한다. 그렇다면 '열리다'와 '트이다'는 어떤 차이가 있는가. 그는 과정 중심의 서양 사상과 문화를 '열림'으로 보고 비판한다. 그것은 "서양 과학문명에 대한 비판이며, 서양 근대사에 대한 파괴이며, 서양의 이성적 지배에 대한 거부이다. 또한 문화의 서양 또는 미국적 지

21) 최호진, 「범대순의 '기승전결'의 시적 담론」, 『한국지역문학연구』, 한국지역문학회, 2016, 54쪽.

22) 범대순, 「절구시집 『아름다운 가난』을 위한 담론」, 앞의 책, 1998, 22~24쪽.

배에 대한 단호한 저항"[23]이다. 범대순은 '열리다'가 혼돈만 강조된 디오니소스라면 '트이다'에는 아폴론과 디오니소스가 조화롭게 공존한다고 보았다. 그에 의하면 미국의 포스트모더니즘은 천박하고 열등한 반주체적인 '열림'의 문화이다. 반면에 프랑스의 해체론은 이성적이고 주체적인 '트임'의 철학이다. 따라서 이 시대를 지배하고 있는 '열린 사고', '열린 관념'이 지닌 허구성, 맹목성, 종속성에 대한 경계와 비판의식을 가지고 우리 것의 정체성을 밝히고자 그 대안으로 제시한 것이 '트임의 미학'이다. 그는 우리의 서구문화 수용이 마치 미국의 신비평이나 포스트모던처럼 원칙과 기준이 없다고 보고, 유럽의 해체론을 통해 동양의 이상적인 인간상이자 문화를 대하는 자세로서의 '트임의 미학'을 주창한다. '트임의 미학'이 내포하고 있는 "시적 창의성, 미래지향적 비전, 파괴력은 시의 에너지를 강화시키는 시사상의 일환"[24]이며, 트인다는 것은 막혔던 것이 통한다는 뜻에서 가치론적으로 자기 정체성과 도덕성을 의미한다. 따라서 '트임의 미학'은 이른바 포스트모던으로 대변되는 서양의 '열린' 문화가 가져온 범속화와 무질서에 대한 주체적인 대응인 셈이다.

이러한 '트임의 미학'의 시적 실천태가 '절구시집'이라 표제를 붙인 제8시집 『아름다운 가난』과 제9시집 『세기말 길들이기』이다. 범대순 스스로 포스트모더니즘에 대한 자신의 호기심이 파격적인 신 절구시집으로 나타났다고 말하는데, 그것은 앞서 논한 것처럼 포스트모더니즘에 대한 비판적 관심이었던 것이다. 이 두

23) 최호진, 앞의 책, 2016, 53쪽.

24) 윤강로, 「트임 미학의 절구시」, 범대순유고집편찬위원회, 앞의 책, 2015, 247쪽.

권의 시집에 실린 시들은 8행 4절 8음보 20음절의 절제된 형식에 유장한 시공을 담고 있다. 이 절구시가 기승전결의 시 중에서도 극단적으로 짧다는 점에서, 그가 시력 내내 견지해왔던 '백지시'로의 수렴이자 동시에 훗날의 시적 여정을 향해 확산을 의도한 '트인' 과정의 시 쓰기였다고 말할 수 있겠다. 이는 그가 『아름다운 가난』의 발문 말미에서 '트인' 사상의 발전을 통해 "궁극적으로 나를 대표할 나의 영원한 상징인 '백지시'에 들고자 한다."[25] 고 선언한 점에서 잘 드러난다. 그의 인생 마지막 귀소(歸巢)의 시집으로 '백지시집'을 계획했다는 그의 말은 어쩌면 그의 죽음을 통해 이미 실현되었는지 모를 일이다. 이런 점 때문에 "조부와 선친께서 가르친 동양적 의미의 고전주의적 면모 그리고 그가 전공한 서양적 의미의 모더니즘적 면모가 조화와 균형 혹은 파격을 가지고 오늘날 그의 인간적 품위와 시적 에스프리를 형성하"[26]였다는 평가를 받는다. 한편으로 기승전결이라는 그릇이 범대순의 시론을 정립하는 데는 성공했으나, 경험에서 우러난 자연스러운 서정을 형상화하는 데는 실패한 것으로 보기도 한다. "자수 정형시인 '절구시'로 가면서 더 정제되고 규격화된 형식실험의 정점을 찍으며, 역설적으로 그 이후의 야성과 광기에 대한 시의 변화를 예고한다."[27]는 점은 의미심장한 면이 있는 것이다.

25) 범대순, 앞의 책, 1998, 30쪽.

26) 김준태, 「아폴론적 理의 세계를 건너간 디오니소스적 氣의 천하」, 범대순시집, 『나는 디오니소스의 거시기氣다』 발문, 전남대학교출판부, 2005, 104쪽.

27) 최호진, 앞의 책, 2016, 55쪽.

'야성'과 '광기'
지향의 생명의식

범대순은 2000년대 이후, 즉 그의 말년에 해당하는 생의 주기에서 또 한 번의 코페르니쿠스적인 시적 전환을 보인다. 제12시집 『나는 디오니소스의 거시기氣다』(2005)에서부터 시작된 이런 전환의 태도가 제14시집 『가난에 대하여』(2011)에 이르면 그의 시력을 종합하는 최후의 시론으로 집약되는데, 그것이 바로 이 시집에 함께 실은 「시적 진실인 나의 야성(野性)」이다. 자신의 시론으로는 마지막이 된 이 글에서 범대순은 "나의 '시 삼백을 일언이폐지(詩三百一言以蔽之)'하면 그것은 야성(野性)이다."라고 선언한다. 그리고 그것은 '원시' 또는 '짐승'이거나 익은 것이 아닌 '생것'과 같은 단순하고 원색적인 공감 위에 자리 잡고 있다고 한다. 또 자신의 시가 근본적으로 문명비평의 입장을 취하고 있다고 하는데, 이 점은 자신이 영문학자로서 당시 모더니즘으로부터의 영향성을 말하고 있는 것으로 보인다. 그러나 문명비판의 지성적 포즈를 '야성'과 연결시키고 있다는 점에서 그 진의가 의심스러운데, 그 이유를 범대순은 정상적인 문학수업을 받지 못했기 때문으로 설명한다. 그의 문학 수업은 스승이 없는 독학 수준으로 일관성이 없었고, 따라서 고삐가 없고 방향이 일정하지 않은 야성적인 것이었다는 것이다. 이렇게 해서 자신에게 반문화적이고 저항적인 경향이 형성되었다고 한다. 범대순은 영문학을 전공한 학자이자 대학교수이다. 그런 점에서 정상적인 문학수업을 받지 못했다는 것은 이치에 맞지 않는다. 결국 이 말은 체계적인 시 창작 훈련을 받지 못했다는 말로 받아들여야 할 것이며, 시인으로서의 야성적 상상력과 학자로서의 지성적 문학관이 서로 길항하면서 야성에서 지성으로, 다시 지성에서 야성으로 변모해온 과정이 그의 시력이었다고 말할 수 있을 것이다.

> 1954년 봄 고려대학 서관을 짓기 위하여 정지작업을 하는 미군 불도우자를 생전 처음 보면서 나는 크게 감동하였다. 평생 지게나 소와 같이 자란 나는 불도우자를 보면서 무서운 힘을 보았고 나의 심층에 용솟음치는 야성을 발견하였다. 거기에서 정답을 보았다. 나라나 겨레가 무력하여 외세로 전쟁을 겪었다고 믿었기 때문에 나는 무서운 힘을 가진 불도우자에서 그 무력을 탈출할 수 있는 힘을 보았다. …중략…
>
> 첫 시집 『흑인고수 루이의 북』은 서정적이고 낭만적이고 단순하고 원시동경의 야성적이고 동물적인 힘을 추구하는 정서를 반영한 기계에 대한 시가 있고 사회에 대한 보헤미안적 호소가 있다. …중략… 제2시집 『연가 Ⅰ.Ⅱ. 기타』 이 시집은 불행하게 초기의 야성적이고 참신한 기운을 잃고 그 대신 「용설난」이라든지 「두개골」에서 보인 울안에 갇힌 짐승 같은 안정적이고 지적인 소시민적인 관심의 표현이었다. …중략…
>
> 나의 70년대는 『현대시학』 등을 통하여 「백지시」 등 너무 기발한 지적 유희에 매달리고 소시집을 내는 등 시 발표가 없지 않았지만은 시 쓰는 일보다 사람을 찾아다녔고 행사를 찾아다녔다. …중략… 80년대에 회복한 나의 학문에 대한 열정은 한편 나의 창의력을 울안에 가두었다. 시를 안이한 틀에 맞추기 시작한 것이다. 나의 시를 가두고 오히려 안이하게 한 그 틀이 기승전결이다. …중략…
>
> 나의 90년대는 너무 기승전결에 매달린 10년이기도 하다. 시는 기승전결을 의식하면서 제작되었다. 생명력이 약화된 위기를 만난 것이다. 나는 기승전결에서 자기를 해방시킬 필요가 있었다. …중략… 끊임없이 새로운 것을 추구하는 나의 타고난 보헤미안적 기질은 마침

내 나의 깊은 심층에 숨어 있는 원시적 야성을 깨웠다. 그것이 2005년 시집 『나는 디오니소스의 거시기氣다』이다. 나는 이 문명비평적인 시집에서 마음껏 원시적 야성을 발휘하였다. 나는 집요하게 나를 세뇌시킨 기승전결에서 탈출할 수 있었고 이 탈출은 가장 파격적이고 가장 야성적이고 자기 파괴적이면서 문화비평적인 싸움이었다. …중략…

나는 가끔 나의 끝을 의식하고 있다. 이것을 힌두교의 가르침으로 풀어보자면 내가 어떤 출발점에 서 있는 것이 되기도 한다. 그 출발점이 원시적 야성이기를 나는 바란다. 나는 이 길이 나를 오래 살리는 길이라고 믿고 있다. 야성 즉 그 생명력으로 나의 과거와 현대 그리고 미래를 하나의 카오스 속에 뒤섞으면서 그것이 하나의 예술로 기억되기를 나는 바란다.[28)]

이 글은 「시적 진실인 나의 야성」에서 범대순 스스로 자신의 시적 변모 과정을 반성적으로 돌아보면서 '야성'에 대해 기술하고 있는 부분을 발췌 인용한 것이다. 사실 그가 의식했든 의식하지 않았든 첫 시집 『흑인고수 루이의 북』의 세계는 문명예찬에 가까운 것이었다. 그것은 스펜더의 영향이기도 할 것이며, 스스로 전위이기를 바랐다는 점에서 마리네티를 중심으로 한 미래파운동을 의식하기도 했을 것이다. 그러나 범대순은 이를 자신의 본성에 내재한 '야성'의 기질 때문이었던 것으로 선언하면서 문명비평이라는 상반된 입장을 내 보인다. 나아가 '백지시'의 지적 유희와 '기승전결'의 안이한 틀로부터의 탈출을 위한 자기 파괴의 과정에서 '야성'의 생명력을 회복했음을 밝힌다. 이렇게 볼 때 그에게 '야성'은 문명과 대척지점에 있는 '원시'의 개념에 상응한다. 그는

28) 범대순, 「시적 진실인 나의 야성」, 시집 『가난에 대하여』, 문학들, 2011, 129~135쪽.

"초기 기계에 대한 관심을 가지고 시작할 때부터 '짐승'의 이미지와 아프리카의 검은 이미지를 기계와 병치시키려 하였다. 따라서 이성에 의한 학자로서의 지향점과 함께, 아프리카의 검은 색깔에 대한 이미지와 동물적 원시성을 추구하는 시인으로서의 지향점이 맞닿은 곳에서"[29] '야성'의 상상력과 시적 발화를 일으킨 것이다. 그 대표적인 시집이 『나는 디오니소스의 거시기氣다』이며, 이후 생전의 마지막 시집인 『무등산』의 세계에 까지 이어지고 있다.

> 나는 디오니소스의 거시기다.
> 나는 뿔 달린 디오니소스의 거시기다.
> 나는 머리카락이 춤추는 디오니소스의 거시기다.
> 나는 털이 늘 파안대소로 일어서는
> 디오니소스의 거시기다.
> 나는 부글부글 용소같이 속이 미친
> 디오니소스의 거시기다.
> 나는 대낮에 청천하늘을 나는 용 같은
> 디오니소스의 거시기다.
> 나는 맨발로 사하라사막의 밤낮을 가는
> 디오니소스의 거시기다.
>
> –「나는 디오니소스의 거시기氣다」 부분

범대순은 기승전결과 절구시의 구성에 대한 구속에서 벗어나려고 여러 해를 고심하던 중, 어느 날 대낮 얼핏 꿈속에 '디오니소스의 거시기氣'를 만나 스스로 놀라게 된다. 그를 통해 "야(野)하고 속(俗)하고 기승(氣勝)한 속에 원색이 날뛰는 단순을 의식하

29) 임환모, 「경험과 질서와 원시적 상상력-범대순론」, 범대순유고집편찬위원회, 앞의 책, 2015, 161쪽.

면서"[30] 희열을 느낀다. 말하자면 '광기'의 발견인 셈이다. 그는 디오니소스를 쫓는 미나드의 광기가 실은 자신의 광기임을 안다고 말한다. 자신의 모든 기존의 것, 남의 시, 자신의 시를 죽였으며, 그 살생이 스스로를 희열하게 만들었다는 것이다. 이렇게 해서 탄생한 「나는 디오니소스의 거시기氣다」는 시의 제목에서부터 야성과 광기의 기운을 느끼게 한다. 디오니소스의 광기는 물론이고, '거시기'라는 불특정하고 반규정적이며 야성적인 의미의 지시어, 거기에 만물의 자기운동 원리를 뜻하는 동양철학의 기(氣)를 덧붙임으로써 시에 대한 부정, 더 나아가 자아에 대한 부정을 통한 강렬한 생명력의 회복이라는 광기의 언술을 행하고 있다. '거시기氣'는 '거시기+氣'일 수도 있고 '거시기(氣)'일 수도 있다. 이를 범대순이 의도한 전략적인 시적 언술이라 볼 때, 이 '거시기'는 광기를 형상화하고 '자기부정성'과 '무한'을 표상하는 시적 기재이다.

'광기'는 고대에서 르네상스에 이르기까지 '창조성'의 다른 말이었다. 그러나 근대적 이성 체계에서 '타자성'으로 억압되었다가 20세기 들어 푸코에 의해 다시 복원되었다. 그리고 그것은 현대시에 일종의 돌파구로 기대되어 왔다. 리얼리즘의 재현미학은 시의 상상력을 제한할 뿐만 아니라 모종의 틀을 강요할 수 있다. 따라서 현대시에 "재현보다는 내면 감정의 표현을 중시하는 입장이 생기는 것이다. 낭만주의의 전통을 잇는 이러한 입장은 그 극단에서 광기를 접하고 그것을 시의 미학으로 끌어내는 데 집중"[31]하게 된

30) 범대순, 시집 『나는 디오니소스의 거시기氣다』, 전남대학교출판부, 2005, 5쪽.

31) 김청우, 「범대순 시의 '광기' 형상화 방식에 관한 연구」, 『어문논총』 제30호, 전남대학교 한국어문학연구소, 2017, 114쪽.

다. 범대순은 이러한 광기의 시학을 통해 '디오니소스적 도취'를 체현하고자 한다. 그는 자신의 시를 구속하고 있는 관성적이고 타성적인 것, 상투적이고 피상적인 기존의 형식과 내용을 파괴하면서 원시적 생명력을 불러일으킨다. "'분노와 절규의 미학'을 불러들이기 위해 자신의 시 속에 파토스의 강력한 유전인자를 뿌리면서 어쩌면 뽈 엘뤼아르류의 자동기술시와 같은 언어의 반복미학을"[32] 개진한다. 이러한 '야성'과 '광기'의 지향성이 이후의 시집 『산하』(2010), 『가난에 대하여』(2011), 『무등산』(2013)으로 확장되면서 강렬하고 반지성적인 생명의식으로 표출되고 있음을 볼 수 있다.

> 무등산에서 미친 것은 나뿐만이 아니다
> 방향이 없이 쏟아지는 비가 미쳤다
> 알게 구멍이 난 하늘이 미쳤다
> 화살같이 쏟아지는 물이 미쳤다
>
> 무등산에서 미친 것은 나뿐만이 아니다
> 소리치며 불어대는 바람이 미쳤다
> 소리치며 부러지는 나무가 미쳤다
> 지진 같은 바위의 울음소리가 미쳤다
>
> –「무등산에서 미친 것은 나뿐만이 아니다」 부분

시인의 광기는 무등산의 모든 것들을 미친 것으로 본다. 비도, 하늘도, 계곡의 물도, 바람도, 나무도, 바위도 시인의 광기에 의해 다 미쳐 있다. 미쳤다는 것은 '야성'이다. 그리고 야성은 원시를 지향한다. 원시는 문명 이전의 생명력이며 그 어떤 지성적 작용

---

32) 김준태, 앞의 책, 2005,107쪽.

도 거부한다. 범대순은 자신의 초기 시작과정에서부터 일관되게 원시를 의식해왔다고 언급하는데, 이는 곧 그가 기질적으로 야성이고자 했다는 말에 다름 아니다. 야성으로서의 생명력 추구라는 관점에서 보아야만, 초기 기계시의 문명적 상상력까지도 무등산 시의 원시적 상상력과 조우하면서 범대순 시론의 논리구조에서 그 정당성을 담보할 수 있기 때문이다.

범대순은 생전의 마지막 시집인 『무등산』의 서문에서 자신의 산행은 "잃어버린 무등산의 원시를 찾아가는 고산고수(苦山苦水)의 길이고 자기의 영혼과 육체를 짊어지고 산을 오르는 짐꾼이고 셰르파의 기록"33)이라고 되돌아본다. 산을 오르는 일이 고행이고 중독이고 광기이기 때문에 그래서 '산행'이라는 것이다. 그러기에 시 「무등산이 불이었을 때」에는 "태초의 무등산이 지녔을 불과 같은 '야성'을 닮고 싶은 시인의 욕망"34)이 드러나고 있는데, 여기에서 '불'과 '무등산'은 원시적 생성 작용과 생명 탄생의 의미망으로 읽혀진다. 이 시에는 불 또는 원시를 지향하는 시인의 자세가 무등산을 통해 발현되고 있으며, 그가 찾고자 하는 생명성의 이상적 자질이 무등산으로 전유되어 나타난다. 또 「혼자 가는 산」에서는 무등산을 오르는 일을 태초의 야성을 향하는 "저주 같은 광기"라고 말한다. 이는 그의 삶의 한 축을 담당하고 있는 원시지향의식이며, 초기에서 후기에 이르기까지 그의 시론을 관통하고 있는 생명의식이라 할 것이다.

---

33) 범대순, 「잃어버린 무등산의 원시를 찾아서」, 시집 『무등산』, 문학들, 2013, 5쪽.

34) 백수인, 「영원한 야성의 목소리」, 범대순유고집편찬위원회, 앞의 책, 2015, 83쪽.

시 창작의 진자운동

범대순의 시와 시론이 밀접하게 상호작용한다는 점에서 그의 시론을 창작과정의 시론이라 할 수 있으며, 그 과정에 따라 기계시론, 백지시론, 기승전결시론, 야성론 등으로 변모하였음을 볼 수 있었다. 이러한 점은 그의 시세계가 여러 층위에서 서로 다른 양 끝단에 맞닿아 있으며, 동시에 그 사이에서 진자운동 하였음을 짐작하게 한다. 서정과 실험 사이에서, 노자와 스펜더 사이에서, 당시(唐詩)와 영시(英詩) 사이에서 끊임없이 길항하면서 새로운 시론을 개진하고, 그 시론을 시 창작에 실천하고자 하였던 것이다.

범대순의 시적 태도의 전환 과정은 3단계로 이루어진다. 그 첫 번째가 1965년 첫 시집 『흑인고수 루이의 북』에서부터 1986년 『이방에서 노자를 읽다』 까지이며, 이 시기에는 시적 전위의식을 드러내면서 기계와 백지를 지향한 기계시론과 백지시론을 전개한다. 두 번째는 그의 시력에서 가장 활발하게 시 창작에 몰두하면서 한편으로는 서양의 시론과 동양시학의 접점을 찾고자 했던 시기로, 기승전결과 트임의 미학이라는 기법 중심의 시론을 펼친다. 마지막 세 번째 단계의 시론은 그의 생의 마지막에 이르는 2000년대의 시적 담론들이다. 그것은 예술적 광기와 원시적 생명의식의 시기이며, 이때에 이르러 기계시론, 백지시론, 기승전결시론 등에 대한 자기반성적 관점에서 자신의 시론에 일관된 흐름은 곧 '야성'이었다고 밝힌다.

이처럼 50여년의 시 창작 기간 동안 범대순의 시론들은 매 시기마다 자신의 시에 가치를 부여하고 위상을 정립하는 이념적인 기능을 해왔다. 다시 말해 구체적인 창작적 실천과 연계되어 있는 그의 시론들은 당대의 시대적 추이와 개인적인 세계관의 변화를 아우르면서, 시적 존재에 대해 새로운 가치를 부여하고자 했던 자신의 삶의 태도와 맞물려 있었던 셈이다.

출전 김동근, 「범대순 시론의 의미 구조」, 『호남문화연구』 제62권, 전남대학교 호남학연구원, 2017.

참고문헌

❑ 기초 자료

범대순, 『백지와 기계의 시학』, 사사연, 1987.
______, 『범대순전집(시)』, 전남대학교출판부, 1994.
______, 『범대순전집(시론)』, 전남대학교출판부. 1994.
______, 『트임의 미학』, 사사연, 1998.

❑ 논문 및 단행본

김성곤, 『글로벌 시대의 문학』, 민음사, 2006.
김준태, 「아폴론적 理의 세계를 건너간 디오니소스적 氣의 천하」, 범대순, 『나는 디오니소스의 거시기氣다』, 전남대학교출판부, 2005.
김청우, 「범대순 시의 '광기' 형상화 방식에 관한 연구」, 『어문논총』 제30호, 전남대학교 한국어문학연구소, 2017.
김형중, 「'백지'의 의미-범대순의 '「 」'(1973)에 대하여」, 『어문논총』 제28호, 전남대학교 한국어문학연구소, 2015.
백수인, 「영원한 야성의 목소리」, 범대순유고집편찬위원회, 『범대순논총』, 문학들, 2015.
오정국 편, 『현대시 창작시론-보들레르에서 네루다까지』, 시인동네, 2016.
윤강로, 「트임 미학의 절구시」, 범대순유고집편찬위원회, 『범대순논총』, 문학들, 2015.247쪽.
이은봉, 「대담: 문명 혹은 기계의 시에서 자연 혹은 무등의 시로」, 『범대순논총』, 문학들, 2015.
임동확, 「헛소리의 시학」, 범대순, 『백년』, 문학들, 2015.
임환모, 「경험과 질서와 원시적 상상력-범대순론」, 범대순유고집편찬위원회, 『범대순논총』, 문학들, 2015.
정민구, 「범대순의 기계시학 연구-기계는 어떻게 '악마'에서 '영웅'이 되는가?」, 『한국지역문학연구』 제9집, 한국지역문학회, 2016.
최혜경, 「기계 이후, 자율적인 인간의 행복 찾기-범대순의 기계시론에 나타난 감성 인식의 견지에서」, 『건지인문학』 제20집, 전북대학교 인문학연구소, 2017.
최호진, 「범대순의 '기승전결'의 시적 담론」, 『한국지역문학연구』, 한국지역문학회, 2016.

의식과 의미의 양립, 문병란의 구성적 발화(發話)

최 혜 경

시적 자아의 의식 세계와 화자의 유형

한 편의 시는 시인에 의해 선택된 시어와 구성으로 그 시인만이 가지는 특정한 서정을 담아낸다. 시적 화자를 이해하는 것은 '시인이 어떤 사람의 심정이 되어, 혹은 어떤 사람의 목소리처럼 보이도록 그 시를 썼는가'[1])를 알아가는 과정이 된다. 시인과 화자와의 관계는 시인이 시적 진실성을 가장 효율적으로 전달하기 위하여 선택하는 목소리의 형태에 의해 설정될 수 있을 것이다.

문병란의 시 역시 시인이 가지는 특정한 서정과 문제의식을 내

---

1) 장도준, 『한국 현대시의 화자와 시적 근대성』, 태학사, 2004, 24쪽.

포하고 있으며 이를 표현하기 위한 시적 화자를 내세우고 있다. 본 연구는 시인이 시적 진실성을 나타내기 위해 텍스트 속에 동원한 단서들을 분석하는 것에서 출발한다. 시적 화자가 처한 현실 대립 양상, 시어와 내포 의미, 시적 대상물에 대한 심리적 거리 등 단서를 분석하는 과정에서 시적 화자는 몇 가지 유형으로 나누어진다.

시적 자아의 정서는 구체적 형상을 통해 함축적 혹은 상징적으로 나타나기도 한다. 시적 화자의 태도가 말하는 존재로서 화자의 성격과 의식 세계와 관련되어 있다면, 이러한 화자의 언어를 통해 형상화된 서정적 의미를 밝혀내는 것은 곧 텍스트를 통해 드러난 시적 진실성을 검증하는 과정이 될 것이다. 특징적 시어와 같은 수사적 장치들은 시적 형상화와 감정의 함축적 전달을 돕는 매개체이기 때문이다.

이를테면, 화자의 태도는 시적 자아의 의식 세계를 반영한다. 사람의 말씨는 청자의 사회적 수준이나 지성, 감성에 대한 자신의 의식, 상대방과의 관계, 상대방에 대해 취하고 있는 자신의 자세 등을 미묘하게 드러낸다. 대화의 어조는 격식을 갖춘 것이거나 친숙한 것일 수도 있고, 솔직하거나 삼가는 것일 수도 있고, 진지하거나 풍자적일 수도 있다.[2)]

또한, '화자, 어조, 목소리'와 같은 용어들은 오늘날의 비평에서 빈번히 사용되고 있다. 문학 작품을 하나의 발화로 생각한다는 것은 개인적 특성을 결정하면서도, 자신의 작품 중의 작중인물이나 내용에 대한 태도가 그 작품의 전달 대상인 독자들에 대한 태도를 표현하는 하나의 발언자가 있다는 것을 시사한다.[3)] 시적 화

2) 마이어 에이브람스, 『문학용어사전』, 최상규 옮김, 예림기획, 1997, 335쪽.
3) 위의 책, 263쪽.

자의 태도나 어조가 시적 자아의 세계관을 반영하고 있는 것에 대해서는 리차즈(I. A. Richards)가 논의를 시작한 이래 연구자들의 많은 관심이 있어왔다.

어조에 대해 현대에 와서 지대한 관심을 갖게 된 것은 리차즈가 이 용어를 문학에 있어서의 화자가 "청자에 대해서 갖는 태도"라고 정의를 내리고 나서부터의 일이다. 사람의 말씨는 청자의 사회적 수준이나 지성, 감성에 대한 자신의 의식, 상대방과의 관계, 상대방에 대해 취하고 있는 자신의 자세 등을 미묘하게 드러낸다. 대화의 어조는 격식을 갖춘 것이거나 친숙한 것일 수도 있고, 솔직하거나 삼가는 것일 수도 있고, 진지하거나 풍자적일 수도 있다. 오늘날 대부분의 어조에 대한 논의는 서사적이거나 서정적 작품의 화자 자신의 격조에 관한 것이다.[4)]

문병란 시에서 드러나는 시적 화자의 격조는 대립적인 태도에 따라 분명히 나뉜다. 시적 화자의 의식 세계는 기준과 그 적용이 명확하다. 적대적 대결 의식과 지사적 옹호 의식의 양분이 그 뚜렷한 양상이며, 이러한 의식 세계의 구분에는 삶의 정당성에 대한 수호 의식이 기준이 되고 있다. 시적 화자의 태도는 시인의 삶의 태도를 드러낼 수도 있고 별개의 것으로 나타날 수도 있는데, 문병란의 시에서 시적 화자의 태도는 시인의 삶의 자세를 반영하고 있는 양상이 두드러진다.

하지만 시인의 태도가 화자의 태도, 시적 자아의 의식 세계에 반영되어 있다고 해서 시인과 시적 자아와 완전한 동일시를 이루고 있다는 의미는 아니다. 시적 자아는 시인 삶의 지향성과 동시에 시

4) 같은 책, 335쪽.

인의 삶을 재구축하는 힘을 제공하고 있는 존재이다. 시적 자아와의 공존은 문병란 시인에게 전 생애에 걸쳐 지속된 작업이었으며, 이것은 문병란 시 연구를 단지 시적 진정성을 효율적으로 전달하기 위한 시적 도구나 장치 분석으로 머물지 않게 하는 이유가 된다.

여기서 문병란 시의 도구적 작동 양상에 대한 분석으로부터 시작하여 시인의 삶과 이어지는 시적 진정성의 탐구에 이르는 과정이 제기될 수 있다. 이 글에서는 문병란 시의 시어가 시적 자아의 의식 세계, 즉 특정한 심리 기제와 결합하여 사용되고 있는 시어의 선택 원리를 정서적 의미에 따라 시적 화자의 유형으로 분류하고자 한다. 즉, 시적 자아의 의식 세계와 시적 화자의 조응 양상을 분석하여, 시어 구성에 의해 시적 의미와 시적 정신이 동시적으로 구현되고 있음을 밝혀내는 것이 이 글의 목적이라 하겠다.

이것은 시어의 내포 의미, 시의 형태적 구성 효과, 시에 반영된 사회적 배경과 시인의 삶, 시에 담겨 있는 시적 진실성 등을 분석하는 과정으로 진행될 것이다. 이 과정은 시에 드러나는 심리적 기제, 즉 갈등과 해소 양상이 시적 화자의 어떠한 목소리를 통해 특수한 효율성을 가지게 되는지를 증명하는 시도이다. 이는 한편, 문학적 실천으로서 시적 발화가 지니는 사회 구성의 동력 내지는 사회를 반추해내는 지성의 영민함을 확인하는 경험적 계기가 될 것이다. 이러한 맥락에서 먼저 문병란 시에 나타난 시적 자아의 의식 세계와 시적 화자의 태도, 즉 '말하는 존재로서 화자 유형'[5]을 분류해 보자면 다음과 같다.

---

5) 여기서 '말하는 존재로서 화자'는 시적 자아의 실체로 드러나고 있다는 말은 아니다. 시적 화자는 시적 자아의 대리자(agent)로서 나타난다. 자아는 실존하는 존재로서의 실체가 아니라 시 속에 나타난 대리자로서 시적 화자가 가지는 의식세계와 태도를 통해 나타난다. 시인이나 시적 자아의 대리자로서 '말하는 존재'로 드러나는 시적 화자의 의식세계와 태도를

적대적 대결 의식과 공격적 화자

문병란은 1959년에 「가로수」라는 서정시를 가지고 『현대문학』을 통해 시단에 등단하고 2,3년이 지난 후, 「밤의 호흡」, 「꽃밭」, 「조롱의 새」, 「나비」, 「시간」, 「기도」 등의 시를 잇달아 발표했다. 이상 일련의 시들은 당시 문병란의 자아정체성과 자기대화의 심화과정을 반영하고 있다. 이 시기 문병란은 '그 후 어떻게 살 것이냐 하는 삶의 고뇌에 빠지면서부터 주체할 길 없는 고독을 반추하며 실존주의라는 입장'[6]을 생각하게 되었다. 다음 서문을 보면 그가 이 시기에 가진 실존주의적 고뇌를 엿볼 수 있다.

> 시란 무엇이며 어떻게 써지는 것인가? 나는 아직 이 물음에 대답할 만한 자신이 없다. 다만 시로써 그 대답을 대신할 뿐이다. 여자의 분만만큼이나 고통스럽고 추악하다는 예술의 창조, 어찌 이것이 단순한 쾌락의 행위이랴. 오직 참되게 살고자 하는 하나의 가치의식이 이 길을 택하게 하였고 이 불행한 시대의 고독과 슬픔을 사랑하게 하였다. (중략)
>
> 한 시대의 불행을 넘어 진리를 지키는 것은 결코 다수의 범중이 아니요, 화려한 속물들의 갈채나 시끄러운 매스컴의 전파가 아니다. 이 수량의 횡포 속에서 내 자신을 지킨다는 것은 곧 내가 시를 쓴다는 것이요, 시를 쓴다는 것은 곧 내 생명의 옹호를 의미하는 것이다. 이러한 신념이 있었기에 나는 시를 써왔고 또 써갈 것이다.[7]

분석하는 것이 다음 이어질 내용이 된다.

6) 문병란, 『삶의 고뇌 삶의 노래』, 하락도서, 1993, 272쪽.

7) 문병란, 『문병란 시집』 서문, 삼광출판사, 1970.

'오직 참되게 살고자 하는 하나의 가치의식'이란, 시대 속에서 자신이 가야할 길과 자신의 존재 의미에 대해 고뇌하는 의식이 엿보이는 부분이다. 이 시기에는 뚜렷한 싸움의 대상과 지켜내야 할 사랑의 대상이 구체적으로 드러나지는 않는다. 그러나 '참되게 살고자 하는 자신과 생명의 옹호에 대한 신념'에서 진리를 지키기 위한 신념을 곧 자신의 존재 의미로 연결하고 있음을 알 수 있다. 곧 문병란은 분단시대의 민족적 현실에 눈뜨게 되었고 민주화와 통일이라는 대명제를 향한 민족 문학적 접근으로 「손」, 「깡통」 등을 통해 변모를 꾀하기 시작하였다.

서로의 가능이 꽃피는 거리를 두고
저만치
한 개의 은전이 놓인다.

핏빛 아픔이 벙을히는 손금을 따라가면
거기,
전쟁이 누워 있는 지도 속,
한줄기 아픈 손이 금그어지고,

어느 날
엎었다 뒤집는 손바닥 위에
20만분의 1로 줄인 세계가 펼친다.

(중략)

한밤중,
비밀 회담이 시작되는 나의 왕국
거기,

황홀히 점화되는 손가락
끝,
극동의 위기가 불타 오른다.

잠든 젖무덤 사이,
위기 일발의 팔부 능선을 따라
또 하나의 화약고 위에 기어 가는 나의
손,
전쟁은 극점에 피어나는 꽃이었다.

이제는 찬란한 깃발을 내리고
두 손을 한데 모으는 밤.

(중략)

지금은 어둠을 버혀낸 고요에 묻혀
차라리 기도를 거부한 밤,
단절된 손은
그 어느 시간의 피안을 포복하고 있다.
– 「손」, 부분

이 시에서 손은 분단된 조국의 현실에서 기인하는 아픔을 다각도에서 보여준다. 손은 엎어졌다 언제 뒤집힐지 모르는 것처럼 한치 앞을 내다볼 수 없는 불안한 정국으로 나타난다. 또한 답답한 고뇌의 시간에 무력하게 물러나 있다가 서서히 자신과의 싸움을 시작하는 시인의 자아를 나타내기도 한다. 그러다 손은 전쟁 속에 동상이 번지는 아픔을 견디며 MI소총을 잡아야 했던 병사의 모습을 비추기도 한다. 평안과 평화를 빼앗기고 땅 속에

묻힌 것 같지만 아직도 분노가 해결되지 않은 채 시간 속에 포복하고 있는 손의 형상은 아직 끝나지 않은 전쟁의 비극을 내포하고 있다.

『현대문학』 181호에 게재되었던 위 시에 대해 박두진은 182호의 「월평란」에서 다음과 같이 평한 바 있다.

> 문병란의 「손」은 '이들의 시'에 비하면 보다 더 그 지평이 넓고, 짙은 현실적 상황에 젖어 있다. 손을 주제로 해서 아주 미시적인 것이 거시적인 것으로, 아주 감각적이고 관능적인 이미지를 빌어 가장 가열한 시대와 현실을 고발해 내고 있다. 교묘한 언어의 기미를 통해 우리의 감각과 의식을 자극 향락시키면서 가장 처절한 민족적 비극에 전율하게 하고 있다.[8]

박두진이 '거시적이고 가열한 시대와 현실을 고발하고 있는' 시로 「손」을 평가하고 있는 것처럼 문병란의 시 흐름은 민족적 비극과 현실의 모순을 반영하는 형상화 과정으로 접어들게 된다. 문병란은 이 시에 대해 '단순한 서정성의 표현이나 소위 이미지즘적 형상화에 골몰하다 참여적인 방향으로 관심을 기울이기 시작한 계기가 되어준 작품'[9]이라 회고하고 있다. 이후 1970년을 전후하여 점차 사회 현실에 깊숙이 참여하는 일련의 시편들이 등장했다. 「도둑놈」, 「사기꾼들」, 「정당성」, 「박타령1」, 「박타령2」, 「호롱불의 역사」, 「전라도 뻐꾸기」 등이 그것이다.

---

8) 박두진은 현대문학 181호에 77인선집으로 실렸던 주문돈의 「강설」, 이성부의 「벌판」의 언어적 특징, 수법, 장단점을 평한 후 문병란의 「손」에 대해 이처럼 평했다. 문병란, 위의 책, 459쪽.

9) 같은 책, 461쪽.

때때로 나의 주먹은
때릴 곳을 찾는다.
—「정당성 1」, 부분

도둑은 보이지 않는 곳에서
우리들의 눈과 시간을 훔친다
태연하고 여유있게 길을 걷고
우리들에게 소을 내밀고 능청을 피운다
—「도둑놈」, 부분

옳소와 박수 사이에서
동강난 시이저의 야심은 입을 다물고
가랑이 밑으로 끼어나가서
권력과 돈이 교미하는 시대,
오늘의 주례는 누구인가
회심의 미소를 띠우며
찬란한 역사의 절정에서
고약한 방귀를 뀌는 희대의 영웅들,
가면 속에 숨어서 보이지 않는
오오 위대한 가짜들이여
빛나는 사기꾼들이여.
—「사기꾼들」, 부분

위의 시편들은 모두 『정당성』(1973)에 실린 것으로, 정당하지 못한 것에 대한 강한 저항과 비판의 자세가 나타나 있다. 현실적 상황을 인식하기 시작하면서 부당한 것을 비판하고 깨부수고 싶은 의지가 생성되고 있음을 발견할 수 있다. 『정당성』에 실린 다음 시편을 보면 부당한 것에 대한 독한 대결 의지와 함께 와신상담하는 투사적 자세가 드러나기 시작한다. 다음 시를 보면 시인이 구체적으로 파악하게 된 현실적 모순과 민중의 아픔이 시적 자아로 전이된 것을 알 수 있다.

어느 노동자의 발바닥 밑에서
40대 여인의 금간 발바닥 밑에서
이제는 닳아지고 구멍 뚫린 고무신,
이른 새벽 도시의 뒷골목 위에서나
저무는 변두리의 진흙밭 속에서나
그들은 쉬지 않고 아득히 걷고 있다.

(중략)
군화가 밟고 간 아스팔트 위에서
윤나는 구두가 밟고 간 아스팔트 위에서
모진 학대 속에 짓밟힌 고무신,
기나긴 형벌의 불볕 속을
오늘은 절뚝이며 절뚝이며 쫓겨간다.

선거 때 야음을 타고
구장 반장 손을 거쳐
살금살금 박서방 김서방을 찾아간
10문짜리 검정 고무신
민주주의의 유권이 되었던 자랑도
알뜰한 관록도 사라진 채
오늘은 구멍 뚫린 밑창으로
영산강 황토물이나 마시고 있구나.

머슴의 발바닥 밑에서
식모살이 순이의 발바닥 밑에서
뜨겁게 뜨겁게 닳아진 세월,
돌멩이도 걷어차며 깡통도 걷어차며

사무친 설움 날선 분노 안으로 삭이고
변두리로 변두리로 쫓겨온 고무신.

번득이는 죽창에 구멍난 가슴 안고
장성 갈재 넘어가던 짚신,
그 발자국마다 핏물이 고이는데
오늘은 구멍 뚫린 고무신이 쫓겨난다.

썩어도 썩어도 썩지 못하는 한많은 가슴,
땅속 깊이 파묻혀도
뻘밭 속에 거꾸로 처박혀도
한사코 두 눈 부릅뜨고
영영 죽지 못하는 한
여기 벌떼같이 살아나는 아우성이 있다.
–「고무신」, 부분

그는 구멍 뚫린 고무신의 인상을 '근대화의 격랑에 온갖 시달림을 당해 온 이 땅의 수많은 노동자나 농민의 이미지로 연결'[10] 하였다. 「고무신」의 '구멍 뚫린 고무신'은 '민중'을 상징하고 있으며 고무신의 수난은 곧 민중, 농민 노동자의 수난이다.

독재군부와 자본 세력이 아스팔트를 밟고 가는 '군화'와 '윤나는 구두'로 나타난다면 민중은 '노동자의 발바닥 밑에 닳아지는 구멍 뚫린 고무신'과 '논둑길을 걸어 호롱불을 찾아가는 고무신'으로 대치되어 나타난다. '어느 노동자', '두메산골 머슴', '흑산도 뱃놈', '이 장 저 장 굴러다니다 영산강 황토물 속에 처박'힌 장사꾼, '식모살이 순이'는 모두 '사무친 설움을 날선 분노 안으로 삭

10) 문병란, 위의 책, 428쪽.

이고' 살아온 한 많은 민중의 모습이다. '이른 새벽 도시'부터 '저무는 변두리의 진흙밭'을 쉬지 않고 걸어도 노동의 대가를 제대로 누리지 못하는 민중의 현실을 시적 자아는 민중적 관점에서 바라보고 있다.

정치권력이 부정선거의 수단으로 사용했던 검정 고무신은 곧 유신헌법의 선포로 국민의 선거권을 기만한 증거가 되었다. 닳아지고 구멍 뚫린 고무신은 바로 비탄에 젖은 민중의 심정을 대변한다. 그렇지만 민중과의 공감은 현실을 한탄하고 자조하는 데서 그치지 않는다. 민중의 한은 '썩어도 썩어도 썩지 못하는' 가슴이 되어 '한사코 두 눈 부릅뜨고' 분노하는 저항으로 이어진다. 마지막 행의 '벌떼같이 살아나는 아우성'이 바로 그것이다.

이와 같은 시어를 통해 민중의 현실을 민중적 관점으로 바라보는 시적 화자의 자세가 드러나는데, 이처럼 시적 화자의 태도를 통해 시적 자아의 현실참여, 비판, 저항의 시정신이 드러나게 된다. 문병란은 시집 『정당성』에 녹아있는 시정신에 대해 다음과 같이 말하고 있는데 이는 시인에게 체화된 민중성의 획득과정을 말하는 것이기도 하다.

> 정당성이라는 시집에 들어있는 시정신은 어디까지나 시대적 증언 내지는 민중에 대한 대변자적 입장이었고 휴머니즘에 입각한 도덕적 양심의 부르짖음이었다. 그러므로 나의 시는 하나의 지적 소산으로 관념을 완전히 탈피하지 못했고 구체적 현장과 민중의 밑바닥으로 들어가지 못했음을 깨달았다. 이에 나는 한 걸음 더 시대와 민중에 나의 시를 밀착시키고자 애썼으며 좀더 처절한 민족의 현실, 분단의 비극 속에 살고 있는 민중의 발바닥 밑으로 들어가고자 시도하였다.
>
> 이러한 시정신에 입각하여 얼마쯤의 변혁을 시도한 것이 <창작과

비평(1974년 겨울호)>에 발표한 「고무신」, 「살인자」, 「박타령 3」 등으로 나는 여기서 이 땅의 가장 어둡고 절박한 상황, 구멍 뚫린 고무신의 밑바닥에 들어감으로써 거기 새까맣게 때저린 역사적 민중의 한과 온갖 고난과 대결하여 싸우는 민중의지라는 새로운 시적 미학을 발견하였다.[11]

민족의 현실, 분단의 비극 속에 살고 있는 민중의 삶을 담아내고자 한 그의 시정신은 『정당성』 이후 「고무신」, 「땅의 연가」, 「나를 버리고 가신 임」, 「엉머구리의 합창」, 「목화이야기」, 「대위법」, 「절교장 3」 등과 같은 일련의 시에서 민중성을 내재하며 서서히 변화한다. 이러한 변화과정에는 민중의 삶을 직접 보고 느꼈던 인상적 경험이 크게 작용한 것으로 유추할 수 있다. 『정당성』 발간 후, 문병란은 영산강 수해 현장에서 보게 된 헌 고무신 한 짝에 대한 당시의 강한 인상을 다음과 같이 기록한 바 있다.

그런데, 내게 강한 인상을 남긴 것은 강변 뻘이 밀린 곳에 쌓인 쓰레기들과 거기 거꾸로 처박혀 있는 구멍 뚫린 헌 고무신이었다. 아직 냄새가 가시지 않은 뻘 썩는 탁한 공기와 비가 개인 후 다시 내려 쪼이는 뙤약볕 속에 거꾸로 처박혀 있는 구멍 뚫린 고무신의 이미지는 너무도 강렬한 이미지 그대로였다.[12]

시인이 겪은 이러한 경험에서 말미암은 강렬한 이미지는 「고무신」에서 체화된 민중적 정서를 드러낸다. 다음 시에서 시인이 구체적으로 파악하게 된 현실적 모순과 녹녹하게 체화된 민중의 아픔이 시적 자아로 전이된 것을 알 수 있다.

11) 문병란, 위의 책, 273쪽.
12) 같은 책, 427~428쪽.

문병란은 그의 시작 노트에서 "구멍 뚫린 밑바닥 속에 도사린 원한의 아우성을 나의 가장 중요한 시정신으로 간직하고 있다"[13] 고 말한다. 이러한 그의 시정신이 민중과 공감하여 원한을 저항의 소망으로 연결하는 시적 자아로 나타나고 있는 것이다. 그에게 체화된 민중성은 시적 자아로의 전이를 거치는데 여기서 현실 인식의 극명한 대립성을 보이게 된다. 정당한 것과 부당한 것, 지켜야 하는 것과 공격해야 하는 것, 사랑하는 것과 증오하는 것 등의 대립이 그것이다. 시적 화자는 이러한 대립적 인식 대상에 대해 차별적 어조를 띠게 된다.

티끌 모아 태산이라고
모범 조합원은 외치는데
오늘의 절약 내일의 웃음이라고
사례 발표자는 신이 났는데
할머니 손에 쥐어진
10원짜리 동전이 몇 년 모여야
목돈이 되는가 마이홈이 되는가
　　　　　　　　　―「대위법」, 부분

시적 자아는 현실을 구조적 모순이 존재하는 사회로 보고, 서민들의 성실함과 순박함이 성취의 행복으로 귀결될 수 없는 현실을 냉소적 어조로 비판하고 있다. 모순된 현실이 곧 시적 자아의 적대적 대상이 되며 이에 귀속되는 협동조합 간부를 '모범 조합원', '신이 난 사례 발표자'로 비꼬고 있는 것이다. 이는 부당한 현실에 대해 아직 진실을 알지 못하는 '육순 할머니'나 '하얀 수염

13) 같은 책, 428쪽.

의 할아버지', '아주머니 회원'들에 대한 안타까운 마음을 드러내는 어조와 대조적이다.

적대적 대상의 설정과 그것에 대한 공격적 화자의 어조는 다음과 같은 시에서 더욱 부각되어 나타난다.

마지막 추리고 추린 언어로
깊은 밤 나는 절교장을 쓴다

모이에 길든 이 땅의 어리석은 우중
군은에 살찌는 눈먼 창맹들에게
너의 웅변, 너의 논문
5분간 텔레비 연설에게도
발바닥에 간지럼 멕이는
교수시인의 아양진 기침소리에게도
수요일 저녁에 듣는 외인촌의 종소리
늙은 장로의 거짓 기도에게도
나는 절교장을 쓴다.
(중략)
인공낙원 패밀리랜드
용인자연농원 호사한 사자에게도
연포 아가씨의 풍만한 유방
빛나는 16박자 초특급 엉뎅이에게도
부릉부릉 기어다니는 불가사리
우리의 아픔을 깔아뭉개는 불도저에게도
백 원짜리 싸구려 농토가
3만원짜리 호화판 놀이터가 되는
너희들 늘어진 두 개의 불알들에게도
나는 절교장을 쓴다.

끝끝내 악수를 거부하고
당당하게 당당하게 실패하며
한오큼 주름살로 칼날을 세우고
모든 것 다 버린 땅끝에서
절교장을 쓴다. 절교장을 쓴다.

–「절교장 3」, 부분

시적 자아가 절교를 고하는 대상은 자아가 처한 현실 속의 부조리한 것들이다. '마지막 추리고 추린 언어로' 절교장을 썼다고 말하고 있지만 화자가 분위기는 애써 인내하려 하거나 선한 의지로 승화시키는 그것이 아니다. 어리석은 대중을 포함하여 세상을 부조리하게 만드는 모든 것들에게 욕설을 내뱉듯 이들을 거칠게 비판하고 있다.

비판의 대상은 거짓 기도를 하는 외인촌의 장로, 애국심과 개인의 재부를 맞바꾼 자, 지성을 잃고 쾌락을 좇는 문화적 양태, 양심과 비판의식을 잃어버린 지식인, 농민과 빈민을 도외시하고 호화스러운 사치만 일삼는 자 등이다. 이들은 시적 자아가 단순히 비판적으로 바라보는 대상이 아니라 언어를 추리고 추려 절교하는 편지를 쓰고 있을 정도로 증오하고 있는 대상이다. 절교장이 완성되는 순간, 시적 자아와 그 대상은 적대적 관계가 된다. 시적 화자는 이러한 인식을 바탕으로 하여 직설적으로 그들을 비꼬고 있다. 화자가 적대적 대상에게 쓰는 말은 지적이거나 고상하거나 순화된 것이 아니다. 욕설처럼 천박하고 직설적이다. '발바닥에 간지럼 멕이는 교수시인의 아양진 기침소리', '밤마다 아양을 떠는 백치', '높은 집을 올리고 보석을 모으고 애국심을 도매금으로 맡은 놈', '보너스 4백프로의 특혜 아래 고이 입다문 오늘의 양심'에서는 부조리한 현실의 모습을 고발하고 있다. '빠다 냄새 풍기는 미소', '판타롱 불루진 핫팬티', '노린내 풍기는 최신 유행가', '빛나는 16박자 초특급 엉덩이', '너희들 늘어진 두 개의 불알들'의 표현에서는 적나라한 풍자와 함께 천박한 실상을 반영하며 폭로하고 있다.

이 시에서 나타나는 시적 표현은 표준어법에 맞거나 고상하고 품위가 있거나 절제된 그것도 아니다. 이는 권력과 재부를 배경으로 부조리를 일삼는 대상에게 그들의 삶을 적나라한 수준으로 일러주는 반추의 행위이다. 화자는 조소적이고 모멸적 표현으로 대상을 공격하고 있다. 부조리한 대상의 타락상이 천박함 그 이상의 것으로 인식되지 않을 때, 미적 산물로서의 시나 정서의 예술적 승화도 과감하게 버려지고 있는 것이다.

지사적 수호 의식과 옹호적 화자

문병란은 '시인은 대중 속에서 그들에게 힘과 위안을 주고 그들의 연인으로 같이 살아가는 건전한 역사적 증인이고 선구자여야 한다'고 말한 바 있다.[14] 노동자나 농민, 학생 등 삶의 기층을 이루는 대중에 대한 동반자적인 생각은 시 속에서 민중에 대한 연인 의식으로 나타난다. 민중의 삶을 유린하고 그들의 건전한 삶의 재부를 착취하는 대상에 대해 거침없이 공격하는 자세를 취

14) 문병란, 앞의 책, 1993, 278쪽.

하는 반면, 지키고 사랑해야 하는 대상에 대해서는 강단지게 보호하는 수호자의 자세를 견지하고 있다. 그러나 이것은 민중에 대한 나약한 존재 인식으로 이어지지 않는다. 다음 글에는 시인이 가지고 있는 민중과 한에 대한 생각이 드러나 있다.

> 우리 시가의 경우 주조를 이루고 있는 「한」은 흔히 체념이나 애상으로 나타나기 일쑤이며 「민」의 개념은 늘 당하는 자로서의 패배의식의 대명사이고 흔히 그러한 패배의 정서를 대변하는 것이 이 한이었던 것 같다. 그러나 이 「한」은 역사적으로 볼 때 봉건치하의 귀족, 양반, 외세의 침략 등에 의해 짜눌리고 고통을 당해 온 민중의 가슴에 쌓인 원한에서 왔다고 볼 수 있으며, 그러기 때문에 단순한 슬픔이나 감상이 아니라, 하나의 의지, 힘으로 바꾸어야 하며 그것 자체로서 하나의 저항의지임을 깨닫고 애상주의나 패배의식을 극복하고 굳건한 민중의지 구현에……(후략)[15)]

문병란은 민중이 부조리한 압제에서 기인한 원한을 가졌기 때문에 패배주의나 애상주의를 극복하고 하나의 저항의지를 가져야 한다고 생각한다. 그의 시에서 시적 자아가 사랑하고 지키려고 하는 대상은 나약한 패배자나 일방적 보호를 받는 수혜자가 아닌 강인한 민중이다. 이것은 민중이 건전하고 정당한 삶을 꾸리고 있다는 사실을 전제로 할 때 성립한다.

시적 대상이 어떤 상태와 성질이냐에 따라 이를 바라보는 시적 자아의 자세도 다양한 발화의 면모를 보인다. 가령, 시적 화자가 수호 의식을 가지고 있는 단일한 대상에 대해서도 다양한 목소리와 얼굴로 대면하게 되는 것이다. 문병란의 시에서 동반자적 연

---

15) 문병란, 「나의 詩的 正當性」, 위의 책, 273~274쪽. 참조.

인 의식을 가지고 있는 같은 대상이라 할지라도 지사적인 강인한 어조, 옹호하고 격려하는 어조, 포용하고 수용하는 어조, 자성적인 어조, 결연하고 의연한 어조 등, 다양한 화자가 등장하는 것이 그러한 예이다.

그의 시에서 시적 자아는 정당한 민중, 삶의 진실, 양심을 지키며 싸우는 자, 민족의 정체성을 가능하게 하는 미풍양속 등에 대한 무한한 애정을 드러낸다. 이러한 애정을 유지하고 정당성을 지키기 위한 시적 자아의 의식은 시적 화자가 시적 자아, 즉 자신의 이야기를 하고 있을 때 두드러지게 드러난다.

정당성을 지키기 위한 수호 의식과 그 대상의 범위에는 단연, 시적 자아가 포함되어 있다. 자신에게조차 예외를 두지 않는 빳빳한 도덕적 결벽성은 시적 자아의 상태를 평가하는 시적 화자의 다양한 어조에 의해 드러난다. 결연함, 강인함, 신뢰감, 자긍심, 자조 등은 시적 화자가 시적 자아에 대해 표현하는 다양한 감정에 해당한다. 일례로, 문병란의 시 「완강한 이마」에서는 선비적 자존과 의연함을 자아의 성품으로 만들어가는 의지를 발견할 수 있다.

벗겨진
뻔뻔한 이마가 아닌,
단단히 굳은 좁은 이마 아래
깊이 감추어진
모진 시간의 이빨 자국.

원수에겐 한오큼의 분노로 대결하고
사랑엔

부드러운 주름으로 대답하는
나의 완강한 이마.
(중략)
한 방울의 눈물에도
얼룩지지 않는 비정을 감싸
단단히 마른 이마 아래
깊이 감추어진 빛나는 분노.
(중략)
넓고 기름진 이마가 아닌,
세월도 머무르지 못하는
좁은 꿈의 난간
모진 미움의 풍속을 배워,

원수여, 오늘도
완강한 이마로 지키는 분노,
빛나는 주름살로
사랑과 미움을 감싸고 있다.
– 「완강한 이마」, 부분

문병란의 선친에 대한 글 속에서 그는 아버지를 '누가 알아주지 않는 유림의 시부로 긍지를 삼고, 스스로 터득한 의술로 가난한 민중의 병을 다스리며, 마지막 선비의 대열에 서신'[16] 이로 기억한다. 1959년 등단 후 강단진 시작의 길을 걷는 데는 '아버지로부터 물려받은 문재(文才)'[17]뿐 아니라 가난한 자작농의 삶에도 굽히지 않던 선비적 자존의 가풍이 근저에 자리했다. 그의 시 「가로수」가 은사인 김현승 시인의 추천을 받아 등단한 이후, 그의 초

16) 문병란, 앞의 책, 1994, 113쪽.
17) 같은 책, 같은 쪽.

기 시 세계를 가리켜 강형철은 '순수지고한 선비의 입신기'라 말하고 있다. 즉, '자기 삶의 절대적 순결성을 확보함으로써만 세상에 바로 설 수 있다는 신념을 가진 유교적 세계의 선비관을 가진 시기'로 본다.[18] 「완강한 이마」는 바로 이 시기에 쓰인 시집, 『문병란시집』에 속한 것으로서 수호 의식의 대상이 되는 시적 자아의 생성 초기를 드러내고 있다.

'벗겨진/뻔뻔한 이마'와 '넓고 기름진 이마'는 '단단히 굳은 좁은 이마'와 대립하고 있다. '단단히 굳은 좁은 이마'는 세월을 거슬러 모진 착취를 가하는 원수에게 분노의 대결 의식을 가진 자아에 속한 것이다. 시적 자아에게 세월은 이마를 이빨로 물어뜯는 것처럼 모진 시간이다. 하지만 '아양진 미소'와 '부드러운 입술'이 거짓으로 현혹하거나 '한 방울의 눈물에도/얼룩지지 않는 비정'으로 분노를 불러 일으켜도 자아는 '사랑과 미움을 감싸고 있'는 '완강한 이마'를 가지고 있다.

그러나 시적 자아의 성품은 단지 완강함만이 아니다. '단단히', '굳은', '완강한', '빼앗기지 않은', '마른'의 시어에 드러나는 꼿꼿한 자존심과 굽히지 않는 의지만이 자아의 성품으로 드러나는 것은 아니다. '모진 시간의 이빨 자국'처럼 원수에게 분노로 대결하던 의식은 자아가 사랑해야 할 대상, 즉 지켜야 할 풍속과 개체들 앞에서 '부드러운 주름'으로 바뀐다. 사랑하는 것과 미워하는 것의 대결 앞에서 자아는 세월을 지나 온 완강한 성품을 돌이켜보게 된다.

아직 시에서 드러나는 원수는 구체적인 목적을 가진 싸움의 대

18) 허형만·김 종 엮음, 앞의 책, 19쪽.

상이 아니며 시적 자아 역시 확신을 가진 도착점에 도달하지 않은 상태다. 시적 자아는 자신이 사랑하는 것을 부당하게 위협하는 것에 대해 완강하게 버티는 부성과 선비적 자존을 가지고 있는 정도에 머물고 있다. 따라서 시적 화자 역시 회고적이고 평가적인 자세로 자아를 바라보고 있다. 화자는 계속하여 '~(하)고 있다'는 현재형으로 말함으로써 아직 평가가 진행 중이라는 것을 암시한다. 또한 단단한 이마의 이미지와 함께 단호하고 의지적인 어조로 자아의 삶이 그릇되지 않았음을 말하고 있다.

문병란의 시 흐름을 관통하며 나타나는 이 같은 시적 자아의 치열함은 다음의 두 가지 측면에서 생산되고 있다고 볼 수 있다. 하나는 자아와의 독대로 자신을 단련하는 고독한 내면이고, 다른 하나는 부정한 것을 공격하며 싸우는 자아 밖의 세계이다. 그런데 정작 그러한 시적 자아를 감싸고 보호하는 부드러운 서정성은 시적 자아가 생산해내는 것이 아닌, 외부적 제공으로 만들어진다. 고향, 가족, 사랑, 자연 등에서 얻는 치유력이 바로 그것이다. 부드러운 서정성과 외부적 감동은 치열한 시적 자아와의 상호작용을 통해 단련과 싸움의 힘을 재생산한다. 다음 시에서 그 상호작용의 과정을 확인할 수 있다.

어머니
이제 어디만큼 흐르고 있습니까
목마른 당신의 가슴을 보듬고
어느 세월의 언덕에서
몸부림치며 흘러온 역정
눈감으면 두팔 안으로
오늘도 핏빛 노을은 무너집니다.

(중략)
보셔요, 어머니
나주벌만큼이나 내려가서
3백리 여정 다시 뒤돌아 보면
풍성한 언어로 가꾸던 어젯날
넉넉한 햇살 속에서
아마 묻고 울고 싶은
지금은 고향으로 돌아가는 시간입니다.
(중략)
이렇게 항상 흐르게 하고
이렇게 간절히 손을 흔들게 하는
어느 정오의 긴 언덕에 서서
어머니, 오늘은
꼭 한번 울고 싶은 슬픔이 있습니다.
꼭 한번 쏟고 싶은 진한 눈물이 있습니다.

– 「불감의 연가」, 부분

단련과 대결의 의지 속에서도 '꼭 한번 울고 싶은 슬픔'과 '꼭 한번 쏟고 싶은 진한 눈물'은 존재해 있었다. 시적 자아는 '풍성한 언어'와 '넉넉한 햇살'이 함께 하던 예전의 고향으로 돌아가고 있다. 고향의 풍경과 어머니의 품은 자아가 고개를 '묻고 울고 싶은' 치유의 공간이 된다. 멈추지 않고 '항상 흐르게' 되는 자신의 여정을 인지하고 있다는 점에서 고향 속의 치유는 멈춰진 안식이 아닌 재생을 위한 회복이 되는 것이다.

회복과 치유의 공간에 들어선 시적 자아는 자신에 대한 빈틈없는 반성과 단련의식에서 자유로워진다. 하지만 이러한 자세가 곧 자신에 대한 방만한 자유로 이어지는 것은 아니다. 좀 더 부드럽고 포용적인 어조를 띠고 있지만 시적 자아는 눈앞의 현실보다 더 큰 진리에 대해 사색할 힘을 충전하고 있다. 시적 자아가 스스로에 대한 포용적 자세로 삶의 철학에 대해 고뇌할 준비를 하고 있다는 사실은 다음 시에 나타난 시적 자아의 의식 세계를 통해 확인할 수 있다.

수많은 사람을 만나고 온 밤에
꼭 만나고 싶은 사람이 있다.

무수한 어깨들 사이에서
무수한 눈길의 번득임 사이에서
더욱더 가슴 저미는 고독을 안고
시간의 변두리로 밀려나면
비로소 만나고 싶은 사람이 있다.

수많은 사람 사이를 지나고
수많은 사람을 사랑해버린 다음
비로소 만나야 할 사람
비로소 사랑해야 할 사람
이 긴 기다림은 무엇인가.

바람 같은 목마름을 안고
모든 사람과 헤어진 다음
모든 사랑이 끝난 다음
비로소 사랑하고 싶은 사람이여
이 어쩔 수 없는 그리움이여.

— 「호수」, 전문

'수많은 사람'과 '무수한 어깨들'을 거치고 난 후 '꼭 만나고 싶은 사람'은 바로 가족도 연인도 아닌 바로 시적 자아 자신이다.

무수한 눈길이 번득이며 자신을 바라보거나 많은 사람들의 어깨가 자신을 지나치는 시간이 지난 후, '시간의 변두리로 밀려나'게 되는 건 홀로 남은 자기 자신 뿐이다. 바람처럼 어느 순간 찾아왔다가도 사라지는 자아 탐색의 시간은 채워지지 않는 '목마름'을 남긴다. '수많은 사람 사이를 지나고', '수많은 사람을 사랑'하더라도 자아에게는 '어쩔 수 없는 그리움'이 남는 것이다.

이 시에서 시적 자아는 이상과 현실의 접점에서 자아의 본질적 의미를 탐구하거나 자아의 평안을 유지하는 것을 꾸준히 시도하고 있다. 하지만 자신을 독대하게 되는 '밤'이 되자 그러한 숙제가 어떤 이를 사랑하거나 많은 사람 사이에 존재하는 것으로 해결할 수 없는 것임을 깨닫는다. '밤'은 홀로 있는 시간이며 '호수'는 자신을 비추어 볼 수 있는 장소를 나타낸다. 시적 자아의 맹렬한 시대 의식에는 이처럼 자아와의 치열한 싸움과 고독한 독대의 시간이 포함되어 있다.

시적 자아에게 긍정적인 대상을 노래하는 경우, 시적 화자의 어조는 다음과 같은 시에서 서정적이고도 부드럽게 나타나기도 한다.

이별이 너무 길다
슬픔이 너무 길다
선 채로 기다리기엔 은하수가 너무 길다.
단 하나 오작교마저 끊어져버린
지금은 가슴과 가슴으로 노둣돌을 놓아
면도날 위라도 딛고 건너가 만나야 할 우리,
선 채로 기다리기엔 세월이 너무 길다.
(중략)

이별이 너무 길다
슬픔이 너무 길다
사방이 막혀버린 죽음의 땅에 서서
그대 손짓하는 연인아
유방도 빼앗기고 처녀막도 빼앗기고
마지막 머리털까지 빼앗길지라도
우리는 다시 만나야 한다
우리들은 은하수를 건너야 한다
오작교가 없어도 노둣돌이 없어도
가슴을 딛고 건너가 다시 만나야 할 우리,
칼날 위라도 딛고 건너가 만나야 할 우리,
이별은 이별은 끝나야 한다
말라붙은 은하수 눈물로 녹이고
가슴과 가슴을 노둣돌 놓아
슬픔은 슬픔은 끝나야 한다, 연인아.

－「직녀에게」, 부분

「직녀에게」는 매년 칠월 칠석이 되면 은하수를 가운데 두고 헤어져 있던 견우와 직녀가 오작교를 놓고 만날 수 있었다는 '견우와 직녀' 설화를 토대로 시적 변용을 가한 시이다. 남과 북으로 나뉘어 있는 분단의 아픔을 연인의 이별에 빗대어 나타내고 있다. 시적 자아는 암소를 먹이며 직녀를 그리워하는 견우의 입장에 서 있다. 이별로 인한 슬픔이 너무 오래 계속되는 상황에서 이들의 여건은 악화되고 있다. '은하수가 너무 길다', '단 하나 오작교마저 끊어져버린', '사방이 막혀버린 죽음의 땅'은 서로 만나기에 암담한 이들의 현실을 가리키고 있다. 하지만 시에 나타나는 주된 정서는 만남에 대한 의지와 희망이다. '면도날'과 '칼날'은 만남에 있어 희생과 아픔을 줄 수 있는 극한 위기의 상황임을 나타낸다.

그러나 견우의 입을 통하여 전해지는 것은 만남에 대한 강한 의지이다.

남성 화자의 설정은 '마지막 머리털까지 빼앗길지라도', '칼날 위라도 딛고 건너가', '말라붙은 은하수 눈물로 녹이고', '가슴과 가슴을 노둣돌 놓아' 슬픔을 끝내야 한다는 견고한 호소를 가능하게 한다. '유방도 빼앗기고 처녀막도 빼앗기고' 만 존재는 침략당하고 유린당한 우리 민족을 상징한다. 조국의 분단 현실을 선택하지 않은 이별을 겪고 슬픔의 괴로움을 견디고 있는 연인 관계로 설정하여 그리움의 정서를 담아내고 있다. 연인 관계로 설정한 화자는 그리움의 정서를 극대화하여 연인이 만나는 기쁨의 정서를 분단 조국의 통일 의지에 연결하는 데 기여하고 있다.

직설(直說)과 다작(多作), 온 몸으로 시 쓰기

지금까지 문병란의 등단 이후 80년대에 이르는 작품을 중심으로 시편들을 분석하고 심리 기제와 시적 정신을 고찰해 보았다. 먼저 텍스트를 통해 각 시편에 드러나는 의식 시계를 도출하는 과정이 있었다. 이를 위해서는 시어의 내포 의미, 시의 형태적 구성 효과, 시에 반영된 사회적 배경과 시인의 삶, 시에 담겨 있는 시적 진실성 등을 분석하였다.

그 결과, 문병란 시에 드러나는 시적 화자의 양립된 태도를 발견할 수 있었다. 그의 시에서 시적 화자의 의식 세계는 비교적 명확하게 적용 가능한 대립적 기준을 지니고 있었다. 즉 그의 텍스트에 나타난 시적 자아의 의식 세계는 삶의 정당성에 대한 수호 의식을 기준으로, 적대적 대결 의식과 지사적 옹호 의식으로 뚜렷하게 양분된 양상을 보이고 있다.

먼저 작품에 드러나는 시적 자아의 의식 세계와 이를 반영하는 시적 화자의 성격을 분석한 결과, 각각 양립하는 성격이 드러나 있음을 확인할 수 있었다. 시적 자아의 의식 세계는 적대적 대결 의식과 지사적 수호 의식으로, 이를 반영하는 시적 화자는 각각 공격적 화자와 옹호적 화자로 이어지고 있었다. 이로써 극명하게 대립되는 자아의 심리 기제, 즉 공격과 방어로 대별되는 의식 세계의 양의성을 도출하게 되었다.

시적 자아가 공격하는 대립 대상은 곧 부정한 모든 존재로서 정당하게 살아가는 삶의 진실성을 위협하고 있다. 이에 대한 화자의 공격적 자세는 긍정적 대상에 대한 옹호적 자세와 극명한 차이를 보이고 있었다. 차별적인 두 자세는 모두 문병란 시에 있어 민중성을 드러내고 있는데, 문병란 시의 민중적 성격은 화자의 태도나 시적 자아의 의식 세계뿐만 아니라 주제와 소재, 시인의 시관을 통해서도 다음과 같이 입증된다고 볼 수 있다.

우선 시의 주제는 부조리에 대한 저항의식, 자주적이고 독립적인 민족의식, 분단 극복과 통일 염원 의지, 이농민 및 도시 빈민 노동자들의 삶으로 분류할 수 있는데 이들은 모두 정당한 민중의 삶과 권리에 대한 의지와 연관된 것이다. 또한 시의 소재도 우리 생활 속에서 흔하게 접할 수 있는 물건이나 경험이 대부분을 차지하고 있었는데, 일상생활 속에서 겪고 있는 사항들을 비판하거나 격려함으로써 현실의 삶에 참여정신을 부여하고 있음을 알 수 있었다.

시적 화자의 태도는 시인 자신의 것이 될 수도 있고 별개의 것으로 구성될 수도 있지만, 문병란 시에서는 화자의 태도가 시인의 삶과 자세를 짙게 반영하고 있다는 이해가 완연해진다. 물론, 시인의 태도가 화자의 태도, 시적 자아의 의식 세계에 반영되어 있다고 해서 시인과 시적 자아와 완전한 동일시를 이루고 있다는 의미는 아니다. 하지만 이로부터 유추할 수 있는 바는, 문병란 시에서 시적 자아가 시인 삶의 지향성과 동시에 시인의 삶을 재구축하는 힘을 제공하고 있는 동반자적 존재가 되고 있다는 점이다.

문병란은 삶과 시적 발현이 순환되며 일치하는 온몸의 시학을 통해 시의 대중화, 즉 시를 쉽게 향유할 수 있도록 기여한 바가 크다. 그의 직설의 화법과 다작의 실천은 시의 의미를 곧 시대정신과 민중성으로 이어지게끔 만들었다. 이는 시적 정당성을 획득하기 위하여 민중성을 녹녹하게 체화한 시인의 세계관과도 맞닿아 있다고 볼 수 있다. 이후 문병란 시의 연구 과정에서는 90년대 이후 발간 작품 및 시론을 포함한 전 생애 시세계 고찰과, 심미성을 비롯한 시 텍스트의 예술적 의미 구조 비평, 근현대 시적 저항의 연대적 계보 분석 등이 이어질 수 있을 것이다.

출전 최혜경, 「문병란 시 연구」, 전남대학교 석사학위논문, 2008.

참고문헌

❑ 기초 자료

문병란, 『문병란 시집』, 삼광출판사, 1970.

______, 『삶의 고뇌 삶의 노래』, 하락도서, 1993.

______, 『새벽이 오기까지는』, 일월서각, 1994.

❑ 논문 및 단행본

금동철, 「정지용 시론의 수사학적 연구」, 『한국시학연구』 제4호, 한국시학회, 2001.

노창수, 「문학사조와 시적 화자의 관계 고찰」, 『국어교육』 제75호, 한국국어교육연구회, 1991.

박경화, 「한국인의 자아방어기제에 관한 연구」, 이화여자대학교 박사논문, 1991.

안중은, 「T. S. Eliot의 객관적상관물 이론」, 『솔뫼어문논총』 제1권 1호, 안동대학교 어학연구소, 1989.

이숭원, 「백석 시의 화자와 어조 연구」, 『한국시학연구』 제1호, 한국시학회, 1998.

임정숙, 「은유: 그 철학적·수사학적 관련」, 『미학』 제11권 1호, 한국미학회, 1986.

로버트 스콜스, 『문학이론과 문학교육-텍스트의 위력』, 김상욱 옮김, 하우, 1995.

롤랑 바르트, 『텍스트의 즐거움』, 김희영 옮김, 동문선, 1997.

마이어 에이브람스, 『문학용어사전』, 최상규 옮김, 예림기획, 1997.

볼프강 카이저, 『언어예술작품론』, 김윤섭 옮김, 대방출판사, 1984.

수잔 랭거, 『예술이란 무엇인가』, 박용숙 옮김, 문예출판사, 1984.

시모어 채트만, 『이야기와 담론-영화와 소설의 서사구조』, 한용환 옮김, 고려원, 1991.

안토니 이스트호프, 『시와 담론』, 박인기 옮김, 지식산업사, 1994.

조세프 샌들러, 『안나 프로이트의 하버드 강좌』, 이무석·유정수 옮김, 하나의학사, 2000.

지그문트 프로이트, 『정신분석학의 근본 개념』, 윤희기 옮김, 열린책들, 2003.

허형만·김 종 엮음, 『문병란 시 연구』, 시와사람사, 2002.

F. O. Matthiessen, *The Achievement of T. S. Eliot*, New York & London; Oxford University Press, 1974.

광주의 봄을 위한 엘레지*

– 시집 『광주의 눈물비』를 중심으로 본 고정희의 시

김 청 우

한국 근·현대사의 부조리와 광주, 그리고 고정희

어떤 도시든, 그 생성과 유지가 인간의 삶과 본질적으로 결부되어 있는 이상, 어떤 의미든 부여받기 마련이다. '광주(光州)'는 한국의 근현대사를 통과하며 분명히 그 이전과는 다른 새로운 의미를 부여받은 바 있다. 이는 1980년 5월, 공식적으로 '5·18민주화운동'이라고 불리는 '5·18'이 광주에서 일어난 데 기인한다.[1]

* 고정희의 시 「통곡의 벽을 위한 엘레지 – 우리의 봄, 서울의 봄 4」 제목을 변용함.

1) 여기서 '5·18'이라고 굳이 숫자로만 표기한 이유는, '민주화운동'이라는 명칭이 그 사건이 지닌 의미를 전부 아우를 수 없다는 것, 그래서 말하자면 '유예'를 하겠다는 뜻이 담겨 있다. 물론 '민주화운동'이라는 명칭은, 그간 최소한의 인정조차 받지 못하고 격하되었던 5·18에 하나의 의미를

한편으로 5·18은 비단 '광주'에만 국한되는 사건이 아니다. 비록 이후 전개된 담론이, 현실적으로는 '광주'와 '전라도'를 이루는 정체성 — 소외와 홀대로 인해 형성된 복수심 — 과 깊은 관련을 맺으며 다소 배타적인 방향으로 흘러왔기 때문에 5·18이 일견 '광주만의' 사건으로 보일지라도,[2] 그것은 일제강점기 이후 전개된 한국의 문제적 상황과 전반적으로, 그리고 근본적으로 연관된 사건임에 분명하다.

프로이트(S. Freud)의 통찰을 굳이 언급하지 않더라도, 억압된 것은 필시 회귀하게 마련임을 우리는 안다. 일제강점기 이후 발생하고 또 해결되지 않은 한국사회의 부조리는, 일말의 당위성을 갖추지 못한 채 등장한 — 한편으로는 예견되었지만 여전히 '돌연변이'라고 할 수밖에 없는 — 전두환 신군부의 폭압적 욕망과 만나 5·18이라는 미증유의 사건을 일으키는 것으로 귀결되었다. 그리고 그것은 지금까지도 여러 가지 미해결 과제를 안고 있다. 명백한 증거가 있음에도 불구하고 사건의 진상들조차 의심을 받으며 끊임없는 진실공방의 대상에서 벗어나지 못하는 현 상황은, 일제의 잔재를 청산하지 못한 1945년 광복 이후의 모습과 결코 다르지 않다.

한국 사회가 안고 있는 부조리는, 거칠게 말하는 것이 허용된다면, '민족-민주-민중'의 고리가 생존을 건 투쟁 속에서 필연성과 그만큼의 유효성을 가지고 출현·작동했음에도 불구하고 그에 상응하는 대가를 받기는커녕 철저하게 무시되었다는 것에서 비롯된다. 그것도 모자라, 일말의 정당성도 확보하지 못한 탓에 전시

부여했다는 점에서 그 가치가 매우 크다.

2) 최정운, 『오월의 사회과학』, 오월의봄, 2012, 338쪽 참조.

(展示) 폭력을 유일한 대응 수단으로 여긴 신군부에 의해 대규모 학살이, 그것도 백주에 도심 한복판에서 일어났기 때문에 5·18의 경우에 그 부조리는 더욱 심화될 수밖에 없었다. 물론 이 1980년 5월의 민중봉기는 1987년 6월 항쟁으로 이어짐으로써, 윤상원이 "우리는 오늘 패배하지만, 내일의 역사는 우리를 승리자로 만들 것이다"라고 한 말이 현실적으로 실현되었다고 볼 수도 있다. 그러나 실제 그 뒤로 전개된 역사의 양상은 그러한 판단을 무색하게 만들 만한 요소 또한 지녔음도 부정하기 어렵다.

고정희는[3] 한국 근현대사의 모순과 부조리를 시를 통해 깊이 탐구한 시인이다. 그는 호남현대시사는 물론이고, 한국현대시사에 있어서 '여성문학'과 '민중문학'의 지평을 넓힌 주역이라 평가되고 있다. 따라서 그 중요성만큼 끊임없는 질문을 통해서 계속

3) 본명은 고성애. 1948년 전남 해남에서 5남 3녀의 장녀로 태어나 한국신학대학(현 한신대학교)을 졸업했다. 한국신학대학은 기독교에서 설립한 대학으로, 1957년부터 1978년까지 서울특별시 강북구 수유동에 있다가 1979년 수원으로 이전, '한신대학교'로 이름을 바꾸었다. 고정희의 시에 나오는 '수유리'는 수유동의 옛 명칭이다. 1975년 『현대시학』을 통해 등단한 후, '목요시' 동인을 중심으로 활동했으며 대한민국문학상 신인상을 수상한 바 있다. 이외에 민족문학작가회의 이사, 광주YWCA 청년·대학생부 간사, 크리스챤아카데미 출판부 책임간사, 가정법률상담소 출판부장 등을 지냈으며, 특히 1984년 대안문화 운동단체인 '또하나의문화' 창립에 참여하는 동시에 『여성신문』의 초대 주간을 맡아 적극적인 활동을 펼침으로써 여성 해방 문학의 지평을 넓히는 데 큰 역할을 하였다. 1991년 6월 9일, 그의 시의 모태 역할을 해 온 지리산에서 실족하여 43세의 일기로 작고하였다. 시집으로 『누가 홀로 술틀을 밟고 있는가』(1979), 『실락원 기행』(1981), 『초혼제』(1983), 『이 시대의 아벨』(1983), 『눈물꽃』(1986), 『지리산의 봄』(1987), 『저 무덤 위의 푸른 잔디』(1989), 『광주의 눈물비』(1990), 『여성해방출사표』(1990), 『아름다운 사람 하나』(1990), 시선집 『뱀사골에서 쓴 편지』(1991), 유고시집 『모든 사라지는 것들은 뒤에 여백을 남긴다』(1992)가 있다.

적으로 갱신되어야 할 것이다. 전라도 출신이면서 서울에서 청년 시절을 보냈고, 그 후 각지에서 다양한 활동을 하며 지낸 삶의 경험은 그를 남다른 시각을 지니게 만들었을 것으로 보인다. 평소 사랑해마지 않던 지리산에서 불의의 사고로 안타깝게 작고하기까지, 15년이라는 결코 길지 않은 시간동안 그는 실로 다양한 주제의 문제적 시들을 많이 남겼다.

고정희의 시에 대한 연구는 지금까지 크게 세 부분으로 나누어 전개되었다.[4] 첫째, 타자(他者)로서의 여성에 관한 시화 양상을 페미니즘(feminism) 혹은 탈식민주의(postcolonialism) 관점으로 읽어내는 연구와 둘째, '민중시'로서의 고정희 시와 그 실천성에 대해 살펴보는 연구, 그리고 셋째, 시인의 개인사와 관련된 '수유리'라

4) 고정희의 시는 무엇보다 '체제'의 전복을 지향하는 사상들을 통해 그 읽기가 시도되어 왔다. 이에 해당하는 연구들은 대부분 비슷한 구조를 취한다. 먼저 시에 드러나는 여성성과 민중성에 대해 조명하면서 시가 과연 어떤 화법을 통해 체제를 반대하는지, 그 형상화 방식에 주목하는 것으로 논의를 연다. 도입부에서는 대체로 고정희의 시가 현실적이고 사회적인 차원에서의 남녀평등을 지향한다는 데 의견을 함께 한다. 그리고 글의 후반부에서는 시인의 시작에 관한 언급들을 참조하며, "어머니 하느님"과 같은 시어 등으로 대변되는 '여성성→(종교적)모성'의 전환이, 이른바 '포용적 사랑의 주체로서 여성'을 말하고 있다는 데 이르고, 바로 그것에서 시의 특징이 논의될 수 있으리라는 공통적인 의견에 도달한다. 그러나 기존의 연구들은 고정희 시의 전체적인 성격에 대해서는 비교적 적확하게 짚어내었음에도 불구하고, 기실 문체 분석에는 상대적으로 소홀한 감이 있다는 점에서 한계를 노정한다. 구명숙, 「고정희 시에 나타난 타자성 연구」, 『한민족문화연구』 제28집, 한민족문화학회, 2009; 윤인선, 「『저 무덤 위의 푸른 잔디』에 나타난 자서전적 텍스트성 연구」, 『여성문학연구』 제27집, 한국여성문학학회, 2012; 이소희, 「고정희 글쓰기에 나타난 여성주의 창조적 자아의 발전과정 연구-80년대 사회운동 및 사회문화적 담론과의 영향을 중심으로」, 『여성문학연구』 제30집, 한국여성문학학회, 2013; 팽경민, 「고정희와 최승자 시에 나타난 모성성」, 『비평문학』 제47집, 한국비평문학회, 2013.

는 공간 및 그것과 연동되는 기독교의 개념이 시에 어떻게 나타나는가에 관한 연구 등이다. 이러한 연구 경향은 특히 고정희가 생전에 강조했을 뿐만 아니라 시에서도 명시적으로 드러나는 '여성'과 '민중', 그리고 '기독교', '무속(巫俗)' 등의 항에 각각 초점을 맞춘 결과다. 이러한 연구경향을 통해 우리는 고정희의 시가 가진 특성을 어느 정도 짐작할 수 있다. 고정희 시에 있어서 '여성'과 '민중'은 문제 상황이고 종교(기독교와 무속)는 세계를 바라보는 인식소(認識素)이자 그러한 상황을 타개할 수 있는 방법론인 것이다. 따라서 앞서 언급한 5·18이 그의 시에서 중요한 문제로 다루어진 것은 한편으로 필연적인 결과라고 할 수 있다.

광주의 봄,
서울의 봄

5·18에 대한 고정희의 관심은 1980년대 내내 지속되었으나, 특히 1990년에 출간된 『광주의 눈물비』에서 절정에 다다른다. 5·18과 관련된 담론이 대부분 그렇지만, 고정희는 이 시집이 철저하게 고통 속에서 이루어진 작업이었음을 자서(自序)에서 더욱 강조하고 있다. 그가 이 시집을 쓸 수밖에 없었던 이유는, 무엇보다 "일말의 희망을 가지고 가슴 두근거리는 심정으로 텔레비전 수상기 앞에 밤늦도록 앉아 있었던 나는 어이없게도 마지막까지 사기꾼들의 칼춤으로 난도질당하는 '광주항쟁'의 뒷모습을 보"았기 때문이다.[5)] 5·18이 가진 여러 가지 국면들 중 특히 기억해야 할 것은, 그것이 군부의 부당한 권력 쟁탈전 와중에 그 '희생양'으

로서 시민들이 일방적인 폭력을 당했다는 사실뿐만 아니라, 10년이 지난 후에도 그 사건 자체가 인정되기보다 오히려 계속적인 왜곡의 대상으로 남았다는 사실이다. 이는 끝까지 '광주'가 '대한민국'의 타자로 남았음을 의미한다.[6)]

한편으로 이러한 왜곡 작업은 매우 조직적으로 이루어졌다는 점에서 일종의 '전략'이며, 그런 점에서 이는 공동체를 결속시키기 위해 행해지는 행위, 즉 '내부'의 결속을 도모하기 위해서 '외부'의 위협적인 — 굳이 '실제적인' 위협이 아니어도 무방한 — 세력을 만들어 냄으로써 내부의 결속을 도모할 수밖에 없는 공동체의 근본적 속성에 따른 것이라고 할 수 있다. 문제는 '공동체의 근본적 속성'이라고 해서 그것이 지향점이 될 수 없을뿐더러, 정당화의 이유로 거론되어서도 안 된다는 점이다. 도리어 끊임없이 '외부'를 생산하는 고통의 무한루프(infinite loop)로부터 벗어나기 위해 인정투쟁(대화)을 해나가야 한다.[7)] 하지만 적어도 5·18은 지금까지 그러한 기회를 얻지 못했다.[8)] 고정희는 이 지점에서 또

5) 고정희, 『고정희 시전집 2』, 또하나의문화, 2011, 233쪽.

6) "광주 시민들이 5·18에서 동질적 민족공동체를 경험했다면, 타 지역 사람들은 5·18을 통해 민족을 이질적으로 보게 되었다. 현실적으로 1987년의 민주화에서 민중에 대한 공포는 큰 역할을 했고 따라서 우리 시대의 민주주의는 광주의 피를 대가로 이루어졌다. 타 지역 사람들은 5·18의 함성과 민주화에 동의하고 그 시절 광주 시민들과 공감하지만 그들은 여전히 5·18에 대한 피상적 이해로 민중과 호남 사람들을 불편한 마음으로 보아왔다." 최정운, 앞의 책, 37쪽.

7) 악셀 호네트, 『인정투쟁』, 문성훈·이현재 옮김, 사월의책, 2011, 303쪽 이하 참조.

8) 5·18은 단순하게 말할 수 있는 성질의 사건이 아니다. 그래서 이 사건은 오히려 실로 많은 해석이 가능하다. "그러나 해석의 다양성은 아직 5·18을 둘러싼 침묵의 벽을 깨지 못했다. 군사정권의 담론 기제들 특히 '유언비어론'은 아직도 작동하며 세인의 입을 막고 있고, '진보적' 정치 집단

다른 국면을 열기 위해 『광주의 눈물비』로 새로운 시적 화법을 발견하려 시도한다.

『광주의 눈물비』는 총 3부로 되어 있다. 먼저 1부 "망월동 원혼들이 쓰는 절명시"는 "우리의 봄, 서울의 봄"이라는 부제가 달린 연작시 15편으로 이루어져 있다. 2부 "눈물의 주먹밥"은 "암하레츠 시편" 부제의 연작시 19편으로 이루어져 있다. 그리고 3부 "반월시화"는 "반월시화" 제목의 연작시 9편, 그리고 연작시가 아닌 기타 시 6편으로 되어 있다. 본고에서는 "우리의 봄, 서울의 봄" 연작시를 중심으로 살펴보고자 한다. 이 연작시는 이 시집의 배치상으로도, 또한 그 내용으로도 모두(冒頭)이면서 동시에 결론을 함축하고 있기 때문이다.

> 미친년이 된 봄을 기다리다
> 금남로에 내리는 눈물비는
> 더 이상 그대 꿈을 적시지 않는다
> 미친년이 된 봄을 기다리다
> 충장로에 내리는 눈물비는
> 더 이상 그대 약속의 땅을 적시지 않는다
> 미친년이 된 봄을 기다리다
> 도청앞 광장에 내리는 눈물비는
> 더 이상 그대 목숨의 울타리를 적시지 않는다
>
> – 「광주의 눈물비 – 우리의 봄, 서울의 봄 1」 부분[9)]

들도 나름대로 도그마를 만들어 자신들의 담론의 골을 지켜왔다. 오늘에도 5·18은 결코 아무나 말할 수 있는 주제가 아니다. 지난 세월 동안 제시된 여러 해석들에는 상충되는 면들이 있었지만 논쟁이 제기된 적은 별로 없었다." 최정운, 앞의 책, 39쪽.

9) 고정희, 앞의 책, 125쪽. 이하 시 인용은 각주 대신 제목 뒤에 쪽수만 표기하는 것으로 한다.

5·18은 줄곧 "봄"으로 지칭되었다. 계절상 생명이 생동하는 봄에 일어난 죽음의 사건인 탓에 그 비극성은 어느 것보다 더 두드러졌고, 따라서 "봄"은 5·18의 이러한 비극성을 강조하기 위해 선택된 것이라 할 수 있다. 그 "봄"은 '지금(1980년대)-여기'를 내내 '도래해야만 하는' 시대로 이끈 원동력으로 작용하고 있었으나, 이제 더 이상 "그대 꿈을 적시지 않는다." 고정희는 위 시에서 "금남로"와 "충장로", 그리고 "도청앞 광장"이, 이제는 "그대의" "꿈"과 "약속의 땅"과 "목숨의 울타리"로부터 괴리된 장소가 되었다고 본다. 고통(눈물)과 생명(비)의 은환유(metaphtonymy)적 융합체인[10] "눈물비"는 고정희가 시를 쓰는 '지금'도 여전히 광주에 내리지만, 이제는 더 이상 "그대"가 존재하는 장소에 내리지는 않음을 강조한다. 과연 이 구절의 의미는 무엇일까.

이 시는 한국의 구조적인 문제까지도 아울러 환기한다. 이 시의 부제는 "우리의 봄, 서울의 봄"이다. "우리의 봄"과 "서울의 봄"을 나란히 배치하는 것은, 독자로 하여금 이 두 '봄'이 과연 어떤 관계를 맺고 있는지에 대해 궁금증을 갖도록 유도한다. '서울의 봄'은 10·26 사건(1979년, 유신체제 붕괴)으로부터 5·17 비상계엄 전국확대조치(1980년, 신군부의 쿠데타) 전까지, 전국적으로 수많은 민주화 운동이 일어난 시기를 일컫는다. 이 '서울의 봄'은 신군부의 등장으로 결국 좌절되는데, 광주에서 일어난 5·18은 그

10) 이 시의 맥락에서 "눈물비"라는 표현은 은유와 환유가 긴밀하게 엮임으로써 만들어진 것이라 할 수 있다. 굿센스(L. Goossense)는 이러한 특정 표현뿐만 아니라, 은유와 환유는 근본적으로 동일한 층위에 있다고 여긴다. 그래서 그는 일찍이 '은환유'라는 용어를 제안한 바 있다. Louis Goossense, Metaphtonymy: The interaction of metaphor and metonymy in expressions for linguistic actions. *Cognitive Linguistics 1*, 1990, pp.323-40.

좌절의 시작점에 놓여 있다. 이 시의 부제는 여기에 "우리의 봄"을 나란히 놓음으로써 과연 그 "우리의 봄"은 어디 있는가, 하고 물어보는 것이다.

오월이라는 의미를
그대 저녁밥상에서 밀어내지 말라
광주는 그대의 밥이다

오월이라는 눈물을
그대 마른 가슴에서 닦아 내지 말라
광주는 그대의 칼이다

오월이라는 함성을
그대 출세진급표에서 삭제하지 말라
광주는 그대의 역사성이다
–「망월동 원혼들이 쓰는 절명시 – 우리의 봄, 서울의 봄 2」 부분(127)

이 시에서 고정희는 광주를 "밥", "칼", "역사성", "진실의 징표", 그리고 "그대의 봄, 우리의 봄, 서울의 봄"이라고 은유를 통해 규정한다. 이는 우리가 응당 누려야 할 '봄'은 다름 아닌 "서울의 봄"에 있었다는 것, 더 정확하게 말하자면 그 마지막에 자리한 '광주의 봄'에 있다는 것을 강조한다.

5·18은 분명히 그때 당시로서는 '실패한' 혁명이다. 그래서 그 이후로 밀려드는 시대적 좌절을 예비할 수밖에 없었다. 그러나 5·18은 세계사적으로도 유례가 없는, 그야말로 전무후무한 공동체를 상상이 아닌 우리의 현실로 보여준 바 있다. 따라서 5·18을 기억하고 인정하고, 더 나아가 부활시킬 때 "우리의 봄"은 비로소

펼쳐질 수 있는 것이다. 하지만 (고정희가 살아있을 당시) '현재' 서울은 어떤가. "서울은 더 이상 동부의 여운이 살지 않"고 "서울은 더 이상 달빛 묻은 희망이 살지 않"는다. "보수와 진보의 갈등을 끝내고/ 불온지역 완전고립/ 불순이념 원천봉쇄"로 "전라도 대 타도"(이상 「통곡의 벽을 위한 엘레지 – 우리의 봄, 서울의 봄 4」 중에서)를 결정했기 때문이다.

> 출신이 다르고
> 연혁이 다르고
> 고향이 다른 사람들이 늙어가는 서울은
> 더 이상 꾀꼬리 종달새가 울지 않네
> 분홍잠옷이 나부끼는 서울은
> 편을 가르고 패를 짜며
> 전라도 대 타도로 돌아섰다 하네
> (중략)
> 오 정녕 히로뽕보다 더 위험스런
> 분열의 환상이 깃을 치는 서울이여
> 덫을 놓고 낚싯밥을 던지며
> 망국의 완행열차에 탄 서울이여
> –「통곡의 벽을 위한 엘레지 – 우리의 봄, 서울의 봄 4」 부분(132~133)

이와 같이 문제 제기적인 시를 쓸 수 있었던 이유는 고정희 자신의 삶의 궤적 덕분이기도 하다. 앞서 언급했듯이, 전라도 출신으로 서울에서 청년시절을 보냈다는 것, 이는 그가 '경계인'으로서 정세를 파악했으리라 짐작하게 만드는 대목이다. 이와 같이 변해버린 서울에서 '서울의 봄'은 불가능하다. 시인이 이렇게 생각하게 된 결정적인 사건은 이른바 '제5공화국 청문회' 때문이다.

1988년 13대 국회에서 제5공화국 정부의 비리와 5·18의 진실을 규명하기 위해 열린 이 청문회는, 사실상 '5공화국의 인물'이었던 노태우의 소극적 대응으로 인해 별 다른 성과 없이, 오히려 질문에 답하는 것이 아니라 발표문을 낭독하는 전두환과 '모르겠다'고 일관한 증인들의 불성실한 태도로 점철되어 상흔만을 남긴 청문회가 되고 말았다.[11] 시민들의 억울한 죽음이, '광주'의 의미가, 그리고 최정운이 "절대공동체"라 부를 만큼 인류의 역사에 있어서도 중요한 국면을 보여준 사건이, 그것이 일어났다는 가장 분명한 사실조차 부정당하고만 것이다.

> 그날밤 우리는 똑똑히 보았지
> 오공이 은밀하게 기른 독사의 무리들이
> 대량 서식지 백담사를 떠나
> 머리에 번들번들 정경유착의 광을 내며
> 국회의사당으로 의사봉 꼭대기로 광주특위 목구멍으로 출몰하는 것을 보았지
> 오공이 은밀하게 은밀하게 은밀하게 기른 독사의 무리들이
> 바야흐로 육공에서 춤추는 것을 보았지
> –「오공이 기른 독사의 무리들이 – 우리의 봄, 서울의 봄 3」(131)

고정희는 이러한 상황에 "끓어오르는 노여움에 의지하여 <우리의 봄, 서울의 봄> 연작을 쓰기 시작"[12]했고, 이것이 토대가 되어 『광주의 눈물비』가 완성되었다. 이 시는 매우 신랄한 어조를 취한다. "끓어오르는 노여움에 의지"했다는 말처럼 이 시는 직설

---

11) 편집부, 『1980년의 진실 – 광주특위 청문회 기록』, 학민사, 1989.
12) 고정희, 앞의 책, 233~234쪽.

적으로 보이지만, 그러나 좀 더 살펴보면 그러한 신랄함 속에서 고정희 특유의 해학 — 이는 고통의 밑바닥으로부터 올라오는 반역의 웃음이다 — 을 발견할 수 있다. "앞길이 구만리 같은 사람들"은 "어디서나 한가락씩 하는 사람들"이다. 여기서 우리는 쭉쭉 뻗은 대로(大路), 창창함, 가렴주구의 노랫소리 등을 동시에 떠올리고,[13] 아울러 그만큼 이기적이어서 단지 분열을 전제로만 함께 할 것 같은 무리의 이미지("한가락")도 읽어낼 수 있다.

이러한 이미지는 특히 "번들번들 정경유착의 광"을 내며 "춤추는" 한 무리의 독사들로 수렴되는데, 이것은 이들이 분명히 '집단'의 형태를 띠고 있음에도 불구하고 서로 어떻게 어울려야 할지가 애초에 전혀 중요하지 않은 무리임을 알 수 있게 하는 탁월한 은유다. "번들번들"한 광을 지닌 "독사의 무리"는 그 광 덕분에 겉으로는 그럴싸해 보이지만 말 그대로 서로 미끄러질 수밖에 없으며, 동시에 서로 그렇게 얽히는 중에 결국 서로에게 독을 찔러 넣어 죽일 수밖에 없는 관계임을 암시한다. 실로 이들은 '혁명'이라는 이름으로 대의명분도 없이 이합집산을 거듭한다. '3당 합당'은 바로 그러한 정치적 기만을 아주 잘 보여주는 사건이다.

---

13) "한가락씩 하는 사람들"의 노래는 고정희의 시 「저승에 터잡은 사람들이 – 우리의 봄, 서울의 봄 6」에서 다음과 같이 섬뜩한 이미지로 나타난다. "내 거울 속에는/ 저승에 터잡은 사람들이 우하랄랄 춤추고 있습니다. (중략) 내 거울 속에는/ 저승에 터잡은 사람들이 어서 물엇! 낚싯밥을 드리우고 있습니다. (중략) 오오냐, 통째로 먹을래? 하고 내가 그대에게 비수를 꽂는 동안/ 내 거울 속에는/ 저승에 터잡은 사람들이/ 히, 히, 간 무따/ 히, 히, 쓸개 무따/ 히, 히, 눈도 귀도 입도 다 무글끼라 서서히 무글끼라/ 휴전선에 무글끼라 합창하고 있습니다." 여기서 고정희는 소위 '보수'의 논리가 이기적인 것에 불과하며, 자신의 일신의 영달을 위해 '휴전선'으로 대변되는 분단까지도 이용하고 있음을 꼬집는다. 고정희, 위의 책, 136~137쪽.

파쇼란 어디서나 통합을 일삼고
통합은 언제나 통제를 벗삼는 법,
마각이 드러나자 혁명이라네
보수대연합 머리통이 드러나자
그게 글쎄 '이대한' 혁명이라네
(중략)
하하 웃음보따리 같은 혁명
초헌에 말채찍 같은 혁명
짚신에 징 박고
거적문에 쇠지도리 두른 혁명이라네
하하 '학실한' 혁명
물감자 혁명이라네

–「물감자 혁명론 또는 보수대연합 – 우리의 봄, 서울의 봄 5」(134~135)

"초헌에 말채찍" 같은 혁명, "짚신에 징 박고", "거적문에 쇠지도리 두른", 즉 어울리지 않는 이상한 짓에 불과한 일을 '혁명'이라는 이름으로 기만하고 있음을, 이 시에서는 신랄하면서도 웃음을 잃지 않은 어조로 폭로한다. 웃음은 한편으로 부당한 권력에 대한 가장 효과적인 대응일 수 있다. 이와 같은 풍자와 해학은 서정주의 「국화 옆에서」를 패러디한 「삼십년 민주염원 재뿌리기 위하여 – 우리의 봄, 서울의 봄 7」과 박목월의 「나그네」를 패러디한 「서울 나그네 – 우리의 봄, 서울의 봄 8」, 그리고 김춘수의 「꽃」을 패러디한 「민자야 민자야 민자야 – 우리의 봄, 서울의 봄 12」 등에서도 찾아볼 수 있다. 이 시들은 특히 앞서 언급한 김영삼의 '3당 합당'을 비꼬면서 — "이대한", "학실한" 등, 김영삼의 말투를 강조하는 방식으로 — 비판하는 구절들로 채워져 있다.

신이 없는 시대,
가치의 상실

고정희는 『광주의 눈물비』를 "서툴면 서툰 대로 모났으면 모난 대로 반란을 일으키는 감정들을 토악질해 내지 않고는 견딜 수 없다는 악발에"[14] 썼다고 고백한다. 그만큼 이 시집에는 참을 수 없는 반동과 그것을 일으키려는 데 따른 고통으로 가득 차 있다. '날 것'의 면모를 가감 없이 보여주면서도 앞서 살펴 본대로 미학적인 차원의 감응 — 풍자와 해학을 통한 — 까지 성공적으로 이끌어낸다는 점에서 이 시집은 주목할 만한데, 이는 무엇보다 고정희의 시가 인간에 대한 근본적이고도 철저한 고민을 수행한 과정의 마디[節]로서 존재하기 때문에 가능했을 것으로 보인다. 아울러 이러한 효과는 종교(기독교와 무속)를 통한 고도의 상징체계를 습합시킴으로써 확보된 것이라고 할 수도 있다.

이 시집에 있어서 고정희의 문제의식은, 이토록 철저하게 무시당하는 5·18을 어떻게 인정받을 수 있게 하느냐였다. 이것은 단순히 소수 권력자들의 문제로 국한시켜 논의될 수 없고 또 그래서도 곤란하다. 구조적인 문제이기 때문이다. "암하레츠 시편" 연작은 그에 대한 진단 및 시적 해결법을 고민하는 데서 나온 시편들이라고 할 수 있다.

> 드디어 성인이 된 시대, 신 없이 사는 시대여
> (중략)

---

14) 고정희, 위의 책, 234쪽.

우리는 이제 모두 성주가 되었다
내가 내 밥을 결정하는 성주
내가 내 길을 결정하는 성주
내가 내 운명을 결정하는 성주가 되었다
우리는 모두 성주가 되었다
–「드디어 신(神) 없이 사는 시대여 – 암하레츠 시편 18」 부분(190)

"죽음의 팔십년대가 지나고/ 희년을 기다리는 구십년대의 첫 사월"(「베를린 장벽이 무너지듯 – 부활절에」)을 맞이하며 고정희가 본 것은 "드디어 성인이 된 시대"다. 『광주의 눈물비』는 1990년에 발간되었으며, 그 시기만으로 보자면 이 시집은 "죽음의 팔십년대"를 '정리'한 데 따른 감회와 더불어, 앞으로 펼쳐질 "희년"을 맞이할 준비를 하는 장이어야 마땅할 것이다. 그러나 현실은 그와 반대로 전개되었고 시인은 이에 개탄하며 시를 써내려갈 수밖에 없었다. 그 결과가 바로 『광주의 눈물비』인 셈이다. 이러한 문제적 상황이 펼쳐진 데에는, 앞서 언급했듯이 제5공화국이 "기른 독사의 무리들"이 "육공에서 춤추는" 일(「오공이 기른 독사의 무리들이」)이 작용했기 때문이었지만, 한편으로는(혹은 더 근본적으로는) "이제 모두 성주가 되었"기 때문이다.

살아남은 자는 굳건하므로
굳건한 자는 사다리를 오르므로
사다리를 오른 자는 씨뿌릴 수 없으므로
씨뿌릴 수 없는 자는 피가 식었으므로
피가 식은 자는 이 세상 소관이 아니므로
(중략)
아아 미친년이 된 봄을 기다리다

오공청산 청문회에 내리는 눈물비는
더 이상 그대 육공화국을 적시지 않는다
그대는 닫혔으므로
그대는 죽었으므로

–「광주의 눈물비 – 우리의 봄, 서울의 봄 1」 부분(125~126)

“신”은 인간에게 양면성을 지닌다. 특히 서양의 중세를 흔히 ‘암흑기’로 여기는 통념에서 볼 수 있듯이, 신이라는 ‘이데아’는 인간을 ‘피조물’, 그것도 삶의 목적을 창조자에게 귀속시킨다는 의미의 피조물로 여기게끔 만들었다. 이에 반해, ‘자유의지’와 관련된 신학의 논쟁에서 볼 수 있는 것처럼 신과 인간의 관계는 단순히 ‘창조자-주동적 주체’, ‘피조물-사동적 주체’의 도식으로 정리되지 않는다는 견해도 있다. 하지만 그럼에도 불구하고 전자의 견해는 실제적으로 중세의 폭력성을 정당화하는 기반의 일부였기 때문에 ‘신’은 부정의 대상이 되었다. 분노에 휩싸인 채 ‘인간으로의 회귀’를 외치며 ‘신의 죽음’을 선언한 일군의 시인들을 떠올릴 수도 있다.

어쨌든 모던시대 이후 신의 죽음은 필연적이었고, 한편으로 그 죽음 앞에서 이제 비로소 자유로운 주체가 되었음에 환호하는 사람들이 있었다. 물론 그것은 비난할 일은 아니다. 문제는 ‘인간’은 ‘신’의 자리를 완전히 대체할 수 없었다는 것이다. 모더니즘 시인들이 전근대 사회의 공동체와 그 이념을 애증의 눈으로 바라본 이유가 바로 여기 있다. 고정희는 이러한 문제적 상황을 “성주”라는 말을 통해 보여준다. 위 시에서 “성주”는 우리가 그토록 되고 싶었던 ‘자유로운 주체’, 모든 것을 자유롭게 결정하는 주체를 대변한다. 하지만 그 순간 모든 것이 어그러지기 시작한다. 기실 자본주의의 생활 방식이 보여주듯, 소위 그 '선택'과 '결정'이라는 것 자체도 근본적인 차원에서는 부자유임을 이제 우리는 알고 있다. 꼭 그렇게 자본주의를 거론하지 않더라도, 관계성을 염두에 두지 않는 자율적인 주체란 오직 상상 속에서만 가능한 상태일 뿐, 실제로는 그저 고립된 주체일 따름이다.[15] 그리고 고립된 주체는 사실상 '죽은' 자다(위 인용한 「광주의 눈물비 – 우리의 봄, 서울의 봄 1」 참조).

다음 시는 보다 시야를 넓혀 그 현상을 진단한다.

> 버림으로써 사라지는 것은 이 세상에 아무것도 없다 오직 버림받은 뒷모습이 있을 뿐이다 우리가 땅을 버렸을 때 우리는 땅으로부터 버림받았다 우리가 산과 들과 숲을 버렸을 때 우리는 산과 들과 숲으로부터 버림받았다 (중략) 그리하여 우리는 지성과 이성과 문명의 자존심으로 우주시대를 개척하였고 지구촌의 난민인 우리는 우주선 시대의 유랑민이 되었다 아니 우리는 우주인이 되었다
>
> – 「버림받은 지구, 그 이후 – 암하레츠 시편 19」 부분(192)

즉, "성주"의 자유는 타자를 '버림'으로써, 다시 말해 외부로 배제함으로써 세워진 배타적 성역 안에서의 자유에 불과한 것이다. 위의 시에서 우리는 "마지막까지 사기꾼들의 칼춤으로 난도질당하는 '광주항쟁'의 뒷모습"도 함께 떠올릴 수 있다("버림받은 뒷모습"). 고정희는 이 시에서 "버림으로써 사라지는 것은 이 세상에 아무것도 없"으며, "오직 버림받은 뒷모습이 있을 뿐"이라고 강조

15) "자신의 상호작용 파트너를 독특한 인격체로 인정하지 않는 개인은 자기 자신 역시 전적으로, 또는 제한 없이 그와 같은 인격체로 경험할 수 없다는 역추리도 가능하다." 악셀 호네트, 앞의 책, 88쪽.

한다. 여기서 앞서 언급한, 억압된 것은 결코 사라지지 않고 어떤 모습으로든 회귀한다는 정신분석의 전언을 상기할 수도 있을 것이다. 하지만 이때 기억할 것은, 우리가 이미 5·18에서 목격했듯이, 바로 그러한 회귀는 가해의 차원이든 피해의 차원이든 모두 기이하고 잔혹한 형태일 수 있다는 점이다. 그와 같은 회귀를 소거하기 위해서는 윤리적 주체가 요구되며, 또 이러한 주체를 확립하기 위해서는 타자와의 관계성을 회복하고 동시에 그 타자성을 자체로 인정할 필요가 있다. 고정희의 시편들은 이를 강조하는 것이다.

다시, 오월과 광주정신을 기억하기

'신' — 꼭 '인격신'이나 '유일신'만을 가리키는 것은 아니다 — 이 '있었던' 시대에 사람들은 신 안에서 동질감을 느꼈고 그러한 정서를 통해 실로 공동체를 유지시킬 수 있었다. 하지만 근대적 의미의 '개인'이 발견되고 그에 반하는 것으로 생각된 존재인 '제1원인'이자 '창조주'인 신은 부정될 수밖에 없었다. 문제는 이 "신 없이 사는 시대"에 사람들을 결속시킬 그 무언가를 어떻게 찾아내느냐 하는 것이 되는데, 고정희는 이에 대한 해답을 5·18에서, 더 엄밀히 말하자면 5·18과 기독교의 미적 차원에서의 융합에서 찾는다.

하늘이 알고 땅이 알고
너와 내가 알고 있는

오월항쟁 내공법을 잘 연마하라네
오월항쟁 검법을 잘 계승하라네
오월항쟁 사랑법을 잘 터득하라네
(중략)
육공에서 출몰하는 독사의 모가지
일격에 내리치는 힘, 거기 있으므로
–「오공이 기른 독사의 무리들이 – 우리의 봄, 서울의 봄 3」 부분(131)

"내공법"이니 "검법"이니 하는 단어로 미루어보아, 이 시가 전제하고 있는 것은 다름 아닌 무협의 세계다. 앞서 문제시한 상황, 즉 '독사들'이 득실대는 세계에 대응하는 방법은 우선 "오월항쟁 내공법", "오월항쟁 검법"이 거론될 수 있다. 그러나 고정희는, 물론 그것도 중요하게 여기고는 있지만, 다른 시에서 자주 거론하듯 "오월항쟁 사랑법"을 잘 터득하는 것을 더 강조한다. 고정희는 5·18과 그에 따른 '광주정신'을 기독교와 연결시켜 이해함으로써 시적인 독특함을 획득한다. 기독교에서 강조하는 것은 다름 아닌 '사랑'인 바, 고정희 역시 5·18 안에서 그와 동일한 모습의 사랑을 감지하고 그것을 강조한다. 호네트(A. Honneth)가 말한 바 있듯이, 사랑은 개인과 공동체를 조화시키고 상호 성장하게 만드는 중요한 요소다.

사랑받았던 경험은 모든 주체가 공동체의 공적 삶에 참여하기 위한 필수적인 전제 조건이다. (중략) 자신만의 특수한 성향이 인정되고 긍정되고 있다는 느낌만이 모든 주체에게 자기신뢰를 형성하게 하는 척도가 되며, 바로 이것이 정치적 의지형성과정에 대한 동등한 참여를 가능하게 한다.[16)]

그렇다면 고정희가 말하는 "사랑법"이란 과연 무엇인가. 그는 이것이 "따스한 피"(「그대 어젯밤 불기운 품었나 – 암하레츠 시편 4」)와 관련 있다고 말한다. 5·18을 정녕 '오래된 미래'라고 했을 때, 우리가 그 열흘간의 '절대공동체'에서 발견할 수 있고 또 발견해야 하는 것은 신체, 즉 몸을 통해 근본적인 차원의 감응이 극대화되었던 국면이다. 고정희의 시가 단순히 '종교시'가 아닌 이유는, 신의 '부활'이 기독교 내부에서처럼 액면 그대로(교리대로) '현실상' 실행될 수 없음을 알고 오히려 그 내적 기제를 탐구함으로써 현실에서 일어나는 사건들의 기제와 연관시켜 그 부활의 가능성을 기획한다는 데 있다. 이러한 국면을 언술하는 시 역시 논리상 매우 설득력을 가지는데, 5·18 당시 광주의 시민들이 그랬듯이 기실 몸을 통한 소통은 원초적이므로 부정하기가 쉽지 않기 때문이다.

여기서 우리가 다시 생각해보아야 할 지점도 드러난다. 실로 5·18과 관련된 '광주정신'이란, 바로 고정희가 강조한 것처럼 '광주'를 넘어 '서울', 그리고 '한국'을 넘어 자연세계에까지 뻗어 그 모든 것을 포용하려는 마음의 다른 이름이다. 그러나 5·18이 여전히 '광주'의 사건이라고만 생각된다면, 그것은 최정운도 언급했듯 한편으로 광주 시민들이 은연중에 — 의도적으로 일어나는 일은 상대적으로 적다 — '광주정신'이 아닌 배타성을 띠었기 때문이라고도 할 수 있다. 이러한 상황을 어떻게 극복할 수 있을까. 고정희는 말한다. "따뜻한 피"를. 이는 일찍이 레비나스(E. Levinas)가 말한 '타자의 얼굴'을 대면하는 것과 같다.[17] 그 '몸'에 감응하는 것이다.

16) 악셀 호네트, 위의 책, 89~90쪽.

17) 강영안, 「레비나스의 철학」, 엠마누엘 레비나스, 『시간과 타자』, 강영안 옮김, 문예출판사, 1996, 138쪽 이하 참조.

참고문헌

❑ 기본 자료

고정희, 『고정희 시전집 2』, 또하나의문화, 2011.

❑ 논문 및 단행본

구명숙, 「고정희 시에 나타난 타자성 연구」, 『한민족문화연구』 제28집, 한민족문화학회, 2009.

악셀 호네트, 『인정투쟁』, 문성훈·이현재 옮김, 사월의책, 2011.

엠마누엘 레비나스, 『시간과 타자』, 강영안 옮김, 문예출판사, 1996.

윤인선, 「『저 무덤 위의 푸른 잔디』에 나타난 자서전적 텍스트성 연구」, 『여성문학연구』 제27집, 한국여성문학학회, 2012.

이소희, 「고정희 글쓰기에 나타난 여성주의 창조적 자아의 발전과정 연구-80년대 사회운동 및 사회문화적 담론과의 영향을 중심으로」, 『여성문학연구』 제30집, 한국여성문학학회, 2013.

최정운, 『오월의 사회과학』, 오월의봄, 2012.

팽경민, 「고정희와 최승자 시에 나타난 모성성」, 『비평문학』 제47집, 한국비평문학회, 2013.

편집부, 『1980년의 진실 - 광주특위 청문회 기록』, 학민사, 1989.

Louis Goossense, Metaphtonymy: The interaction of metaphor and metonymy in expressions for linguistic actions. *Cognitive Linguistics 1*, 1990.